重庆大学中央高校基本科研业务费项目（2023CDJSKJJ11）

西部城市公共文化空间协同治理研究

贺芒　段鹰　著

中国社会科学出版社

图书在版编目（CIP）数据

西部城市公共文化空间协同治理研究／贺芒，段鹰著． -- 北京：中国社会科学出版社，2024.9． -- ISBN 978-7-5227-4228-1

Ⅰ．G127

中国国家版本馆 CIP 数据核字第 2024ZZ1192 号

出 版 人	赵剑英
责任编辑	孔继萍
责任校对	周　昊
责任印制	郝美娜

出　　版	中国社会科学出版社
社　　址	北京鼓楼西大街甲 158 号
邮　　编	100720
网　　址	http://www.csspw.cn
发 行 部	010-84083685
门 市 部	010-84029450
经　　销	新华书店及其他书店

印　　刷	北京君升印刷有限公司
装　　订	廊坊市广阳区广增装订厂
版　　次	2024 年 9 月第 1 版
印　　次	2024 年 9 月第 1 次印刷

开　　本	710×1000　1/16
印　　张	21
字　　数	327 千字
定　　价	128.00 元

凡购买中国社会科学出版社图书，如有质量问题请与本社营销中心联系调换
电话：010-84083683
版权所有　侵权必究

序　言

随着全球化进程的加快，公共事务治理呈现出前所未有的复杂性。任何单一主体的社会治理模式都难以应对快速的社会变革，政府、社区团体、私营部门、非政府组织等利益相关者协同治理已成为应对复杂公共事务的一种有效解决方案。城市公共文化空间作为公共文化服务的重要载体，事关民生大计，推进公共文化空间协同高效治理成为有效回应公众需求的必然选择。

西部幅员辽阔，拥有丰富的历史文化资源，地区经济社会文化发展差异巨大。西部城市公共文化空间因地区发展差异大导致供给质量参差不齐，现有公共文化空间治理模式尚难满足其高质量发展的要求，社会力量参与不足、治理主体之间协同不充分等问题制约了西部城市公共文化空间功能的发挥。建设高质量的公共文化服务体系以及文化产业体系，满足人民对美好生活的向往已成为时代要求，理论界同样亟须具有针对性、体系性、科学性的城市公共文化空间协同治理模式蓝图。

学术界对公共文化空间的研究尚处于发展阶段，虽有一定成果，但仍不充分，特别是对城市公共文化空间的研究大多停留于物理层面的研究，包括空间布局、资源配置等，缺乏对城市公共文化空间的整体性研究；多从城市规划的角度研究城市公共文化空间的再造、重塑，且缺乏明晰的理论视角与完整的理论框架。少有学者关注西部城市公共文化空间治理，缺少对城市公共文化空间涉及的多元主体协同治理的内在机制进行剖析，尤其缺乏对西部地区差异化公共文化空间协同治理模式的提炼。

基于此，本书以国家相关政策为引领，以西部城市公共文化空间为研究对象，针对居民多元需求，结合西部区域人文特色，在分析西部城市公共文化空间协同治理要素、机理的基础上，建构适合西部城市公共文化空间的协同治理模式并探索实践路径。

本书根据文化资源禀赋与文化要素发展程度，将西部公共文化空间划分为传统型、现代型、过渡型以及民族型，并分别选取四川省、重庆市、陕西省以及贵州省的城市公共文化空间作为典型案例，通过发放1500份问卷，对政府、文化事业单位、社区工作人员、社会组织、社区自组织骨干以及居民共369人进行访谈，遵循演绎归纳的研究思路，以现象为起点，探寻其成因，深入挖掘内在机制，提炼西部地区差异化公共文化空间协同治理模式，并进一步提出优化路径。按照这一逻辑，本书分为六章。

第一章绪论主要介绍本书的研究背景、研究意义、国内外研究现状、研究思路与方法。

第二章对本书核心概念进行了界定，阐述了本书所开展的理论基础，对西部城市公共文化空间类型进行划分，搭建本书的理论分析框架。

第三章为现状分析部分，对西部城市典型公共文化空间资源供需现状及特征进行了分析。该部分主要对传统型、现代型、边缘型和民族型四种公共文化空间的环境依托的特点，以及对不同类型公共文化空间的物理、交往、象征空间的资源供给现状进行分析，进一步对文化空间的需求状况以及供需匹配状况进行分析，找到目前西部城市公共文化空间存在的问题，验证供需匹配度与治理模式的关系。

第四章主要对西部城市公共文化空间协同治理模式的运行机理进行分析。依据供需状况，将西部城市公共文化空间治理模式概括提炼为：政府单一主体为主的项目推动型，资源互用的政社联动型，政府与社会力量简单叠加的复合型，民族区域自治政策下政府主导、社会力量参与的协商自治型四种类型，并分别对四种治理模式的主体、运行机制等进行分析，探究当前治理模式在哪些方面能够实现供需匹配，哪些方面无法达到公共文化空间供给要求及实现居民需求。

第五章对西部城市公共文化空间协同治理模式进行了优化与重构。

基于协同治理原则，对西部不同类型城市公共文化空间主体功能、资源禀赋进行分析，在对供需现状和当前治理模式特点及不足进行梳理的基础上，以居民需求为导向，针对各个类型空间治理资源、主体力量、合作机制的不同，进行治理模式的优化与重构，提出了政府主导内生型协同、多中心型协同、包容型协同、政策—自治耦合型协同四种治理模式。

第六章提出西部城市公共文化空间协同治理模式的实践路径，将西部城市公共文化空间协同治理模式的实践路径概括为统筹规划实现战略性发展、"横纵联动"推进府际协同、强化多元主体的信任关系、搭建多元主体互通桥梁四大方面。

我们的主要研究发现如下：

（1）通过借鉴文化理论和概括西部城市典型特征，发现西部城市公共文化空间存在着由欠发达到发达、非正式制度到正式制度、封闭到开放以及少数民族自治等典型特征的四种类型城市公共文化空间，即传统型、现代型、过渡型和民族型公共文化空间。

（2）各类型的公共文化空间都存在不同方面不同程度的公共文化资源供需不匹配的情况；西部城市公共文化空间资源供给与居民需求在很大程度上影响着公共文化空间治理模式；同时，治理模式的各要素也影响着供需匹配的最终状况。治理主体和治理方式不同，对需求满意度影响较大，尤其对交往空间和象征空间影响显著。社会组织参与度越高，满意度相对越高；市场化与公共空间结合越紧密，多主体参与越积极，内容也越丰富。

（3）对不同类型的公共文化空间的治理模式明显不同，表现为传统型公共文化空间是政府单一主体为主的项目推动式治理，现代型是资源互用的政社联动式治理，过渡型是政府与社会简单叠加的复合型治理，而民族型则表现出典型的协商自治；不同治理模式在供给资源、居民需求满足方面情况不一；虽然这四种治理模式一定程度上与当前公共文化空间治理资源、主体力量以及合作机制相适应，但难以推动高质量公共文化空间供给，亦无法满足居民日益增长的公共文化需求；当前西部城市四种类型公共文化空间治理模式已具备协同要素，都体现出一定程度的协同，但在主体协同、资源协同等方面均不够充分。

（4）亟须以居民需求为导向，针对各个类型空间治理资源、主体力量、合作机制的不同，进行治理模式的优化与重构。

本书研究的创新之处在于：一是将公共文化空间划分为物理、交往、象征三个层次，分别展开研究，并归纳出西部城市不同类型公共文化空间在三种具体空间下的特点与供需关系的规律，有助于拓展现有研究视野。二是将居民需求这一变量引入协同治理模式研究之中，在供需匹配度的调研分析基础上，从案例分析出发，依据协同治理理论、资源依赖理论等相关理论，对西部城市公共文化空间治理模式机理进行了深入分析，并将其归纳概括为项目推动型、政社联动型、复合型、协商自治型四种类型，在此基础之上，依据现实情况及相关理论对现有治理模式进行了优化与重构，针对西部城市公共文化空间的不同类型，以及不同类型的治理资源与主体关系，构建出政府主导内生型、多中心协同型、包容型、政策—自治耦合型四种类型的协同治理模式，丰富了协同治理理论，补充并拓展公共文化空间治理理论体系。

囿于认知水平和能力限制，以及西部复杂的城市特点，本书还存在诸多不足之处，敬请专家同行、广大读者批评指正。

目 录

第一章 绪论 …………………………………………………………（1）

第一节 研究背景与研究问题 ……………………………………（1）
  一 政策背景 …………………………………………………（1）
  二 现实背景 …………………………………………………（3）
  三 理论背景 …………………………………………………（3）
  四 研究问题 …………………………………………………（4）

第二节 研究意义 …………………………………………………（5）
  一 理论意义 …………………………………………………（5）
  二 现实意义 …………………………………………………（6）

第三节 国内外研究现状及评述 …………………………………（6）
  一 国外相关研究 ……………………………………………（6）
  二 国内相关研究 ……………………………………………（14）
  三 国内外研究现状评述 ……………………………………（20）

第四节 研究思路与研究方法 ……………………………………（21）
  一 研究思路 …………………………………………………（21）
  二 研究方法 …………………………………………………（21）

第二章 概念解析、研究基础与研究设计 ………………………（25）

第一节 概念解析 …………………………………………………（25）
  一 西部城市 …………………………………………………（25）
  二 公共文化空间 ……………………………………………（25）

三　城市公共文化空间 …………………………………………（26）
第二节　理论基础 ………………………………………………………（26）
　　一　公共空间理论 ………………………………………………（26）
　　二　资源依赖理论 ………………………………………………（29）
　　三　协同治理理论 ………………………………………………（31）
　　四　政策网络理论 ………………………………………………（33）
第三节　研究设计 ………………………………………………………（34）
　　一　西部城市公共文化空间的类型划分 ………………………（34）
　　二　样本选择 ……………………………………………………（37）
　　三　问卷编制 ……………………………………………………（43）
　　四　访谈设计 ……………………………………………………（45）

第三章　西部城市公共文化空间资源供需现状及特征 ……………（46）

第一节　西部城市传统型公共文化空间资源供需
　　　　现状及特征 ……………………………………………………（46）
　　一　传统型公共文化空间资源供给现状及特征 ………………（46）
　　二　传统型公共文化空间资源需求及供需匹配分析 …………（57）
第二节　西部城市现代型公共文化空间资源供需
　　　　现状及特征 ……………………………………………………（62）
　　一　现代型公共文化空间资源供给现状及特征 ………………（62）
　　二　现代型公共文化空间资源需求及供需匹配分析 …………（72）
第三节　西部城市过渡型公共文化空间资源供需
　　　　现状及特征 ……………………………………………………（78）
　　一　过渡型公共文化空间资源供给现状及特征 ………………（79）
　　二　过渡型公共文化空间资源需求及供需匹配分析 …………（91）
第四节　西部城市民族型公共文化空间资源供需
　　　　现状及特征 ……………………………………………………（102）
　　一　民族型公共文化空间资源供给现状及特征 ………………（103）
　　二　民族型公共文化空间需求及供需匹配分析 ………………（118）

第四章　西部城市公共文化空间协同治理模式运行机理分析 （126）

第一节　传统型公共文化空间——项目推动型治理模式 （127）
一　治理主体 （127）
二　治理结构 （130）
三　治理机制 （133）
四　治理模式优劣势分析 （138）

第二节　现代型公共文化空间——政社联动型治理模式 （143）
一　治理主体 （144）
二　治理结构 （146）
三　治理机制 （149）
四　治理模式优劣势分析 （155）

第三节　过渡型公共文化空间——复合型治理模式 （157）
一　治理主体 （157）
二　A类过渡型公共文化空间的治理结构与机制 （161）
三　B类过渡型公共文化空间的治理结构与机制 （167）
四　治理模式优劣势分析 （173）

第四节　民族型城市公共文化空间——协商自治型治理模式 （177）
一　治理主体 （178）
二　治理结构 （181）
三　治理机制 （187）
四　治理模式优劣势分析 （191）

第五章　西部城市公共文化空间协同治理模式优化与重构 （197）

第一节　西部城市公共文化空间协同治理模式优化与重构的原则及思路 （197）
一　坚持以人民文化需求为中心的治理导向 （197）
二　坚持共建共治共享的治理理念 （198）
三　坚持公共文化空间技术治理的革新创新 （200）
四　坚持差异化的公共文化空间协同治理模式 （201）

五　西部城市公共文化空间协同治理模式优化与重构的总体
　　　　思路 …………………………………………………………（202）
第二节　西部城市传统型公共文化空间"政府主导内生型"
　　　　协同治理模式构建 …………………………………………（204）
　　一　传统型公共文化空间协同治理主体功能优化 ……………（204）
　　二　传统型公共文化空间政府主导内生型协同治理结构 ……（208）
　　三　传统型公共文化空间政府主导内生型协同治理机制 ……（210）
第三节　西部城市现代型公共文化空间"多中心协同型"
　　　　治理模式构建 ………………………………………………（215）
　　一　现代型公共文化空间协同治理主体功能优化 ……………（215）
　　二　现代型公共文化空间多中心协同治理结构 ………………（221）
　　三　现代型城市公共文化空间多中心协同治理机制 …………（223）
第四节　西部城市过渡型公共文化空间"包容型"
　　　　协同治理模式构建 …………………………………………（229）
　　一　过渡型公共文化空间协同治理主体功能优化 ……………（230）
　　二　过渡型公共文化空间包容型协同治理结构 ………………（234）
　　三　过渡型公共文化空间包容型协同治理机制 ………………（236）
第五节　西部城市民族型公共文化空间"政策—自治耦合型"
　　　　协同治理模式构建 …………………………………………（241）
　　一　民族型公共文化空间协同治理主体功能优化 ……………（241）
　　二　民族型公共文化空间"政策—自治耦合型"
　　　　协同治理模式 ………………………………………………（245）
　　三　民族型公共文化空间"政策—自治耦合型"
　　　　协同治理机制 ………………………………………………（247）

第六章　西部城市公共文化空间协同治理的实践路径 …………（256）
第一节　统筹规划实现战略性发展 …………………………………（256）
　　一　坚持政府主导和社会多元参与 ……………………………（256）
　　二　坚持高质量发展之路 ………………………………………（259）
第二节　"横纵联动"推进府际协同 ………………………………（260）

  一 "上下联动"实现纵向协同……………………………（261）
  二 "左右协商"实现横向联动……………………………（262）
 第三节 强化多元主体的信任关系……………………………（263）
  一 增强利益同构性………………………………………（263）
  二 加强制度规范建设……………………………………（264）
  三 增强协同伦理自觉与道德自律性……………………（265）
 第四节 搭建多元主体互通桥梁………………………………（266）
  一 推进"放管服"改革打破市场参与壁垒……………（266）
  二 以增能赋权增加社会组织的参与活力………………（269）
  三 德法并行落实公民实质性参与需求…………………（272）

结论与展望……………………………………………………（276）

附 录……………………………………………………………（280）
 附录1 调查问卷…………………………………………（280）
 附件2 访谈提纲…………………………………………（291）

参考文献…………………………………………………………（318）

后 记……………………………………………………………（323）

第一章

绪 论

第一节 研究背景与研究问题

一 政策背景

随着全球化进程的加快,公共事务治理呈现出前所未有的复杂性。任何单一主体的社会治理模式都难以应对快速的社会变革,社会治理急需一种新的协同来抵御可能出现的风险与不确定性。现有研究已经认识到社区团体、私营部门、非政府组织等利益相关者在治理中的共同责任,并认为协同治理可能是应对复杂公共事务的一种有效解决方案。城市公共文化空间作为公共文化服务的重要载体,事关民生大计,因此,推进公共文化空间协同高效治理成为有效回应公众需求的必然选择。

公共文化空间的有效治理不仅利于满足公民精神文化需求、提升公民文化素养,还能展现城市文化特色,彰显国家软实力。党的十八大以来,习近平总书记多次提到"文化自信",要求我们在继承中华民族优秀的传统文化之上不断创新,实现文化治理下的治理创新。2013年,《中共中央关于全面深化改革若干重大问题的决定》中明确提出要构建现代公共文化服务体系。2015年,中办、国办发布了《关于加快构建现代公共文化服务体系的意见》,明确指出"要构建体现时代发展趋势、适应社会主义初级阶段基本国情和市场经济要求、符合文化发展规律、具有中国特色的现代公共文化服务体系"。

国家在强调公共文化服务均等化的基础上,进一步对提升公共文化服务效能做出部署。重点部署在法律制度、社会力量参与等领域①。2017年，《中华人民共和国公共文化服务保障法》进一步为公共文化服务的发展提供了法律保障。2019年，党的十九届四中全会通过的《中共中央关于坚持和完善中国特色社会主义制度推进国家治理体系和治理能力现代化若干重大问题的决定》，明确要求完善城乡公共文化服务体系，优化城乡文化资源配置，健全支持开展群众性文化活动机制，鼓励社会力量参与公共文化服务体系建设。② 国家发改委等18部委联合印发《加大力度推动社会领域公共服务补短板强弱项提质量行动方案》。2020年10月，党的第十九届五中全会提出繁荣发展文化事业和文化产业，提高国家文化软实力，部署了三个方面的重点任务：一是提高社会文明程度，二是提升公共文化服务水平，三是健全现代文化产业体系。③《国家基本公共服务标准（2021年版）》《"十四五"文化和旅游发展规划》《关于推动公共文化服务高质量发展的意见》等系列重要政策文件出台。2021年10月，习近平总书记在《求是》上发表的文章《扎实推动共同富裕》指出："发展公共文化事业，完善公共文化服务体系，不断满足人民群众多样化、多层次、多方面的精神文化需求。"④ 党和国家重要政策文件的出台，国家领导人的讲话，一是表明了公共文化服务的重要性，公共文化空间作为公共文化服务的重要载体，其治理的有效性是公共文化服务实现高质量发展的前提；二是指明了公共文化空间治理的方向，即以满足人民日益增长的美好生活需要为根本目的，构建以党委领导、政府负责、社会协同、公众参与、法治保障的社会治理体制为指引的公共文化空间治理模式。

---

① 中共中央办公厅、国务院办公厅：《关于加快构建现代公共文化服务体系的意见》，https://www.gov.cn/xinwen/2015-01/14/conte-nt_2804250.htm，2015年1月14日。

② 《中共中央关于坚持和完善中国特色社会主义制度推进国家治理体系和治理能力现代化若干重大问题的决定》，2019年。

③ 刁云娇：《十九届五中全会精神解读：建设文化强国，提升中华文化影响力》，《中国日报》2020年10月30日。

④ 习近平：《扎实推动共同富裕》，《理论导报》2021年第10期。

二 现实背景

西部地区国土辽阔，各地区经济发展水平、社会组织发育程度、文化资源、科技水平等资源环境特点各异，因而在不同地区文化活动的开展、公共文化服务的供给、文化符号的打造都呈现不同特质，治理模式也各异。部分地区传统文化资源丰富，但经济发展水平、科技化水平较低，社会组织薄弱，公共文化活动呈现出封闭性，文化符号本土色彩浓厚，公共文化空间供给以标准化、基础性供给为主，形成政府单一主体的治理模式；在经济发展水平较高、科技发达、文化资源丰富的城市中，文化活动呈现开放性、虚拟性特征，公共文化空间供给更注重满足居民多元化、个性化需求，形成多主体联动的模式；在人口异质性强的城市过渡地带，公共文化空间则呈现出过渡与融合的双重特征，公共文化空间供给不足，形成政府与社会力量简单相加的复合治理模式；少数民族聚居为主的城市，因经济发展水平不均衡、社会组织匮乏、人口流动性低，公共文化空间呈现出鲜明的民族特色。受限于经济发展水平，公共文化空间的供给主要以标准化、基础性供给为主，民族风俗活动为辅，形成以政府主导、公众参与的协商自治的治理模式。西部城市公共文化空间类型多样，供需情况各不相同，治理模式也有明显差异，探析各个类型的治理模式机理，在保留现有治理模式的优势与特色、克服其不足的基础上，构建适应西部城市公共文化空间的协同治理模式，以更好地做到供需匹配，提升公共文化服务效能，更好地满足居民多元化文化需求，满足人民日益增长的美好生活需要。

三 理论背景

现实需求推动了国内外的理论研究。相关理论研究主要沿"空间理论—城市公共空间—城市公共文化空间—城市公共文化空间治理"的脉络不断发展。空间理论发展至今，其对空间概念的阐释已经突破了传统的物质层面，将空间的范畴推向了包含意识、思维等在内的更为广泛的领域。而城市公共空间和城市公共文化空间也成为了一脉相承的重要内容，国内学者对公共文化空间的研究尚处于发展阶段，虽有一定成果，但仍不充分，特别是对城市公共文化空间的研究大多停留于物理层面的研究，包括空间布局、资源配置等。结合国内外研究，本书认为城市公共文化空间不仅包含物理空间这一基本范畴，同时应包含在此之上的交往空间及象征空间。再将目光聚焦于更深层次的城市公共文化空间治理问题，理论界的现有成果总体较为宏观，同时较少对城市公共文化空间涉及的多元主体协同治理的内在机制进行剖析，尤其缺乏对西部地区差异化公共文化空间协同治理模式的提炼。

由此可见，西部城市公共文化空间因地区发展差异大导致供给质量参差不齐，现有公共文化空间治理模式尚难满足其高质量发展的要求。社会力量参与不足、治理主体之间协同不充分等问题制约了西部城市公共文化空间功能的发挥。党的十九届五中全会对文化建设提出了新的要求，建设高质量的公共文化服务体系以及文化产业体系，满足人民对美好生活的向往。理论界同样亟须具有针对性、体系性、科学性的城市公共文化空间协同治理模式蓝图。因此，梳理西部城市公共文化空间协同治理运行机理，概括西部城市公共文化空间协同治理模式特点，厘清现存问题，从理论和实践层面进行探索，优化与重构西部城市公共文化空间协同治理模式具有较强的现实性和紧迫性。

基于此，本书以国家相关政策为引领，以西部城市公共文化空间为研究对象，针对居民多元需求，结合西部区域人文特色，在分析西部城市公共文化空间协同治理要素、机理的基础上，建构适合西部城市公共文化空间的协同治理模式并探索实践路径。

四 研究问题

西部公共文化空间治理面临的矛盾表现为居民需求多元化与资源供给同质化，以及治理主体协同不充分、现有治理模式尚无法有效响应公共文化空间差异化。既有研究主要围绕城市公共文化空间的基本属性以及治理路径展开，较少对政府、市场、社会组织、居民个人等多元主体协同治理的内在机制进行剖析，也缺乏不同特征的公共文化空间的协同治理模式的研究。基于此，本书在分析西部城市公共文化空间协同治理的运行机理的基础上，对现有协同治理模式进行优化与重构，具体而言，

（1）当前西部城市不同类型公共文化空间资源供需现状如何？（2）现有供需状况下，治理主体之间的结构与关系构成了怎样的治理模式？不同类型的治理模式的运行机理是怎样的？具有何种特点？对供需产生了什么样的影响？（3）基于国内外公共文化空间协同治理的经验，如何针对供需现状、问题及其背后的治理模式特点及不足，对现有的治理模式进行优化与重构以提升供给能力并满足居民需求？这种协同治理模式在具体实践中如何兼顾普遍性与特殊性？

第二节 研究意义

西部城市公共文化空间协同治理研究立足于当前国家政策要求和居民现实需求，推动其高效协同治理具有重要的理论和现实意义。

一 理论意义

（1）有利于丰富公共文化空间的内涵。现有研究更多关注物理性的公共文化空间治理，而本书对公共文化空间的内涵进行了丰富，将公共文化空间划分为三个层次，一是关于地理的、物质的活动场所的物理空间；二是包括身处其境的人及其言论、行为和活动的交往空间；三是具有历史和文化价值，为人们的自我认同、群体认同乃至文化认同，提供了从行为到精神、从外在到内在、从源头到未来等诸多层面的"同一性"依据的象征空间。

（2）有利于拓展现有研究视野。本书基于协同治理理论、公共空间理论、资源依赖理论以及政策网络理论，从西部城市案例出发，以严谨的理论框架与严密的内在逻辑论证体系来探究西部城市公共文化空间的治理机理，拓宽了现有研究视野。

（3）有利于丰富和发展城市公共文化空间治理理论体系。本书探寻西部城市公共文化空间的共性与个性特征，借鉴东中部及国外公共文化空间治理经验，紧跟政策要求，凸显西部区域文化特色，以满足不同类型居民的多元文化需求为出发点，在分析城市不同类型公共文化空间供需情况的基础上，归纳城市不同类型公共文化空间的协同治理模式，探析治理模式的内在机理，根据不同类型公共文化空间协同治理模式特点，针对其存在的不足，对现有协同治理模式进行优化与重构，并提出实践路径，完善城市公共文化空间治理理论体系，丰富协同治理理论体系。

二　现实意义

（1）明晰公共空间资源的供需现状，突出西部城市公共文化空间的治理特点，厘清西部城市公共文化空间治理的不足。本书从居民现实需求和西部城市公共文化空间资源供给现状出发，对西部城市四种类型的公共文化空间进行供需分析，精准把握公共文化空间的需求状况、供给状况，以及其供需匹配状况，探析西部城市公共文化空间治理的内在机理，归纳其治理模式特点，明确存在的问题。

（2）有利于改进西部城市不同类型公共文化空间治理，助力西部城市公共文化服务的高质量发展。本书在明晰现有公共文化空间资源现状的基础上，致力于盘活现有文化资源，推动实现公共文化空间资源供给与城市居民文化需求协调发展。构建有效的协同治理模式和提出针对性的实践路径，推动城市公共文化空间有效治理，实现公共文化服务的高质量发展，提升西部城市的生活内涵与质量。

（3）有利于进一步丰富公共文化服务相关制度体系，助力公共文化服务领域实现治理体系与治理能力的现代化。本书所提出的公共文化空间协同治理模式，为进一步丰富公共文化服务内涵，调整政府与市场、社会的关系，构建现代公共文化服务体系，提升公共文化服务治理能力，提供了理论基础与实践路径。

第三节　国内外研究现状及评述

一　国外相关研究

（一）空间与文化空间

早期对于空间的研究，停留在空间的表层，将空间看作刻板的客观存在或是纯粹的可量化的几何构成。柏拉图（Plato）和亚里士多德（Aristotle）将空间看作客观的自然存在。在柏拉图的《蒂迈欧篇》中，他将宇宙的本源划分为理性原型、可感事物和载体三种类型，其中载体就是指"空间"，他将空间看作纯粹的物理性质。① 亚里士多德批判了柏拉图对于绝对空间的论述，进而提出了"相对空间"的概念，他指出，"在另一物体占有了这同一空间时，人们理解到空间是不同于存在于其中并相互换位的一切物体的"②。这一时期，西方学者对于空间的理解停留在哲学范畴的形而上学。随后，随着天文学的革命，"空间"逐渐深入到物理学和几何学，西方学者对于空间的理解也逐渐由哲学范畴延伸到自然科学。牛顿（Newton）在《自然哲学之数学原理》中指出，绝对空间保持相似且不动，相对空间是绝对空间的度量或任意可动的尺度，区分了绝对空间与相对空间。③ 20世纪以来，一种本体论的空间观正在兴起，并且逐渐突破单一的绝对空间、相对空间，力图建构出一种新的空间观。康德（Immanuel Kant）在《纯粹理性批判》中将空间范畴与知识、主体、意识进行联结，他将空间与认知主体相结合，认为空间是"认知主体"的基本直观。④ 哈贝马斯（Jürgen Habermas）提出：公共性本身即表现为一个独立的领域，即公共领域，它和私人领域是对立的。⑤ 他认为，公共领域就是公共舆论领域，它和公共权力机关直接对抗。公共领域已经从最初的简单互动领域上升为市民发声的领域，存在于这个领域中的公民，不仅自由地结为互动关系，更可以利用公共机构，如大众媒体来占据更多的公共领域。齐美尔（Georg Simmel）认为"空间从根本上讲只不过是心灵的一种活动，只不过是人类把本身不结合在一起的各种感官意向结合为一些统一的观点的方式"⑥。自此，对空间意义的阐释逐步摆脱客观的物化结构，纳入意识、思维领域，成为社会性与文化性

---

① ［古希腊］柏拉图：《蒂迈欧篇》，谢文郁译，上海人民出版社2005年版，第111页。
② ［古希腊］亚里士多德：《物理学》，张竹明译，商务印书馆1982年版，第92页。
③ ［英］牛顿：《自然哲学之数学原理》，赵振江译，商务印书馆2006年版，第7页。
④ ［德］康德：《纯粹理性批判》，蓝公武译，商务印书馆1960年版，第52页。
⑤ ［德］哈贝马斯：《公共领域的结构转型》，曹卫东等译，学林出版社1999年版，第2页。
⑥ ［德］齐美尔：《社会学——关于社会学形式的研究》，林荣远译，华夏出版社2002年版，第460页。

范畴。

（二）城市公共文化空间的研究

对于城市文化空间的研究，学者大多基于城市文化或是城市空间、城市公共空间进行研究，将文化融入城市空间的研究当中，目前对于城市公共文化空间的研究大致可以划分为城市规划、空间生产以及空间治理路径等角度。

1. 城市规划范畴

在工业化的快速发展下，西方城市也在不断地扩张与增长，西方对于城市的设计早期只关注城市的视觉环境美化，随着工业化的不断发展，随之而来的是一系列的城市问题，因而西方学者开始将目光投向现代城市设计。20世纪40年代，埃罗·沙里宁（E. Saarinen）在其著作《城市：它的发展、衰败与未来》中，批判了传统的以总图为导向的二维规划方式，他指出规划城市空间的艺术，强调城市社会环境的重要性。[①] 20世纪60年代，一些学者将人本、文化、自然等元素加入城市设计的研究当中，建构起了城市空间理论。凯文·林奇（Kevin Lynch）的《城市形态》《大都会模式》《作为环境的城市》等文章中，从人文尺度解析城市实体环境，建立空间形态与人类意识的联系，重视人精神层面对城市空间的体验感知。[②] 20世纪70年代，城市设计开始关注人的行为与空间的关系。扬·盖尔（Jan Gehl）在其著作《交往与空间》中，从室外活动出发，探究人的活动与空间设计的联系，提出关于公共空间设计的方法，并产生了较为广泛的影响。[③] 20世纪80年代，诺伯格·舒尔茨（Norberg-Schulz）在《场所精神——迈向建筑现象学》中强调建筑物精神层次的意义远比实用层面更为重要。[④] 日本学者黑川纪章提出共生共存的城市空间概念，强调共时性与历时性文化传统并重，提倡对历史文化、地域性和

[①] ［美］埃罗·沙里宁：《城市：它的发展、衰败与未来》，顾启源译，中国建筑工业出版社1986年版，第83页。

[②] ［美］凯文·林奇：《城市形态》，林庆怡等译，华夏出版社2001年版，第93页。

[③] ［丹］扬·盖尔：《交往与空间》，何人可译，中国建筑工业出版社1992年版，第65页。

[④] 金广君：《城市图解理论》，黑龙江科学技术出版社1999年版，第38页。

场所的重视。① 20 世纪 90 年代，西方城市的去工业化带来了城市经济的衰退，"创意城市"被提出，文化要素开始成为城市规划、城市营销、城市管理等领域的重要角色。

进入 21 世纪以来，西方对于城市规划与文化空间塑造有了更为全面的认识，并逐步通过对在城市战略中融入文化空间、文化产业、人文精神等元素以推动城市的快速发展，打造自身的城市文化品牌。2016 年，联合国教科文组织发布《文化：城市未来》（Culture：Urban future）全球报告，提出"以人为本的城市空间应以文化为中心、优质的城市环境由文化塑造、城市可持续发展需要基于文化的综合决策"的倡议，标志着承载众多文化资源的城市文化空间成为城市规划与设计的重点。② 在 2018 年的《伦敦市长文化战略》中提出了坚持"今天以及未来全球创意强城"的愿景，并提出构建"所有伦敦人的文化"，为伦敦人提供国际、多元、丰富的公共文化生活。③ 在《纽约 2050，只有一个纽约》中，纽约提出以"公平、增长、弹性、可持续、多样包容"的价值观建设一个强大而公平的城市，推动纽约不断地快速发展。④《巴黎市文化政策》中提出巴黎市文化规划主题为"遗产、创造和教育"，重视人文与历史的保护，从而打造出鲜明的城市文化品牌。⑤ 可以看出，随着全球化的到来，文化空间在城市规划与设计当中的地位越来越重要。

2. 空间生产范畴

第二次世界大战后，资本主义国家发生了巨大的变化，城市问题、社会运动等问题相继产生，这引发了西方众多学者的思考。"空间的生

---

① ［日］黑川纪章：《黑川纪章城市设计的思想与手法》，覃力、黄衍顺等译，中国建筑工业出版社 2004 年版。

② Smirnow Ml., "Urban future. Global report on culture for sustainable urban development", Culture：Urban future, 2016, p. 15, ISBN978 – 92 – 3 – 100170 – 3, October 18, 2016.

③ Institute for Urban Strategies, Global power city index 2018, http：//www. mori – m – foundation. or. jp/english /ius2/gpci2/.

④ Mayor of New York, One NYC 2050：building a strong and fair city, https：//onenyc. cityofnewyork. us/.

⑤ Mairie de Paris. La politique culturelle de la Ville de Paris, https：//francearchives. fr/file/535e4c11cdab228 d48263c67da86d277803d03a0/static_3820. pdf.

产"最早是由亨利·列斐伏尔（Henry Lefebvre）在《空间的生产》中提出的，在他看来"社会现实，它在先决条件上和本体论上就是空间的。没有空间化的社会现实是不存在的，非空间的社会过程也是不存在的"。"空间从来就不是空洞的：它往往蕴涵着某种意义"①。由此可见，他批判了把空间仅仅当作场所或是容器的观点，认为空间是社会关系的集合，以此建构起"空间生产"理论体系。为了更好地理解空间生产的过程，列斐伏尔在《空间的生产》中提出了三元空间分析框架，即空间的表征、表征的空间、空间实践。大卫·哈维（David Harvey）指出还存在第三种空间观，即关系空间，它指出关系空间存在于物体中的空间，即物体存在的前提是它包含和表征与其他物体的关系，并重新阐释了空间的三元划分，即"绝对空间—相对空间—关系空间"②。除此之外，他还将地理学与社会学联系在一起来分析城市问题，从而构建自己的城市空间理论体系，指出城市空间组织和结构是资本积累与阶级斗争的产物，发展了资本主义城市理论，同时在吸收列斐伏尔有关资本循环回路的概念上，提出了"资本的三重循环"逻辑，即资本初级循环（直接的生产与消费领域）、资本的二级循环（固定资本和消费基金等）、资本的三级循环（以生产为导向的科研或开发技能培训；教育和卫生保健）。③ 米歇尔·福柯（Michel Foucaul）有关空间权力的批判也极大地促进了20世纪中后期的"空间转向"。福柯主要从权力发生和运行的场所（监狱、精神病院等）来研究权力空间的构形，聚焦于对权力关系的分析上，围绕现代空间中的权力—知识与身体—主体性的关系展开研究，并提出了空间理论中的三个研究视角：工具性空间生产、生产性空间的形成、空间权利主体的合理性的争夺，同时还提出"异质空间"的概念，为打破二元格局奠定了一定的基础。④ 马克·戈特德纳（Gottdiener）在列斐伏尔、卡斯特尔（Manuel Castells）以及哈维的基础上提出社会—空间视角（Social

---

① Henry Lefebvre, *The Production of Space*, Mass: Blackwell, 1991, pp. 154、26、33、129.
② ［英］哈维：《作为关键词的空间》，《文化研究》2010年第10辑。
③ David Harvey, *The Limits to Capital*, Oxford Basil Blackwell, 1982, p. 408.
④ ［法］米歇尔·福柯：《规训与惩罚》，刘北成、杨远婴译，生活·读书·新知三联书店1999年版，第130页。

Space Perspective），来考察都市空间在政治权力、市场资本以及符号暴力之网中的复杂变迁过程。① 史密斯（Neil Sminth.）深受哈维（Edward W. Soja）观点的影响，在著作《不平衡发展：自然、资本和空间生产》中指出资本主义政治经济的"发展不平衡"是空间生产研究的中心。② 苏贾（Edward W. Soja）认为在资本运作中，大都市发挥了核心作用，后现代性大都市成为时代危机转化的主要场景，他在列斐伏尔等人的空间生产理论上，提出"第三空间"范畴，强调资本主义政治意识形态在城市生产中的作用，在批判技术理性对于城市规划的破坏性影响的基础上，尝试构建后现代的城市批判学。③ 约翰·费斯克（John Fiske）的《关键概念：传播与文化研究词典》提到："文化能够被看作将生产领域同社会关系领域相互勾连起来的意义领域，这不仅仅是一种实体的空间，更是关系的空间。社会空间的生产，也便能被理解为这种文化的社会化生产与再生产。"④

21世纪以来，国外马克思主义空间批判理论在对空间生产的论证中，也关注到了空间革命问题，主要从空间正义、空间权利以及空间革命主体方面进行研究。对于空间正义的探索，苏贾（Edward W. Soja）认为资本逻辑主导了空间生产，导致空间不平衡，因而使人们在政治、经济、文化、性别以及种族等方面呈现不平等，空间正义的目的就是要打破空间生产的二元划分，破除空间剥削和空间压迫等非正义现象，建构具有平等和包容性的第三空间，"这种空间性利用差异建构新的斗争场所，人们可以在这里建立一个彼此联系、互不排斥的反抗社会"⑤。彼得·马尔库塞（Marcuse, P.）则认为，空间正义属于社会正义，应该从整个社会

---

① 文军、黄锐：《"空间"的思想谱系与理想图景：一种开放性实践空间的建构》，《社会学研究》2012年第2期。

② Neil Sminth, *Uneven Development*, Basil Blackwell, 2008, p. 92.

③ ［美］爱德华·W. 苏贾：《后现代地理学：重申批判社会理论中的空间》，王文斌译，商务印书馆2004年版，第140页。

④ ［美］约翰·费斯克：《关键概念：传播与文化研究词典》，李彬译，新华出版社2004年版，第62页。

⑤ 魏强：《第三空间、空间正义与路径选择——爱德华·苏贾的空间正义思想研究》，《创新》2020年第2期。

正义的角度来看待空间正义的内涵和作用，空间正义的本质并非平等，善的空间生产应该是一个全面发展的生产环境。[1]

对于城市权利的研究持积极观点的学者认为，争取城市权利是一条实现空间正义的重要途径。"作为公民，我们应该拥有更多的权利来控制空间的社会生产。如今，获得城市权利在某种意义上就是寻求空间正义。"[2] 而消极观点的学者将城市权利理解为一种资本空间霸权下的抱残守缺。佐金（Sharon Zukin）认为，城市权利包含了下层人民与资本霸权妥协、争取生活权利的涵义。[3] 可以看出，西方学界对于城市公共文化空间的探索，借由"空间生产"的理念，从物质空间到文化空间，包含了主体、空间、资本、政策、权利等多重内容。

3. 城市公共空间治理路径范畴

对于城市公共空间的治理，大部分学者是基于城市治理与文化空间等为依托进行研究的。以美国为首的西方国家在第二次世界大战后经济社会得到了发展，城市的空间得以重构，随之而来的是对于城市空间的治理问题。简·雅各布斯（Jacobs, Jane）在《美国大城市的生与死》一书中批判了美国在20世纪50年代初基于功能主义的城市空间建造，她认为大规模的僵硬化的城市改建摧毁了原本有特色、有活力的建筑，使得城市空间和城市文化变得岌岌可危。[4] 20世纪70年代以来，随着全球化、信息化和城市化的发展，公众开始对传统的行政化、碎片化和单一化的治理产生怀疑，空间和城市研究中的社会化、公共性不断加强。随着社会组织、政府组织、第三部门等的发展，空间作为政府的管理对象和公共资源，其治理范式开始向多元合作方向发展，在城市空间规划和治理当中开始融入合作化、协同等观念。[5] 90年代以来，随着城市化和私有经

---

[1] Marcuse P., "From critical urban to theory to the right to the city", *City*, 2009, p. 185.
[2] Edward W. Soja, *Seeking Spatial Justice*, University of Minnesota Press, 2010, pp. 6 – 7.
[3] [美] 莎伦·佐金：《购买点：购物如何改变美国文化》，梁文敏译，上海书店出版社2011年版，第13—95页。
[4] [美] 简·雅各布斯：《美国大城市的死与生》，金衡山译，译林出版社2006年版，第265—282页。
[5] Ealey P., "Building Institutional Capacity through Collaborative Approaches to Urban Planning", *Environment and Planning A*, No. 3, 1998, pp. 1531 – 1546.

济的发展，使得私有空间成为可能。K. 林奇（K. Lynch）在 1965 年提出了公共空间所有权与使用权分离的想法。克劳迪奥·德马加拉斯（Claudio de Magalhaes）指出公共空间管理是城市治理的一部分，需要对公共空间管理中的权利和责任重新定义并进行探讨，提出了公共空间治理的四个分析维度：干预管理的部门之间的协调、管理制度与执行之间的冲突、维持日常工作的部署以及对公共空间及其服务的财政投入。[1]

近年来，国外学者将城市公共空间治理的目光逐渐转向了城市绿地、城市公园、城市公共空间质量等方向，并将这一框架与当代城市治理政治、文化和体制联系起来。卢卡·萨拉·布罗迪（Luca Sára Bródy）等人通过对不同园艺项目中园丁与四个治理行为体（即地方政府、福利组织、绿色非政府组织和住房协会）之间的不同关系的研究，总结出了邻里倡议、福利组织、绿色非政府组织和住房协会发起的四种治理模式。他们认为，社区园林作为一种新兴的城市现象，具有作为城市自治社区空间的潜力。[2] 安德鲁·麦肯锡（Andrew MacKenzie）等人通过城市公共绿地的治理框架的研究，认为管理公共绿地的治理涉及如社区团体、私营部门、非政府组织等不同利益和责任的多个利益相关者群体，是政府与私人共同的责任，进而提出从排他性和竞争性、利益相关者参与决策的兴趣水平两个标准来选择具体的治理形式，他们认为在管理排他性和非竞争性（公共）服务时（例如保护国有土地上的土壤），政府立法被认为是最适当的管理选择。[3] 罗斯茨基（Hanna A. Ruszczyk）等人研究了集体愿望在"灰色空间"治理中的作用，他们认为，当今城市存在着"灰色空间"，即过渡化的地区，在这当中，通过集体性、地方性的愿望（如期望完善基础设施等）而引发或形成的社区组织、非正式组织或是集体行动，

---

[1] Magalhaes C. D., Carmona M., "Dimensions and models of contemporary public space management in England", *Journal of Environmental Planning and Management*, Vol. 52, No. 1, 2009, pp. 111 – 129.

[2] Luca Sára Bródy, Mandy de Wild, "Cultivating food or cultivating citizens? On the governance and potential of community gardens in Amsterdam", *Local Environment*, Vol. 25, No. 3, 2020, pp. 247 – 254.

[3] MacKenzie, Pearson, Pearson, "A framework for governance of public green spaces in cities", *Landscape Research*, Vol. 44, No. 4, 2019, pp. 3 – 5.

能够对地方政府的部分行为产生影响，因而他们认为对于未来城市、城市"灰色空间"等的治理，应当从城市居民的角度来思考，充分考虑居民作为城市主体的诉求，从而调整自身的治理机制。① 拉詹·曼·奇特拉卡（Rajjan Man Chitrakar）等人认为缺乏有效管理使得当代城市公共空间质量下降，现代城市空间存在公共性和实用性下降、物理条件降低、管理财政资源缺乏等问题，因而需要充分发挥地方组织的强有力作用，并寻求多方资源来实现城市公共空间的治理结构优化。② 蕾安妮·范梅利克（Rianne van Melik）等人认为在如今政府独自承担社会责任、对城市公共空间治理缺乏预算的情况下，协同生产可能是分担成本、权利和责任的一种可能的解决方案，在对纽约市三种不同形式的公共空间协同生产方式的理解下，通过激励性的政策鼓励（而不是强迫）、政府以外的行动者在公共领域进行自愿投资的想法可以值得荷兰当局借鉴。③ 克劳迪奥·德·姆加利亚斯（Claudio De Mgalhaes）对公共空间的公共性外包进行了研究，探讨了公共空间治理的一种替代形式——公共性外包，即将公共空间治理中的角色、权利和责任复杂地重新分配给国家以外的一系列社会行动者。他们认为，公共空间管理安排中，公共空间外包以一种涉及私营和自愿实体的合同、法律协议和绩效管理机制替代了传统的公共部门政策交付和问责过程，审查权利、准入、问责和控制问题。④

二 国内相关研究

（一）城市公共文化空间的研究

国内关于公共文化空间概念的研究主要集中在两个方面，一是对于

---

① Hanna A. Ruszczyk, Martin Price, "Aspirations in grey space: Neighbourhood governance in Nepal and Jordan", *Area*, Vol. 52, No. 1, 2020, pp. 3 – 5.

② Chitrakar R. M., Baker D. C., Guaralda M., "Emerging challenges in the management of contemporary public spaces in urban neighbourhoods", *International Journal of Architectural Research*, Vol. 11, No. 1, 2017, pp. 29 – 43.

③ Melik R. V., Krabben E. V. D., "Co-production of Public Space: Policy Translations from New York City to the Netherlands", *Town Planning Review*, Vol. 87, No. 2, 2016, pp. 139 – 158.

④ Magalh? Es D., Claudio: "Public Space and the Contracting-out of Publicness: A Framework for Analysis", *Journal of Urban Design*, Vol. 15, No. 4, 2010, pp. 559 – 574.

其物理意义上的阐释。我国 2005 年颁布的《国家级非物质文化遗产代表作申报评定暂行办法》中，将"文化空间"定义为"定期举行传统文化活动或集中展现传统文化表现形式的场所"，从较为狭义的概念上对文化空间的含义进行了阐述。王承旭认为城市文化空间是"占据一定物质空间、得到居民普遍认可、集中体现城市公共文化的场所"。同时，他将城市文化空间分为整体文化意象、文化分区、文化片区和文化设施四种尺度，从而对城市文化空间的概念进行了深入的解释。[①] 王子舟指出"文化空间的本原意义是指一个具有文化意义或性质的物理空间、场所、地点"[②]。徐倩认为文化空间应该具备物理空间、人、文化活动、交往互动等基本要素，是用来展示、传播文化的场所。[③] 二是对于基于物理空间之上的空间交往、空间象征意义的研究。郑默凡等认为一个城市有其固有的文化脉络和空间脉络，同时也充斥着不同地域、不同民族的异质文化和异质空间。顾晓咏认为城市空间与文化如影随形，它具有开放性与包容性、多元性与异质性、地域性与聚集性、历史性与时代性、世俗化与物质性相统一的基本特征。[④] 姜建蓉将文化空间放到当代的城市活动估计当中进行理解，她将文化生产与文化消费融入文化空间当中，指出城市文化空间是包含物质空间范围、认同、文化生产与消费且具有文化特质的场所。[⑤] 方坤认为从广义的角度来看，社会实践总是在一定的空间范畴内展开，因而赋予了空间以文化的含义，空间不仅是人类与自然、群体互动的物理空间，也是思维、意识再创造与凝结的文化空间；从狭义上看，文化建设作为一种特殊的人类生产实践活动，直接作用于人们的思维、意识再生产。叶开建认为公共文化空间是现代城市空间的重要组成部分，核心功能是通过不同形式的文化展示向公众传达内在的文化意义，

[①] 王承旭：《城市文化的空间解读》，《规划师》2006 年第 4 期。
[②] 王子舟：《公共知识空间与图书馆》，《中国图书馆学报》2006 年第 4 期。
[③] 徐倩：《公共文化空间视阈下博物馆"人本化"旅游探析——以苏州园林博物馆为例》，《才智》2018 年第 21 期。
[④] 郑默凡、何子张：《城市文化的空间规划与表达——东关大街街区概念规划》，《南方建筑》第 2006 年第 1 期。
[⑤] 姜建蓉：《城市文化空间：推进文化强市建设的新路径》，《宁波日报》2012 年 4 月 3 日第 5 版。

并形成空间环境下的互动和交流。[①] 高春凤在雅居乡村公共文化空间时，认为乡村公共文化空间是乡村文化的重要组成部分，不仅是个体生产生活的物理场域，而且也承载着个体的集体记忆和文化认同。[②] 纵观中国关于公共文化空间的研究，学者普遍认为文化空间应当具备的基本要素包括：物理空间；人、文化活动、交往互动等意义上的交往空间；意义符号、价值载体共同构成的象征空间。

（二）城市公共文化空间治理的研究

国内关于城市公共文化空间治理的研究，大多集中在以下三方面。

一是通过研究城市文化空间的重塑与再造来实现城市公共文化空间的治理。在这当中，部分学者从城市公共文化服务的角度对城市文化空间的再造与重塑进行研究。马树华提出要拓展再造公共文化空间，可以将公共文化服务嵌入城市公共文化空间中。[③] 方坤从公共文化服务的角度研究文化空间的重塑，他认为文化空间是公共文化服务的一个基本服务向度，这种文化空间重建的目的在于生活世界的意义再写，通过公私界限的界定、空间功能定位、空间权力关系重构、空间交往规则制定、空间物理形态重塑的建构路径，最终实现空间、结构、功能的意义再写。[④] 石东坡、汤先从文化治理法治化的角度对台湾地区的文化空间治理法律进行评析，认为在文化治理中既要秉持法治观念，又要尊重和体现作为治理主体的公众的各项权利。[⑤] 曾莉等研究了城市社区公共文化空间再造，提出从情感治理的角度实现城市社区公共文化空间的再造，通过生产共同情感，形成情感联络，能够提升公共文化空间

[①] 叶开建：《基于公共文化空间视角下博物馆研学旅行研究》，《文物鉴定与鉴赏》2019年第16期。

[②] 高春凤：《叙事性表达视角下乡村公共文化空间的构建路径》，《学习论坛》2019年第2期。

[③] 马树华：《公共文化服务体系与城市文化空间拓展》，《福建论坛》（人文社会科学版）2010年第6期。

[④] 方坤：《重塑文化空间：公共文化服务建设的空间转向》，《云南行政学院学报》2015年第6期。

[⑤] 石东坡、汤先：《台湾地区城市文化空间治理法律评析与启示》，《海峡法学》2017年第19卷第4期。

的治理。① 魏伟等在借鉴了伦敦、巴黎、纽约、东京等国外城市文化空间塑造的经验基础上，认为我国城市文化空间塑造应结合我国的国情，从规划体系、文化理念、空间布局以及公众参与等方面进行我国城市文化空间塑造的思考。② 还有部分学者则从城市化进程、现代城市规划等角度进行研究。姚华松将流动人口空间再造作为主体进行研究，认为在城市空间的再造过程中应当关注流动人口的空间再造。董慧认为在城市化过程中，城市建筑的大规模克隆与复制导致城市的呆板化、城市公共文化空间程序碎片化与无序性，需要从文化视角出发来重新审视和设计城市；秩序与活力既是城市文化空间的本质内蕴，也是建构城市文化空间的两个重要途径。③ 胡惠林认为在中国的城市化进程中，受到全球化进程的影响，城市化形成一种社会形态的等差，产生了文化的矛盾和冲突，这两种冲突构成了中国城市化进程中的文化问题：城市文化空间建构。他认为城市文化空间建构是一种精神社会的空间表达形态，是根治城市病的文明良方。④ 李人杰等关注在新城规划中的城市文化的延续，他们认为在现阶段的城市建设中，很多城市忽视了传统文化与城市文化特色，因而在新城规划中体现城市文化延续与再造十分必要，并提出了三种城市文化空间再造的策略与方法，即强化与再造历史城市空间格局，延续城市原有认知意象；用象形隐喻城市文化图形的方式来塑造特色城市空间意象；挖掘本土、本地文化特色，创造一个全新的具有原生文化传承的城市空间。⑤

二是基于城市公共文化空间实践来研究城市公共文化空间治理。董

---

① 曾莉、周慧慧、龚政：《情感治理视角下的城市社区公共文化空间再造——基于上海市天平社区的实地调查》，《中国行政管理》2020年第1期。
② 魏伟、刘畅、张帅权、王兵：《城市文化空间塑造的国际经验与启示——以伦敦、纽约、巴黎、东京为例》，《国际城市规划》2020年第35卷第3期。
③ 董慧：《秩序与活力：城市文化空间的意义构建》，《苏州大学学报》（哲学社会科学版）2011第32卷第4期，第39—46页。
④ 胡惠林：《城市文化空间建构：城市化进程中的文化问题》，《思想战线》2018年44卷第4期，第126—138页。
⑤ 李人杰、韦柯筠、钟悠：《新城规划中的城市文化延续与再造》，《建筑与文化》2018年第7期。

慧认为城市文化空间分别存在着共时态和历时态，并从这两个层面对城市公共文化空间进行论述。构建城市公共文化空间的核心是要完善秩序与城市的活力，在城市文化空间的深层互动中体现城市文化空间的实践性，从而创造一个稳定有序的城市文化空间，恢复人本主义精神。[①] 李山将文化空间视为一种文化政治的场域，认为在国家治理实践中，文化空间可以发挥身体规训与身份认同的文化隐性权力的治理性功能。[②] 陆小成提出新型城镇化的空间治理应由单一的政府管理转为多元化的公共治理。[③] 陈水生指出我国城市公共空间存在着治理理念与治理目标迷失、治理边界与治理责任模糊、治理技术与治理价值张力三重困境，并提出完善我国城市空间治理要通过理念创新、机制构建与技术创新等途径来实现。[④] 王海荣认为城市空间正在成为一种支配性的、建构性的力量，影响着社会关系、利益结构以及人们日常生活的变化，对城市空间的治理，要让国家在有限的范围内促进城市空间发展。[⑤] 齐巍以我国城市空间治理的公共环境整治为角度，认为我国城市空间治理中存在着公共空间功能发挥欠缺、公共空间与私人空间模糊、公共空间治理责任不明确等困境，并从树立人本理念、构建协同治理机制、提高技术水平等方面提出创新路径。[⑥] 可以看出，国内对于公共文化空间治理的研究，不论是公共文化空间的重塑、再造，还是空间实践，治理包含了治理理念、治理主体、治理环境、治理手段等要素。

三是从社会组织、公民参与的角度来研究城市公共文化空间治理。社会组织参与方面，李雪萍等指出在公共空间生产和治理中，社会组织

[①] 董慧：《秩序与活力：城市文化空间的意义构建》，《苏州大学学报》（哲学社会科学版）2011年第32卷第4期。

[②] 李山：《文化空间治理：作为文化政治的行动策略》，《学习与实践》2014年第12期。

[③] 陆小成：《新型城镇化的空间生产与治理机制——基于空间正义的视角》，《城市发展研究》2016年第23卷第9期。

[④] 陈水生：《中国城市公共空间治理模式创新研究》，《江苏行政学院学报》2018年第5期。

[⑤] 王海荣：《空间理论视阈下当代中国城市治理研究》，博士学位论文，吉林大学，2019年，第82页。

[⑥] 齐巍：《中国城市公共空间治理模式创新研究》，《商讯》2019年第18期。

都发挥重要的作用,并且为城市社区治理提供重要动力。[①] 对于社会组织参与城市空间治理存在的诸多问题,高聪颖将其归纳为:沟通协同机制不够健全,缺乏沟通协作的平台,信息不畅,资金不足,社会影响力不够,认识不足,专业性不高。[②] 公民参与方面,学者们多对公民参与公共文化空间治理的问题及对策进行研究。唐刚等人认为公民参与存在精神或者参与理性不足、自治能力不足、本位主义参与动机的问题。[③] 杨艳东认为目前公众参与治理的广度、深度有限,无论是通过正式的还是非正式的参与途径,居民参与治理效果不佳,被动参与多于主动参与,无序参与多于有序参与。她认为可以通过立法的完善、决策授权的改革、市民社会自组织能力的提升、参与途径的创新来提升居民参与效果。[④] 陈水生等人指出我国公民面临参与治理理念的缺失、参与驱动力不足、参与途径有限、参与能力匮乏等现实困境,可以借鉴日本的经验,树立多元共治的城市公共空间治理理念,创建公民需求驱动的城市公共空间治理准则,构建公民和社会组织共同参与公共空间治理的多元渠道,培育公民参与城市公共空间治理的有效能力。[⑤] 除了研究实体公共文化空间的参与,还有学者对虚拟公共文化空间的个体参与进行研究。例如陈波等人探讨虚拟个体参与公共文化空间的行为模式,并且对我国虚拟公共文化空间运行机理及模式进行优化设计。[⑥]

[①] 李雪萍、曹朝龙:《社区社会组织与社区公共空间的生产》,《城市问题》2013年第6期。

[②] 高聪颖:《社会组织参与城市公共空间治理的探索——以宁波市为例》,《改革与开放》2017年第1期。

[③] 唐刚、彭英:《多元主体参与公共体育服务治理的协同机制研究》,《体育科学》2016年第36卷第3期。

[④] 杨艳东:《中国城市治理困境中的公众参与机制与效果分析》,《云南社会科学》2011年第5期。

[⑤] 陈水生、屈梦蝶:《公民参与城市公共空间治理的价值及其实现路径——来自日本的经验与启示》,《中国行政管理》2020年第1期。

[⑥] 陈波、穆晨:《互联网条件下虚拟公共文化空间模式研究》,《艺术百家》2019年第35卷第1期。

三　国内外研究现状评述

国外研究主要集中在空间理论和城市公共空间两个方面，空间理论的发展区分了绝对空间和相对空间，对空间的意义阐释逐步摆脱客观的物化结构，纳入意识、思维领域，成为社会性与文化性范畴。城市公共空间相关研究则主要分为城市规划、空间生产以及空间治理三个范畴。城市规划关注人的活动与空间设计之间的关系，且近年来文化要素在城市规划扮演愈发重要的角色；空间生产角度包含了主体、空间、资本、政策、权利等多重内容；城市公共空间治理范畴则认识到社区团体、私营部门、非政府组织等不同利益和责任的多个利益相关者群体在城市公共空间治理中的共同责任，并认为协同生产可能是分担成本、权利和责任的一种可能的解决方案。国外研究目前还存在一些不足：一是研究集中在空间理论的发展、城市公共空间的规划与治理等方面，较少以城市公共文化空间为研究对象。二是在有限的公共文化空间治理的研究中，大多以资本、权力、知识等作为其主要的切入点，缺乏从居民需求和资源贫富角度，尤其缺乏从具体城市多种文化、多元需求的特点出发探讨城市公共文化空间的治理，也没有在此基础上构建一个全面而系统的治理模式。

国内研究集中在城市公共文化空间和城市公共文化空间治理两个方面。城市公共文化空间相关研究丰富了公共文化空间的内涵，即除了物理意义的阐释，还有基于物理空间之上的空间交往、空间象征意义。关于城市公共文化空间治理的研究主要分为三个角度：一是通过研究城市文化空间的重塑与再造来实现城市公共文化空间的治理；二是基于城市公共文化空间实践来研究城市公共文化空间治理；三是从社会组织、公民参与的角度来研究城市公共文化空间治理。总的来看，国内研究主要对城市公共文化空间的基本属性以及治理路径进行展开，较少对政府、市场、社会组织、居民个人等多元主体协同治理的内在机理进行剖析，缺乏对西部地区差异化公共文化空间协同治理模式的提炼。基于此，本书以国家相关政策为引领，以西部城市公共文化空间为研究对象，针对居民多元需求，结合西部区域人文特色，在分析西部城市公共文化空间治理机理的基础上，建构适合西部城市公共文化空间的治理模式并探索实践路径。

第四节 研究思路与研究方法

一 研究思路

本书主要遵循"怎么样—为什么—怎么做"这一演绎归纳的研究思路，建立"现象—成因—过程—结构"这一理论分析框架（如图1-1所示），在文献梳理基础上，分析西部城市公共文化空间供需匹配现状；针对供需匹配状况，进一步挖掘其背后的治理机理；针对现有治理模式的优劣势，进行优化与重构，以达到公共文化服务供给要求，实现居民需求。

具体思路为：（1）在国内外相关研究的基础上，运用空间理论、协同治理理论等，以西部城市居民需求为切入点，探讨西部不同类型公共文化空间资源供需现状，进一步进行供需匹配度分析；（2）根据供需匹配度，深入挖掘其背后的治理状况，梳理西部城市公共文化空间现有治理模式特点及内在机理，探析当前治理模式在供需匹配方面具有的优势与劣势，在哪些方面能够/无法达到公共文化服务供给要求、能够/无法满足居民需求；（3）借鉴东部城市以及国外城市公共文化空间的治理经验，针对西部城市公共文化空间供需现状及治理问题，从西部城市公共文化空间特点和治理机理出发，针对西部不同类型公共文化空间，构建适合的协同治理模式，以达到公共文化服务供给要求、满足居民需求；（4）结合所构建的协同治理模式，提出适合西部城市公共文化空间的协同治理的实践路径。

二 研究方法

（一）文献分析法

文献研究法指通过搜集、整理相关文献，对相关领域研究情况形成科学的认识的方法。包括：一是对查到的有关档案资料进行研究；二是对公开出版的书籍刊物等资料的研究。在本书中，主要搜集了公共文化

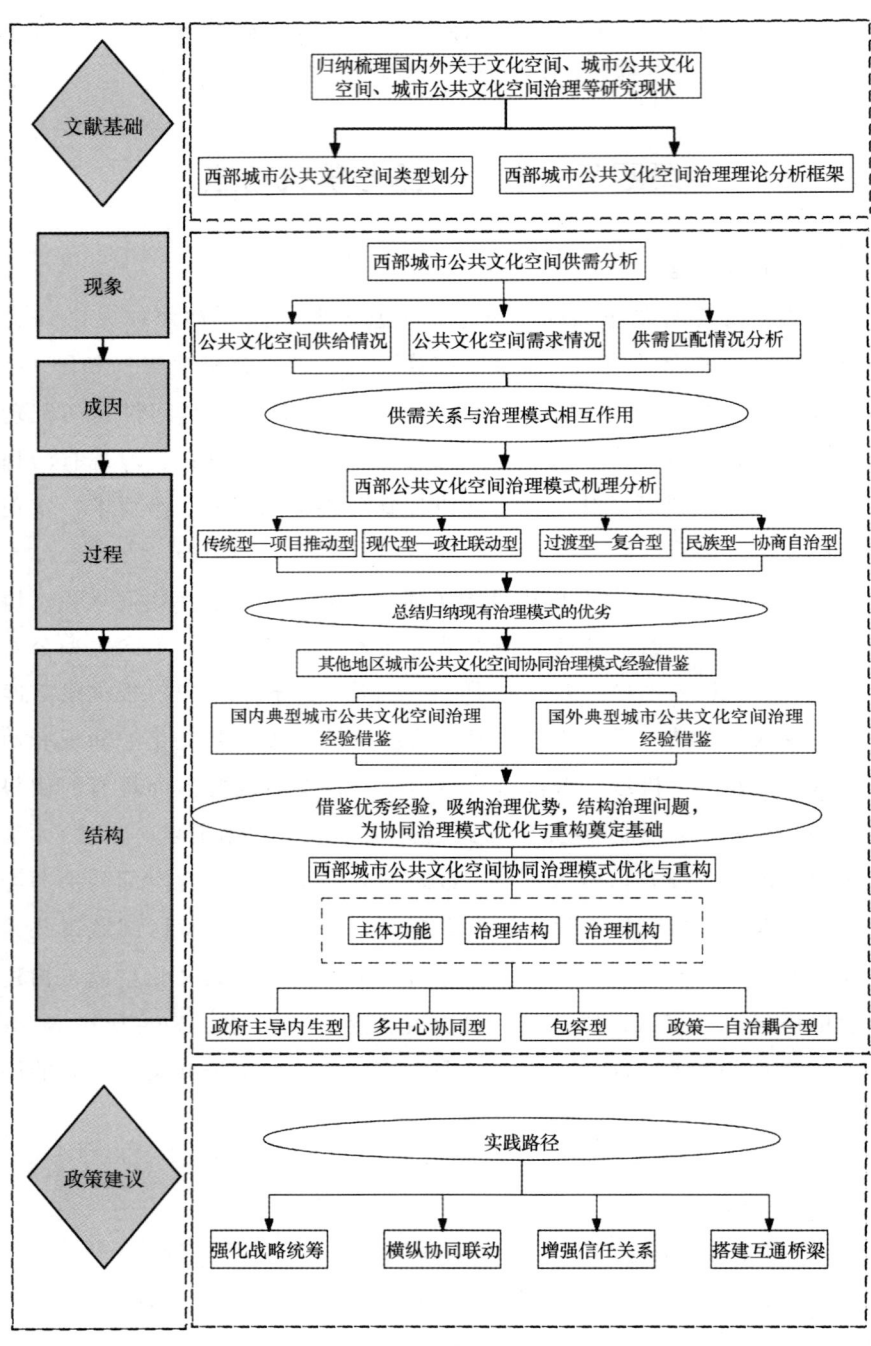

图 1-1 研究思路

空间、空间治理、协同治理、文化服务等领域的研究文献以掌握相关理论及研究现状；通过统计公报、政府网站、权威新闻媒体等渠道收集有关西部公共文化、公共空间供给、治理方面的官方统计数据；通过政府、社会组织、企业内部文件档案，以及田野调查记录的观察日志，掌握当前西部城市公共文化空间治理特点及现状，为构建西部城市公共文化空间治理模式并探寻实践路径奠定基础。

（二）问卷调查法

问卷调查法指用统一、严谨设计的问卷对研究对象的行为、态度、兴趣和意见等进行调查与测量的研究方法。在本书当中，从公共文化空间的物理、交往、象征三个层面设计相应问题进行问卷调研。在四川省、重庆市、陕西省、贵州省（线上线下）共发放问卷共1500份，回收有效问卷1370份，有效回收率为91.3%，并对数据进行整理分析，以掌握西部城市不同类型公共文化空间需求、供给的现状、特点、趋势等，为西部城市公共文化空间协同治理机理分析与模式构建提供研究基础。

（三）访谈法

访谈法是研究者与被调查者面对面直接交谈获取相关研究信息的一种方法，具有较强的灵活性与实用性。在本书中，采用判断性与滚雪球相结合的抽样原则，对四个类型城市公共文化空间的政府部门工作人员、社区管理人员、社会工作者、居民、文化类社会组织、文化站工作人员、图书馆管理人员共369人，进行结构式、半结构式、开放式的访谈，并按照"空间类型、访谈地点、访谈人员姓氏的拼音首字母与区分相同姓氏的编号00（N）"的形式进行资料编码，如"CT（传统）BZ（巴中）政府工作人员L001"。了解不同类型城市居民在物理空间、交往空间和象征空间的供给、需求与治理方式，为分析西部公共文化空间资源供需匹配情况以及治理机理与治理模式构建奠定基础。

（四）案例分析法

案例分析方法亦称为个案分析方法或典型分析方法，是对具有典型性现象事物进行深入而详细的研究从而获得整体性的认识的一种方法。在本书中，分别选取四川省巴中市公共文化空间为传统型公共文化空间典型案例；选取重庆市渝中区公共文化空间为现代型公共文化空间典型案例；选取重庆市公租房社区、西安市的村改居社区（分别为斜口街道的芷阳社区、骊山新家园社区以及未央区的和平社区）的公共文化空间为典型案例研究过渡型公共文化空间；选取贵州省凯里市公共文化空间为民族型公共文化空间典型案例。重点对案例的典型特征进行分析研究，归纳概括西部城市公共文化空间的规律性认识。

（五）比较分析法

比较研究法就是对物与物之间和人与人之间的相似性或相异程度的研究与判断的方法。比较研究法可以理解为是根据一定的标准，对两个或两个以上有联系的事物进行考察，寻找其异同，探求普遍规律与特殊规律的方法。在本书中选取国内外公共文化空间治理的先进案例，国内公共文化空间治理选取了北京市海淀区田村街道、上海市罗山市民会馆、武汉市南湖街道以及深圳市的月亮湾等案例；国外选取法国、英国、美国以及日本等公共文化空间治理案例，总结和借鉴国内外公共文化空间治理的先进经验。

第二章

概念解析、研究基础与研究设计

第一节 概念解析

一 西部城市

西部城市是指按地理划分的位于我国西部地区的城市,主要由四川省、陕西省、云南省、贵州省、西藏自治区、重庆市、内蒙古自治区、甘肃省、青海省、新疆维吾尔自治区、宁夏回族自治区和广西壮族自治区12个省、自治区、直辖市组成,主要城市有重庆、成都、兰州、西安、昆明、拉萨、乌鲁木齐、贵阳、银川、西宁等。

二 公共文化空间

学界对于公共文化空间的研究集中在两个层面:一是基本属性研究,由于公共领域是公共权力运用的场所,因而必须体现公共性,即以公共利益的增益为目标,强调公正、平等以及广泛参与;二是空间层次与内容研究,主要是物理空间、社会交往空间以及精神空间的研究。王承旭认为城市文化空间是"占据一定物质空间、得到居民普遍认可、集中体现城市公共文化的场所"[1]。王子舟指出"文化空间的本原意义是指一个具有文化意义或性质的物理空间、场所、地点"[2]。徐倩认为文化空间应该具备物理空间、人、文化活动、交往互动等基本要素,用来展示、传播

---

[1] 王承旭:《城市文化的空间解读》,《规划师》2006年第4期。
[2] 王子舟:《公共知识空间与图书馆》,《中国图书馆学报》2006年第4期。

文化的场所。① 王少峰认为"文化空间是指一个社会群体的文化现象、文化需求和历史记忆在一定区域的空间表现以及社会成员之间在这个空间文化交往的表达方式"②。由此观之，公共文化空间应当具备的基本要素包括：（1）具有公共性的物理空间，例如城市内的图书馆、博物馆、文化馆、公园、文化广场、社区文化活动中心等；（2）具有一定开放性的人际交往互动，例如文化活动、邻里日常交往等；（3）由意义符号、价值载体共同构成的象征空间，比如民俗文化符号、仪式等。故本书的公共文化空间是指以公共利益为目标，具有公益性、公平性及广泛参与性的文化场所以及在这个场所之中的交往互动及其传达出来的意义符号、精神内涵，具体包括物理空间、交往空间与象征空间。

三 城市公共文化空间

城市是以人为主体，以环境和空间利用为基础，以聚集经济效益和社会联系为特征的空间地域系统。这一地域系统是公共文化的空间性载体，城市的经济发展水平、制度与文化资源、科技发展水平是塑造公共文化空间内容与形式的重要环境因素。换言之，本书的公共文化空间存在于西部城市空间地域系统中，物质、制度以及精神文化要素在地域系统中呈现不同的发展演进形态，城市公共文化空间也可据此划分不同类别。

第二节 理论基础

一 公共空间理论

20世纪德国学者汉娜·阿伦特（Hannah Arendt）对于公共领域概念的涉及可以看作学术界对于公共文化空间早期的探索。阿伦特认为，在私人领域和政治参与为主的行动领域之外还存在着第三个领域，她将其

---

① 徐倩：《公共文化空间视阈下博物馆"人本化"旅游探析——以苏州园林博物馆为例》，《才智》2018年第21期。

② 郭伊琪：《服务于城市旅游形象的公共空间文化引入——以台湾桃园机场为例》，《美与时代（城市版）》2015年第8期。

称为社会领域。社会领域是人们主要涉足的领域,在这个领域内,人们学习、工作和生活,这一领域是联结私人领域和政治行动领域之间的共同体,在这个领域内,人们实现各种不同形式的联合,因此产生了各种组织、团体或集体。① 对于社会领域的探索,我们可以发现,在这个领域内的事物之间的描述已经具有了现代公共文化空间的雏形,为本书对于除物理空间和象征空间之外的交往空间提供了一定的理论基础。本书中的交往空间既包括了具象物理场所之中的居民交流,也包括了为居民、团体或集体提供交流学习的抽象的社会领域。

公共领域研究的集大成者哈贝马斯在汉娜·阿伦特的基础上对公共领域的概念进行了历史的审视,在对市民社会和公共领域的区别和联系进行了详尽的阐述后,哈贝马斯提出:公共性本身即表现为一个独立的领域,即公共领域,它和私人领域是对立的。② 他认为,公共领域就是公共舆论领域,它和公共权力机关直接对抗。这样的观点是充满力度的,公共领域已经从最初的简单互动领域上升为市民发声的领域,存在于这个领域中的公民,不仅自由地结为了互动关系,更可以利用公共机构,如大众媒体来占据更多的公共领域。哈贝马斯对于公共领域的探索进一步解释了本书的对象除了西部城市物理意义上的公共文化空间,还存在能代表城市文化特色或民族特色的象征精神和文化以及可以进行交流学习的交往空间,并且这些空间还受到公共权力的保护。

英国社会学教授齐格·蒙特鲍曼(Zygmunt Bauman)在哈贝马斯的基础上提出了"公共空间"这一概念并进行了类似的阐述:作为国家政治权力领域与市民私人领域之间的中间地带,通过公共交往和理性批判,一方面促进了社会整合和群体的认同,另一方面为国家提供了政治认同与合法性支持。③ 亨利·列斐伏尔(H. Lefebvre)在《空间的生产》中进一步提出了独特的社会空间理论,表明社会空间的阐释需要同自然、历

---

① [德]汉娜·阿伦特:《人的条件》,竺乾威译,上海人民出版社1999年版,第25页。
② [德]哈贝马斯:《公共领域的结构转型》,曹卫东、王晓珏、刘北城、宋伟杰译,学林出版社1999年版,第155页。
③ 刘云虹:《在建构公共空间中寻求政治认同——鲍曼公共空间理论的视角》,《学海》2013年第000卷第005期。

史以及生产力的发展相结合,空间的构成不仅在于事物,而且在于关系。①

对相关学者研究整理发现,学术界对于公共文化空间的研究主要体现在两个方面,一个是物理意义上的阐述,另一个是社会交往以及空间象征意义上的阐述。关于物质意义上的公共空间的定义有狭义和广义两种。狭义的城市公共空间是指供市民日常生活和社会生活公共使用的室外空间,包括街道、广场、居住区户外场地、公园、体育场地等。广义的还可以扩大到公共设施用地空间,如城市中心区、商业区、滨水区、绿地等。如2017年5月联合国人居署发布的《新城市议程》中规定:城市公共空间是用以保障社会互动、人类健康、经济交流及不同文化表达与交流的多功能地区,具体包括街道、人行道、广场、滨水地区、花园、公园及城市绿地等。② 交往空间主要是将物理空间作为平台,居民在其中自主地参与和开展公共文化活动,平等对话或讨论公共事务。公共文化讲坛、音乐会、社区文娱活动、民族节日活动等基于物理空间之上人的互动都属于交往空间范畴。象征空间主要侧重公共空间所具有的认同建构、历史记忆传承等功能,彰显了地区的集体文化,比如非物质文化遗产、宗族祠堂所承载的文化符号、意义内涵等。

城市公共空间与文化如影随形,它具有开放性与包容性、多元性与异质性、地域性与聚集性、历史性与时代性、世俗化与物质性相统一的基本特征。城市公共文化空间不仅是现代城市空间的重要组成部分,而其核心功能是通过不同形式的文化展示向公众传达内在的文化意义,并形成空间环境下的互动和交流。公共文化空间是城市文化的重要组成部分,不仅是个体生产生活的物理场域,而且也承载着个体的集体记忆和文化认同。

综上所述,本书将采用广义公共空间理论,结合西部城市的物理意义上空间多样性的特点,将分析框架界定为物理空间、交往空间以及象

---

① 陆扬:《社会空间的生产——析列斐伏尔〈空间的生产〉》,《甘肃社会科学》2008年第5期。

② 联合国人居署:《新城市议程》,《城市规划》2016年第12期。

征空间三个分析维度。物理空间即实际存在的实体公共文化空间，是居民交往活动的具体场所，如图书馆、博物馆、文化馆、公园、文化广场、社区文化活动中心等。交往空间主要包括文化活动、民族节日活动、邻里日常交往等物理空间之中人与人之间的互动；象征空间指意义符号、精神内涵，是空间的集体记忆和集体文化认同，如民俗文化符号、仪式等。

二 资源依赖理论

20世纪30年代，资源依赖理论在美国逐渐起源并发展，以研究组织间关系为基础，逐渐成为组织理论研究的一个流派。20世纪40年代塞尔兹尼克（Selznick）发现联邦政府当局依赖于南方的地方精英就把他们吸收到它的决策结构中，于是便把这个过程命名为"共同抉择"理论，这为发展资源依赖理论提供了坚实的基础。[①] 在60年代，研究组织的重要问题在于环境和组织之间的关系，组织问题与环境问题相联系的观点被称为开放系统模式，而资源依赖理论属于其中之一。1967年，汤普森提出了组织权力的依赖模式，而后被广泛应用到组织关系研究中。资源依赖理论认为组织为了获取足够的资源保证自身生存必须与环境进行交换，没有组织完全依靠自己。资源的稀缺性和重要性则决定组织依赖性的本质和范围，依赖性是权力的对应面。杰弗里·普费弗（Jeffrey Pfeffer）和杰拉尔德·萨兰奇克（Gerald Salancik）是资源依赖理论的集大成者，体现其资源依赖理论主张的著作是《组织的外部控制》。[②]

资源依赖理论强调组织的生存需要从周围环境中获取资源，并能积极地控制环境，而不是环境被动的接受者。包括四个方面的内容：一是生存是组织最为重要的问题，一个组织无法产生能够满足维持它生存与发展的所有资源，为了生存组织要从周围环境或其他组织中获取自身必

[①] Selznick, Philip, "TVA and the Grass Roots: A Study in the Sociology of Formal Organization", Berkeley: University of California Press, 1949.

[②] ［美］杰弗里·莫佛、杰勒尔德·R. 萨兰基克：《组织的外部控制》，闫蕊译，东方出版社2006年版。

需的资源；二是为了获取足够的资源，组织必须与外部环境实现互动，而组织处在联系密切的网络之中，所需要的人才、资金、信息等资源都来自外部环境，组织之间的互动是组织获取资源的重要途径；三是组织对外部资源的供给或获取构成了相互间的依赖性，依赖程度由资源的稀缺性与重要性决定；四是组织会调整自身的结构与行为方式，获取外部环境的资源来减轻对资源的依赖，比如与其他组织建立合作联盟等，以使环境来适应自身。组织赖以生存的资源，被认为可以分为三类：一是基础资源，具体包括组织生存发展所需要的人、财、物、场地等资源；二是信息资源，指组织决策、管理所需要的知识、数据等资源；三是合法性资源，既包括政策、制度等行政合法性，也包括来自社会资本和社会网络的文化合法性。[1] 依赖度是指组织或个人之间彼此影响的程度[2]，资源依赖理论学派认为组织间的依赖是在组织关系中的一方无法完全掌握开展某项活动或达到某种目的必需的资源时便会产生[3]，而控制资源的一方则拥有了对资源需求方的权力（power），资源稀缺性和重要性等因素决定了权力的大小[4][5]。资源依赖理论比较鲜明的一个特点就是不仅分析组织如何适应环境，而且会通过一些策略去改变环境。一是强调权力的策略，组织间因资源稀缺性与重要性的不同决定了双方权力的大小，占据更多资源的一方拥有对另一方的控制权，而资源需求的一方对资源供给的一方形成依赖。双方在控制与反控制间形成权力的角力，在这种情况下，组织可能采取两种策略来增强权力，降低依赖性：一种是占据资源较多的结构洞位置，获得控制权；另一种是权力博弈，提升双方之间的依赖性。二是资源的策略。资源分为两种，一种是双方拥有内在关联的资源，另一种是一方拥有对另一方来说稀缺的、不可替代的资源，

---

[1] 马迎显：《资源依赖理论的发展和贡献评析》，《甘肃社会科学》2005年第1期。

[2] 郑少华：《组织间依赖研究述评与展望》，《外国经济与管理》2017年第39卷第2期。

[3] Pfeffer J. and Salancik G. R. *The External Control of Organizations A Resource Dependence Perspective*. New York: Harper & Row, 1978, p. 1.

[4] Hillman A. J., Withers M. C. and Collins B. J., "Resource dependence theory: A review", *Journal of Management*, Vol. 35, No. 6, 2009, pp. 1404 – 1427.

[5] Pfeffer J., Salancik G. R. *The External Control of Organizations: A Resource Dependence Perspective*. Palo Alto, CA: Stanford University Press, 2003, p. 2.

资源策略主要是通过双方都需要的互补性资源建立双方的联合关系，或是通过非市场手段来改变或控制外部环境。三是基于双边交易关系的策略。组织间的关系分为互相依赖程度比较一致的对称依赖与互相依赖程度差别较大的不对称依赖。在长期双边关系中，对称依赖的双边关系比不对称依赖的关系更加稳定①；不对称依赖容易降低关系的稳定性以及交易双方之间的信任度，会产生利益的不一致性②，增加交易关系中的冲突③④。主要策略就是建立从中获得产出与利益的双边关系，或者找到替代伙伴并降低替代带来的成本，或者中止双方交易以止损⑤⑥。

资源依赖理论为本书提供了一个理论参考，组织自身资源有限，公共文化空间实现有效治理不能单靠某个主体的力量，政府部门不再是权威、资源和知识的垄断者，治理网络中的多元主体相互依赖，需要通过协同与合作来提升公共文化空间的治理效能，而这种相互依赖关系不仅促进共同目标实现，而且满足各个主体的利益需求。公共文化空间协同治理是多主体参与的治理模式，在治理中各主体之间的资源多少、地位高低、权力大小均对相互之间的协作关系的稳定性、紧密性产生影响，因此构建公共文化空间的协同治理模式需要考虑这些影响因素。同时，一些特殊资源，如社会精英、信息、知识等也应充分重视。

三 协同治理理论

协同治理理论源于 20 世纪 80 年代世界银行应对危机时的预警方式，

---

① Anderson E. and Weitz B. , "Determinants of continuity in conventional industrial channel dyads", *Marketing Science*, Vol. 8, No. 4, 1989, pp. 310 – 323.

② Heide J. B. , "Interorganizational governance in marketing channels", *Journal of Marketing*, Vol. 58, No. 1, 1994, pp. 71 – 85.

③ Ganesan S. , "Determinants of long-term orientation in buyer-seller relationships", *Journal of Marketing*, Vol. 58, No. 2, 1994, pp. 1 – 19.

④ Kumar N. , Scheer L. K. and Steenkamp J. B. E. M , "The effects of perceived interdependence on dealer attitudes", *Journal of Marketing Research*, Vol. 328, No. 3, 1995, pp. 348 – 356.

⑤ Heide J. B. and John G. , "The role of dependence balancing in safeguarding transaction-specific assets in conventional channels", *Journal of Marketing*, Vol. 52, No. 1, 1988, pp. 20 – 35.

⑥ 任星耀、隽安、钱丽萍：《相互依赖不对称总是降低关系质量吗?》，《管理世界》2009年第12版。

后来被广泛运用于政府及企业的管理中。协同治理研究学者美国哈佛大学多纳（Donahue）教授在 2004 年一篇名为《关于协同治理》的文章中使用这一概念，并在《公私合作》书中提到"本章将研究一种特定的公—私协同方式，我们将这种方式称为'协同治理'。""协同治理是政府与企业、社会组织以及公民等利益相关者，为解决共同的社会问题，以增进公共利益为目的，采取比较正式且适当的方式互动和决策，并分别对结果承担相应责任的过程。"①

　　协同治理理论最核心的概念就是协同。作为理论概念的协同，不同的学者对其理解具有差异，具体而言可以分为四类：一是将其简单理解为多个行动者一起共事以达到共同目标，代表学者有唐纳森（Donaldson）、科佐尔（Kozoll）等；二是将协同定义为一种行动之间主动互动的过程，学者汤姆森（Thomson）、佩里（Perry）、劳伦斯（Lawrence）等都持这种观点；三是强调行为者之间相互信任的关系；四是综合前三种理解后，增加了责任分担的内容。本书认为，"协同"不仅表现为主体之间的互动、信任关系，还应考虑不同资源禀赋情况，因此"协同"的内涵应包括主体协同、过程协同和资源协同。

　　基于协同治理理论的内涵，本书把西部城市公共文化空间协同治理理解为：特定公共文化空间环境下，多元化的利益相关者（通常包括公共部门、市场部门、社会组织以及社区和个人）以共识为导向通过集体协商形成相互依赖与相互信任的互动关系，遵循共同规则和资源禀赋采取行动，处理单个主体力所不逮的公共事务，解决公共问题、增进公共价值的治理模式。这一界定使协同治理具有以下特性：其一，多元化，指治理主体来自不同部门，包括政府部门、市场部门、社会组织、社区和个人；其二，公共性，指协同治理的目的在于处理公共事务、解决公共问题、增加公共价值。当然，在追求公共性的过程中，并不反对参与者追求个体附加价值；其三，整体性，指协同治理所针对的公共问题往往跨越地理边界，而协同行动的参加者也跨越组织边界；其四，交互性，

---

① John Donahue, Richrad J. Zeckhauser. Public-Private Collaboration. Robert Good-in, Michael Moran, Martin Rein. *Oxford Handbook of Public Policy*. Oxford: Oxford University Press, 2008, p. 1.

指治理主体为了完成共同目标在行动过程中积极互动,共同作出决策、制订规划,以及信息、资源的双向流通;其五,动态性,指协同治理本质上是多元主体共同治理公共事务的动态过程,议题范围、关系结构、行动模式、持续时间等内容随着环境的变化与任务的进展状况而做出调整。

四 政策网络理论

政策网络理论主要研究那些寻求影响政策制定的行为人的信仰、关系和相互的交流。政策网络理论从20世纪70年代末以来开始成为西方各国研究公共政策领域的重要课题。现代国家机关推动公共政策时,必须协调各相关利益群体,整合各类资源,形成集体决策和行动的合力,共同推进公共治理能力提升。政策网络正是这种稳定与持续关系所形成的互动形态。其中,罗茨(R. A. W. Rhodes)等人以权力之间的相互依赖性为研究视角,他们认为各权力机构通过凝结行政、技术、资本、法规、信息、人才等相互共存、相互妥协的资源共同构成一个行政指令性网络,也就是政策网络。[①] 对于政策网络的研究主要包括美国学派、英国学派和以德国为主的欧洲大陆学派。

政策网络是政策参与者为了使公共政策能够符合自己的预期利益方向而与其他的政策参与者进行互动博弈的模式关系。参与主体涉及政府机关、利益集团以及社会组织等公私部门,还有政府官僚、专家、学者等个体。政府位于政策网络的中心,随着社会的发展,政策参与者不断多元化,作用力也不断加强,松散或正式网络结合起来的个人和机构也对政策的制定和执行发挥着越来越重要的作用。在政策网络中,政策参与者的利益相互依赖,但并不完全互补,行为人相互结盟,并与其他联盟形成竞争关系,希望能够通过影响决策过程来维护自身利益。长期的联系使政策网络参与者能够交换政策提案相关信息与资源。在信息、资源交换中,为了倡导关注和解决特定的政策困境,拥有共同信仰和互惠

---

① [英] R. A. W. 罗兹:《理解治理:政策网络、治理、反思与问责》,中国人民大学出版社2020年版,第139页。

关系的网络参与者结成小规模联盟，这些联盟的变化较为缓慢，结构比较稳定，而这又导致政策决定呈现出渐进的变化趋势。

学术界对政策网络理论的研究主要集中在以下几个方面：首先，社会网络的不同架构表现出相应特征。其次，不同类型政策网络形成的原因。再次，网络成员角色与目标的关系。最后，社会网络与集体行动的关系。相应的，根据政策网络理论，我们可以得到以下的启发：第一，根据公共文化空间政策领域不同，有效的政策网络具有不同的架构特征；第二，网络中各组织之间联系的紧与疏将关系到它们在网络中的影响力。另外，政策网络理论适用于研究西部城市公共文化空间多元治理主体的行为以及主体间的关系，比如公共文化空间供需系统、公共文化空间权力网络、各种类型的公私伙伴关系等。

第三节 研究设计

一 西部城市公共文化空间的类型划分

西部地区幅员辽阔，城市发展进程不一，且在城镇化发展过程中，城乡文化、传统文化与现代文化、少数民族文化等多元文化异质性强，城市公共文化空间的文化资源禀赋与发展程度不一。为有利于本书的深入展开，有必要对西部城市的公共文化空间进行分类。

基于西部城市公共文化空间的文化资源禀赋进行类型划分。由于西部少数民族众多，民族文化特色浓厚，我们先将城市公共文化空间划分为民族型公共文化空间与非民族型公共文化空间。由于民族型公共文化空间物质文化、制度文化以及精神文化都凸显民族特色，内部整体性特征较强，故不做进一步划分。而非民族型城市公共文化空间内部特征差异较大，故而依据文化要素的发展程度将其划分为传统型公共文化空间、过渡型公共文化空间与现代型公共文化空间。

（一）西部非民族型城市公共文化空间

不同的文化发展历程塑成不同的文化空间。基于马林诺夫斯基的《文化论》、怀特的文化系统观以及钱穆的《文化学大义》对文化构成要素的界定，文化由物质、制度和精神三个要素构成。物质要素是指满足人类生活和生存需要所创造的物质产品及其所表现的文化，其发展过程表现为从欠发达向发达的演进。制度要素反映的是个人与他人、个体与群体之间的关系，其发展过程表现为由非正式制度主导向正式制度主导演进。精神要素是人类在社会实践和意识活动中长期孕育出来的价值观念、思维方式、民族性格，其发展过程表现为由相对封闭向相对开放发展。根据文化的三个构成要素的发展演进过程，将公共文化空间划分为传统型公共文化空间、过渡型公共文化空间、现代型公共文化空间（如图2-1所示）。

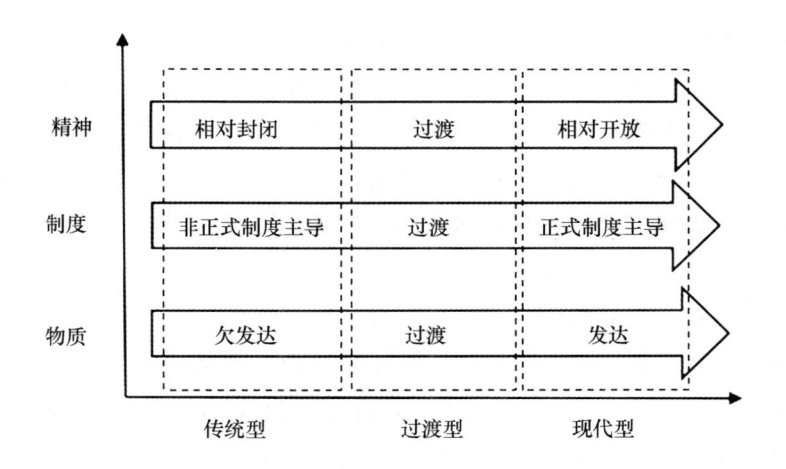

图 2-1 基于文化要素的公共文化空间类型划分

此外，本书在预调研中发现西部城镇化进程中过渡型空间也形成了两种基本空间：一是外来者融入城市所形成的空间，主要表现为公租房社区；二是乡村变为城镇所形成的空间，主要表现为村改居社区。

1. 传统型公共文化空间

传统型公共文化空间依托城市的经济发展水平、城市化水平、信息科技水平较低，社会组织薄弱，带有较深传统文化烙印。由此形成的传统型公共文化空间在物质方面：公共文化产品欠发达；制度方面：居民交往以传统习俗等非正式制度为主，呈现"半熟人社会"特征；精神方面：公共文化符号以传统元素为主，文化影响力不足。

2. 现代型公共文化空间

现代型公共文化空间依托城市的经济发展水平、城市化水平、信息科技水平较高，社会组织与文化企业相对较多，多元文化融合程度较高。由此形成的现代型公共文化空间在物质方面：公共文化产品较发达；制度方面：居民交往以契约等正式制度为主，呈现"陌生人社会"特征；精神方面：文化符号以现代元素为主，文化包容性与文化影响力较强。

3. 过渡型公共文化空间

过渡型公共文化空间依托环境的人口流动性大、居民构成复杂，是弱势群体相对聚集的区域，社会资源、文化资源、信息科技资源供给较低。城市与乡村文化、外来文化与本地文化汇合于此，西部村改居社区与公租房社区是典型。由此形成的公共文化空间过渡性特征明显，物质方面：公共文化产品从欠发达向发达过渡；制度方面：居民交往由非正式制度主导向正式制度主导过渡；精神方面：文化符号由乡村文化向城市文化过渡，以及外来文化向本地文化过渡。

（二）西部民族型城市公共文化空间

西部少数民族众多，民族型公共文化空间在资源禀赋上与非民族型公共文化空间差异较大，因此，本书将民族型公共文化空间作为西部特色公共文化空间展开研究。民族型公共文化空间依托城市是少数民族聚居地区，大多经济发展水平、信息科技水平较低，民族政策支持力度强，民族文化资源丰富。由此形成的民族公共文化空间具有浓厚的民族特色，建筑、服饰、饮食均凸显民族风情，居民交往中保留了较多民族习俗，同时民族文化图腾多样，文化内涵丰富。

基于此，本书将西部公共文化空间划分为两种基本类型（如图 2-2 所示）。既遵循文化要素的发展脉络，以保证研究的全面与深入，又兼顾文化资源禀赋的特殊性，以保证研究的针对性。

为了确定案例选取依据，我们依照公共文化空间的类型划分，进一步将物质、制度、精神三个要素细化为具体衡量指标。物质要素的具体衡量指标与经济、社会环境密切相关，具体表现为文化物质产品的数量和发展程度等。制度要素的具体衡量指标与主体关系、社会规范相关，

```
文化资源禀赋 ─┬─ 民族型公共文化空间
              └─ 非民族公共文化空间 ─┬─ 传统型公共文化空间
                                    ├─ 现代型公共文化空间
                                    └─ 过渡型公共文化空间 ─┬─ A类过渡型公共文化空间（公租房）
                                                          └─ B类过渡型公共文化空间（村改居）
```

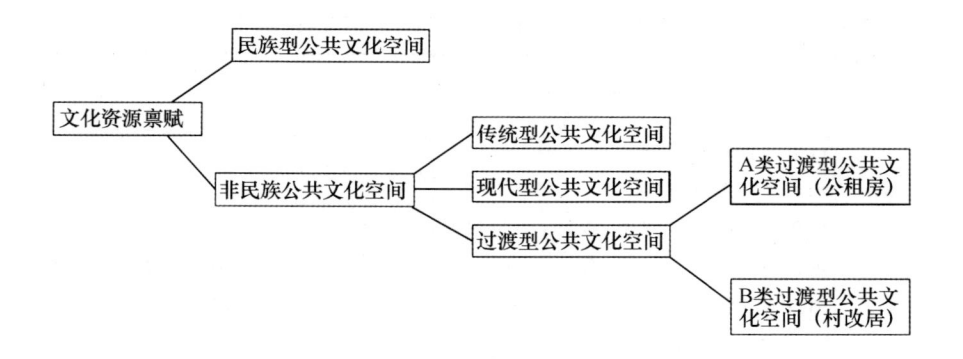

图 2-2　西部城市公共文化空间的类型划分

具体表现为文化习俗、交往方式的类型等。精神要素的具体衡量指标与精神内涵相关，具体表现为文化符号、文化内涵的影响程度等。

二　样本选择

本书采用典型个案抽样方法，抽样单位是西部城市公共文化空间（包括城市内的图书馆、博物馆、文化馆、公园、文化广场、社区文化活动中心等）。依据西部城市公共文化空间不同类型呈现的典型特征选取了传统型、现代型、过渡型、民族型四个样本，目的是了解研究现象的一般情况，主要用于展示与说明，而不是证实与推论。

（一）传统型公共文化空间案例选取

本书选取四川省巴中市的公共文化空间作为传统型公共文化空间的典型案例（如表 2-1 所示）。巴中市地处川陕交界，周围大山环绕，是西部欠发达城市之一，具有较低城市化率、人口流动率、信息科技化水平、社会组织薄弱等特点，符合传统型城市的特征。巴中市公共文化空间物质资源相对匮乏，供给体现为标准化、基础性；居民交往具有"半熟人化"特征，非正式制度资源丰富；传统文化资源丰富，民俗类文化符号众多。符合传统型公共文化空间特征。通过走访市委宣传部、市文广新局、规划局，市内的图书馆、文化馆、博物馆、公园、文化广场，巴州区文广新局、西锦社区、回风社区，搜集了大量实地数据资料。

表 2-1　　　　　　　传统型公共文化空间案例选取情况表

传统型空间分类	物理空间	交往空间	象征空间	治理特点
基本情况	巴中市发展水平较低，公共文化空间的数量匮乏。有博物馆11个，公共图书馆6个，文化馆（站）208个，公共文化物理空间的人均拥有量较低，社区的文化设施老化落后且薄弱，文化场地狭窄，新老城区的文化场所分布不均。	居民交往对象以亲朋邻里（74.8%）为主，"半熟人化"特征明显。居民自组织文化活动丰富，目前巴中有自发组建的广场舞舞蹈队近千支，跳舞人员数万人。	地域性文化符号多样。巴中市拥有巴文化符号、晏阳初文化符号、红色文化符号、巴中皮影文化符号、民俗文化符号以及巴中的生态文化符号等。入选非物质文化遗产名录共16项，其中国家级2项、省级14项。	空间建设以政府财政支持为主，并依靠项目推动。巴中主要项目有文化惠民工程、文化惠民扶贫计划、文艺精品工程、巴文化艺术节等。社会力量零散且规模较小。
基本特点	基础性供给	非正式制度资源丰富	传统文化资源丰富，文化符号众多，但缺乏影响力	政府单一主体为主的治理模式

数据来源：2020年巴中市国民经济与社会发展公报以及课题组问卷调查数据。

（二）现代型公共文化空间案例选取

本书选取重庆市渝中区公共文化空间作为西部城市现代型公共文化空间的典型案例（如表2-2所示）。重庆是国家西部战略发展高地，重庆市渝中区是重庆商业、经济发展的核心区域，其公共文化空间依托环境具有城市化、科技化水平高，人口流动性较强，多元文化融合度和文化产业发展水平较高等特征，符合现代型城市的特征。重庆市渝中区为全国首批公共文化服务体系示范区，公共文化空间的物质资源较为丰富，契约化的正式制度规则在居民理性交往过程中发挥重要作用，文化符号呈现现代化、国际化的特征，符合现代型公共文化空间特征。通过走访渝中区文旅委，文化馆和图书馆，曾家岩与"的米"民宿城市书房，鹅岭二厂文创园，大溪沟、化龙桥、大坪、望龙门、七星岗、菜园坝六个文化中心，华福巷和新都巷社区等地，搜集了大量实地数据资料。

表 2-2　　　　　　　现代型公共文化空间案例选取情况表

现代型空间分类	物理空间	交往空间	象征空间	治理特点
基本情况	已建成"10 分钟公共文化服务圈";依托文化馆和图书馆建立"2+7+77"三级体系构架,数字化程度高;实现了"五级文化圈层"全覆盖,社区文化活动中心可及性强;物理空间数量充足、类型丰富。	居民之间偶尔交往(68.55%)、不交往(20.16%)现象明显;人们在交往过程中倾向遵循契约交往的基本原则。公益性文化活动与居民自组织文化活动丰富;国际化与互联网背景下,交往方式多元。	既有山城文化、巴渝文化、码头文化、红岩文化等丰富的传统文化符号,也拥有商业化、时尚化、国际化的现代文化符号,传统性与现代性文化相融合;有十八梯、鹅岭二厂、洪崖洞等知名景点,文创产业实现了传统文化符号的创新性发展。	社会力量发展较好。文化旅游产业增加值超过 130 亿元;与社会单位合作,已建成 3 家图书馆分馆,2 家图书漂流站。形成了政府主导,市场与社会参与的治理格局。
基本特点	资源丰富	契约为主的正式制度	现代性	政社联动

资料来源:2020 年渝中区国民经济与社会发展公报、课题组问卷调查数据及访谈资料。

（三）过渡型公共文化空间案例选取

过渡型公共文化空间依托环境人口流动性大、居民构成复杂,是弱势群体相对聚集的区域,社会资源、文化资源、信息科技资源供给较低,城乡文化、外来文化与本地文化汇合于此,村改居社区与公租房社区是典型。由此形成的公共文化空间过渡性特征明显,文化物质产品从欠发达向发达过渡,居民交往由非正式制度主导向正式制度主导过渡,文化符号由乡村文化向城市文化过渡,以及外来文化向本地文化过渡。据此,本书将过渡型公共文化空间分为 A、B 两类,对于 A 类西部城市过渡型公共文化空间（公租房）,主要选取重庆市公租房社区作为典型案例,重庆市是国内最早试点公租房的城市,于 2010 年着手建设公租房,公租房规划建设 3000 万平方米,解决 50 多万户中低收入群众住房困难,这其中既有实体的工程建设,也有完善的制度规范。重庆是全国第一个推出申请公租房不限户籍政策的城市,公租房社区公共空间汇聚大量外地人口,具有明显外来文化向本地文化过渡的特征，符合过渡型公共文化空间的特征。调研走访了重庆市文旅局、公租局等单位以及渝北区的康庄美地、巴南城南家园、沙坪坝康居西城等社区及所属街道，案例选取情况见表2-3。对于B类过渡型公共文化空间，本书主要选择西安市临潼区的芷阳社区、骊山新家园社区以及未央区的和平社区的公共文化空间作为典型案例。西安为国务院批复确定的中国西部地区重要的中心城市，影响力强、辐射面广，正在加快新型城镇化步伐，预计到2025年城乡融合发展取得显著成效，案例所选三个社区均是村改居社区，尽量照顾村改居社区类型：芷阳社区是安置房与商品房社区统一管理的混合型社区；骊山新家园社区是曲江新区和临潼区联手共建的典型大型安置社区；和平社区是西安西咸新区首个自主城改的村庄，是典型的自拆自建、主动融入城镇化的村改居社区。三类社区公共文化空间呈现农村向城市过渡的特征，与B类过渡型公共文化空间特征符合。调研走访了市文旅局、市民政局，斜口街道及下辖的芷阳、骊山新家园社区以及未央区三桥街道的和平社区，案例选取情况见表2-4。

表2-3　　　　A类过渡型公共文化空间案例选取情况表

A类过渡型公共文化空间分类	物理空间	交往空间	象征空间	治理特点
基本情况	1.公租房的供给数量不足，难以满足居民需求。全市共有40个小区，现已入住23万套，目前有需求却还未入住的人口数量是已入住人口的4倍左右，缺口较大；2.公共文化空间以公共休闲类为主，包括公园、广场、活动中心等。而文化知识类（博物馆、图书馆、	1.社区定期开展庆祝传统节日及特色邻里节等公共文化活动，居民的参与热情较低；2.低收入群体处于外在环境造成被迫排斥状态；3.人员流动性强（如城南家园每月退租达到200户左右），居民之间戒备心理较强，信任关系弱。	1.城南公租房社区通过打造特色微品牌，倡导居民参与社区"微治理"，培养居民公共责任感与公益精神，促进居民融入；2.康居西城社区通过家庭互动、邻里互动、节日庆祝、志愿服务等活动，融合共生的文化符号，促进居民们沟通交流、互利共荣，据不完	以物质需求满足为主，对深层次需求关注不足；政府通过项目制撬动社区、社工机构参与。

续表

A类过渡型公共文化空间分类	物理空间	交往空间	象征空间	治理特点
基本情况	文化馆等）、艺术熏陶类（群艺馆、艺术展览馆、剧院等）、兴趣信仰类（教堂、寺庙、纪念馆等）数量很少。		全统计，康居西城社区开展了15次家庭互动和13次邻里互动。	
基本特点	基础性供给	排斥性高，融合性低	"外来—本地"的过渡	复合性

资料来源：课题组调研资料。

表2-4　　B类过渡型公共文化空间案例选取情况表

B类过渡型公共文化空间分类	物理空间	交往空间	象征空间	治理特点
基本情况	1. 数量不足，分布不均，有社区文化活动中心、文化广场、图书室等设施，但是各类型的设施每个社区只有一个；2. 种类单一，缺少博物馆、艺术展览馆等场所。	1. 居民主要交往的人群为好友（86.5%）、邻居（65.81%）；2. 社区自组织多样，包括模特队、锣鼓队、秦腔队、书画队、武术队、舞蹈队等，其中以舞蹈队居多。3. 邻里之间相处融洽，一方面，情感、文化礼俗等非正式制度仍然发挥作用；另一方面，逐渐接受理性化、契约化的交往准则。	1. 强调传统精神的继承与发展，社区内的老人认为秦腔作为一项古老的戏曲剧种，也都成立秦腔队，进行传承；2. 文化礼俗的创新与转换，社区大力倡导喜事兴办、丧事简办，和平社区打造敬仰阁为居民提供缅怀亲人、文明祭祀空间，推进农村文化向城市文化过渡。	政府统领，社区动员，通过社区能人这一关键节点，激活传统治理资源；同时，通过着力孵化社会组织，鼓励文化企业参与，为公共文化空间治理注入新活力。
基本特点	基础性供给	情与理交融	"农村—城市"的过渡	复合性

资料来源：课题组问卷调研资料。

（四）民族型公共文化空间案例选取

本书选取贵州省凯里市公共文化空间作为西部城市民族型公共文化空间的典型案例（如表2-5所示）。凯里市是黔东南自治州的地级行政区首府，少数民族占户籍人口的81.6%，其公共文化空间依托环境具有多民族聚居、经济发展水平落后、城市整体科技水平不高、民族地区政策支持力度强、民族特色文化资源丰富等特征，符合民族型城市的特征。凯里市公共文化空间的物质空间为基础性供给，资源相对匮乏；居民交往具有民族融合特征，非正式制度资源丰富；传统文化资源丰富，苗族、侗族、仡佬族、汉族等各民族文化符号丰富且融合共存，民族内部又具有共同的语言、习俗、图腾、仪式等。因此，凯里市公共文化空间符合民族型公共文化空间特征。调研走访了凯里市文旅局、民宗局、文联、图书馆、文化馆、博物馆，西门街道的大阁山社区（老城区，文艺组织丰富）、大桥路社区（易地扶贫搬迁安置点，少数民族居民聚居），下司古镇、民族风情园，万博广场。

表2-5　　　　　　民族型公共文化空间案例选取情况表

民族型空间分类	物理空间（广场、公园、图书馆、博物馆、体育馆、游泳馆、剧院等）	交往空间	象征空间	治理特点
基本情况	有2个公共图书馆，州级、市级各1个，公共图书馆总藏书量43万册，人均图书藏量0.10册，远低于全国人均藏书量的0.79册；1个体育馆；1个博物馆。街道社区的文化设施配备不完善，尤其是老城区，空间狭窄，缺少活动场地。	大杂居下多民族互融互通，民族特色活动较为丰富，基于民族传统习俗的交往特征明显，市场化冲击下居民交往日趋理性化。	苗族、侗族、仡佬族、汉族等各民族文化符号丰富且融合共存；城市基础设施、图书馆、文化馆、博物馆、体育馆、景区等建筑设计融入民族文化符号；节庆活动少数民族身着民族服饰；民族文化符号载体多样；苗年、侗年已成为法定假日。	政策支持民族地区发展，苗学会等研究型社会组织、苗歌学会、斗牛学会等特色型社会组织、民间文艺自组织，文旅企业，非遗传承人等参与公共文化空间治理，形成政策引导下的多元化协商自治的治理结构。

续表

民族型空间分类	物理空间（广场、公园、图书馆、博物馆、体育馆、游泳馆、剧院等）	交往空间	象征空间	治理特点
基本特点	基础性供给，资源匮乏。	多民族融合交往，非正式制度资源丰富。	传统文化资源丰富，各民族文化符号众多。	协商自治

资料来源：2020年凯里市国民经济与政府发展公报、课题组调研资料。

三 问卷编制

（一）问卷设计与编制

为了解当前西部城市公共文化空间供需及满意度，为西部城市公共文化空间协同治理机制分析与模式构建提供参考，本书主要涉及公共文化物理空间、交往空间以及象征空间的供给与需求现状、公众的满意度三大部分。问卷编制按以下步骤：（1）编制开放式问卷，对西部城市公共文化空间供给、公众需求和公众参与等收集相关意见；（2）查阅CNKI、万方数据知识服务平台、airitilibrary学术文献数据库（人社数据库）等数据库，从有关物理空间、交往空间、象征空间供给和公众需求与参与的文献中查找相关维度和条目；（3）对上述步骤中搜集到的条目进行整理归纳，使每个条目具有较强代表性和相对独立性；（4）根据研究内容将条目细化为调查问题，设计试测问卷，检验信度效度并进行试测，记录试测中出现的问题以及被测者提出的意见和建议；（5）根据研究内容和试测结果，对问卷和调查问题进行调整和完善，最终编制成封闭式调查问卷。

（二）变量测量

如表2-6—表2-7所示，本书主要测量的变量为公共文化物理空间的供给情况、交往空间的供给情况、象征空间的供给情况，居民对于公共文化物理、交往、象征空间的需求情况，以及公共文化物理、交往、象征空间的满意度的情况。

表 2-6　　西部城市公共文化空间供需及满意度
（传统型、现代型、过渡型）

变量	测量
公共文化物理空间供给现状	公共文化场所的数量、类型
公共文化交往空间供给现状	公共文化活动举办的频率、类型、宣传方式
	居民交往的对象、方式与内容
公共文化象征空间供给现状	文化符号、文化氛围、居民公约的知晓度
居民对于公共文化物理空间需求现状	文化场所使用的频率
居民对于公共文化交往空间需求现状	居民参与文化活动的频率
居民对于公共文化象征空间需求现状	居民公约与行为规范的了解度、认可程度
物理空间的居民满意度	设施数量的满意度
	设施种类的满意度
	开放的时间的满意度
	设施的维护情况的满意度
	距离的远近程度的满意度
交往空间的居民满意度	公共文化活动数量的满意度
	公共文化活动类型的满意度
	公共文化活动主题的满意度
	文化节目中表演者水平的满意度
	公共文化场地选择的满意度
	公共文化活动举办时间的满意度
象征空间的居民满意度	对社区公约或者居民行为规范的认可程度

表 2-7　　西部民族型城市公共文化空间供需及满意度

变量	测量
公共文化物理空间供给现状	公共文化场所的数量、类型
公共文化交往空间供给现状	公共文化活动的类型、频次、宣传方式
	居民交往对象、方式、内容
公共文化象征空间供给现状	民族符号保留情况、民族仪式保留情况、图腾认知情况
公共文化物理空间需求现状	公共文化空间的类型、智能化升级、民族特色的提升

续表

变量	测量
公共文化交往空间需求现状	公共文化活动类型、频次
	居民交往对象、内容、方式
公共文化象征空间需求现状	民族文化符号的保护、传承、发展、融合
公共文化物理空间满意度	公共文化场所的数量、开放时间
	公共文化场所的基础设施完善程度、数字化程度、维护力度
公共文化交往空间满意度	公共文化活动的数量、类型、时间安排
公共文化象征空间满意度	民族文化符号传承和发展程度

四 访谈设计

为了解不同类型城市居民在物质空间、交往空间和象征空间的供给与需求，分析西部公共文化空间资源供需匹配情况以及治理的特点和问题，需对公共文化空间的供需方进行访谈，因此本书分别针对文化和旅游发展委员会、民政局、街道等政府部门，居委会、社会组织的相关人员、居民设计访谈提纲。（1）针对政府部门，本书主要从公共文化空间资源现状，物理、交往、象征空间的主要供给特征，治理主体与治理机制，治理经验与困境等方面展开访谈提纲设计。（2）针对社会组织，本书从社会组织的基本情况，开展活动的相关保障、活动中多元主体的合作以及活动考核评价等方面展开访谈提纲设计。（3）针对公共文化空间的社区载体，主要从社区的基本情况、文化设施供给现状、文化活动举办情况、社区文化氛围营造、多元主体合作等方面展开访谈提纲设计。（4）针对居民个体，本书主要从物理、交往及象征空间的参与情况、与其他主体的交往互动情况，以及对城市公共文化空间的需求与满意度等方面设计访谈提纲。

第三章

西部城市公共文化空间资源供需现状及特征

第一节 西部城市传统型公共文化空间资源供需现状及特征

一般而言，作为传统型城市公共文化空间的重要载体，此类城市在经济、社会与文化发展方面呈现出一定的封闭性与落后性特征，且城市规模以中小型城市为主。这也致使传统型公共文化空间内部资源呈现出相应的特征，即物理空间布局以旧城规划为主，交往空间呈现"半熟人社会"特征，象征空间呈现出地域文化符号种类"多而不精"的特征。

研究中以巴中市公共文化空间为例，对传统型公共文化空间的供给、需求以及供需匹配情况进行分析。物理空间分布上，巴中市中心城区形成以巴州城区为核心，以恩阳区、兴文区的经济技术开发区为发展翼的"一心两翼"空间结构，城区空间狭小，经济欠发达，图书馆、博物馆、文化馆等公共文化空间的数量匮乏。交往空间上，巴中市是典型的中小型城市，市区常住人口 65 万，城市流出人口是流入人口的 6 倍，社交群体同质性较高。象征空间上，巴中的历史文物资源数量众多，特色鲜明，传统习俗多，保留了较为完整的传统社会形态，但是对外的宣传力与影响力不足。

一 传统型公共文化空间资源供给现状及特征

传统型公共文化空间依托的环境资源特征具有城市化与现代化水平

低下、传统文化资源相对丰富、公共文化服务及文化产业发展水平较为滞后等特点。

(一) 传统型公共文化空间依托环境资源特征

传统型公共文化空间一般具有较长的发展历史,在发展进程中累积了丰富的传统文化资源,但由于缺乏地理位置优势,经济发展落后,资源分布不均,开发利用效率低下,文化事业与产业力量薄弱。区域总体呈现出经济发展水平低、传统文化丰富、资源分布不均的特征。

1. 城市化与现代化水平低下

西部传统型公共文化空间所依托的城市大多缺乏地理优势,城市化与现代化水平相对较低。本书整理了 2020 年部分传统城市数据(如表3-1所示):一是人口城镇化方面,传统型城市城镇化水平不均衡,整体低于同期全国的平均城镇化水平。二是经济发展方面,传统型城市生产总值偏低、产业结构有待进一步转型。西部传统型城市地区生产总值主要集中于 1000 亿—2000 亿元,在全国的同规模城市中生产总值排行名次靠后,多数地区人均生产总值低于全国平均水平。同时,产业结构以第一、二产业为主,第三产业贡献比值尚未达到全国平均水平,产业结构有待进一步优化。三是现代科技发展方面,该类城市由于经济社会水平的滞后,导致人才流失严重,技术投入与产出不足,现代化水平明显落后于东部发达城市。

表 3-1　西部部分传统型公共文化空间依托城市指标 (2020 年)

城市	地区生产总值 (亿元)	常住人口 (万)	人均总产值 (元)	产业结构	城镇化率 (%)
全国平均	—	—	72447	8∶38∶54	63.89
巴中	767	271	28303	21∶28∶51	43.35
达州	2118	538	39368	19∶34∶47	47.14
银川	1964	286	68671	4∶42∶54	79.05
汉中	1593	321	49626	17∶40∶43	51.96
贵港	1353	432	31319	17∶36∶47	50.00
张掖	467	113	41327	27∶19∶54	48.55

续表

城市	地区生产总值（亿元）	常住人口（万）	人均总产值（元）	产业结构	城镇化率（%）
昭通	1289	509	25324	17∶38∶45	35.50
乌兰察布	808	209	38622	16∶39∶45	50.77
乌鲁木齐	3337	355	94000	1∶27∶72	57.15
拉萨	1903	87	218736	3∶43∶54	32.00
兰州	2887	436	66216	2∶32∶66	56.42

数据来源：各政府网站 2020 年国民经济和社会发展公报。

以巴中市为例，该市位于四川东北部，1933 年川陕苏区设特别市，1993 年成立地区，2000 年撤地设市，辖南江、通江、平昌三县，巴州、恩阳两区和巴中、平昌两个省级经开区，面积 1.23 万平方千米，总人口 271 万人，是秦巴山片区区域发展与扶贫攻坚中心城市。① 2019 年城镇化率为 43.35%，与 63.89% 的全国平均城镇化率相差甚远。在经济发展方面，巴中的地区生产总值和人均总产值均落后于多数同类城市。三大产业结构发展失衡，2020 年第一产业增加值 161.81 亿元、第二产业增加值 214.94 亿元、第三产业增加值 390.24 亿元，三大产业结构为 21∶28∶51，相较于同期全国平均产业结构 8∶38∶54，巴中产业结构中传统农业占比较大。科技创新方面，巴中市缺乏规模科技创新企业和高层次的人才，导致科技创新能力不足。2020 年全市仅申请专利 1654 件，其中发明专利 128 件，② 同比西部发达城市共申请专利 99110 件（其中发明 30415 件），相差较大。③ 在社会组织方面，截至 2019 年，巴中拥有 1154 个社会组织，平均每万人拥有社会组织的数量是 3.48 个，远低于全国平均水

---

① 巴中市政府网，http：//www.cnbz.gov.cn/zjbz/bzgk/dlwz/12623881.html。
② 巴中市政府网，《2020 年巴中市国民经济和社会发展统计公报》2021 年 3 月 24 日，https：//www.cnbz.gov.cn/public/6600041/13037311.html。
③ 成都市新经济发展委员会，《2020 年成都市国民经济和社会发展统计年报》2021 年 3 月 29 日，http：//cdxjj.chengdu.gov.cn/xjjfzw/c001001/2021-03/29/content_6a806d4ad8c84270a9d4292c7391ca7e.shtml。

平（6.19个/万人）。[1] 从多项指标看，巴中市具有一定的传统型城市特征。总体而言，西部传统型公共文化空间依托城市发展水平较低，在一定程度上影响了城市公共文化空间的建设和治理。

2. 传统文化资源相对丰富

根据文化资源的存在形态，可以将其划分为有形文化资源和无形文化资源。[2] 传统型城市一般建制历史较为悠久，形成并保留了丰富的文物、建筑群、遗址等有形文化资源。同时，该类城市因城市化与现代化水平较低，受外来文化冲击较小，也保留了大量的传统民俗、技艺等无形文化资源，共同构成了传统型公共文化空间丰富的传统文化资源。以巴中为例，其建制始于东汉，历史悠久，又经历近代革命战争，形成了丰富的传统文化资源。既包括历史文化遗址等有形文化资源，如摩崖造像遗址、川陕革命根据地红军烈士陵园、川陕革命根据地博物馆、川陕苏区将帅碑林、刘伯坚烈士纪念碑、红四方面军总指挥部旧址等，又有传统工艺符号等无形文化资源，如巴文化、晏阳初文化、巴中皮影、登高节等。据统计，全区有登记确认不可移动文物保护单位1170处，省级历史文化名村2个，市级爱国主义教育示范基地1个。全区收集整理出非物质文化遗产项目11大类336项，历史文化底蕴深厚。[3]

3. 公共文化服务及文化产业发展水平较为滞后

传统型公共文化空间依托城市受限于经济发展水平等因素，导致公共服务相关产业发展滞后，主要表现在基础设施建设不足、文化队伍水平不高和文化产业发展欠缺等方面。以四川巴中为例，由于长期贫困和经济发展滞后，文化阵地建设、设施设备配置等与群众文化需求标准、国家现行标准还有很大差距，文化馆、图书馆、博物馆等还需进一步充实完善，如巴州区的文化馆、图书馆、博物馆还未达到国家2级馆的标准；乡镇（办事处）综合文化站、村（社区）文化服务中心均未达到国

---

[1] 巴中市人民政府，《巴中市三社联动齐战疫》2020年4月17日，http://www.cnbz.gov.cn/xxgk/ztxx/zxzt/xxgzbdgrdfyyqfk/bzxd/12777401.html。

[2] 严荔：《文化资源产业化开发的区域实现机制研究》，《四川大学学报》（哲学社会科学版）2013年第2期。

[3] 数据来自《巴中市巴州区2015—2020公共文化服务体系建设发展规划（定稿）》。

家 1 级标准;① 文化活动场所少，文化活动的质量、水平、规格难以保障。作为全市政治、经济、文化中心的巴城，文化馆馆舍面积仅 500 平方米，与国家三级馆标准有很大的差距；特别是政府没有将城区街道文化站建设纳入规划，城区街道办事处文化阵地建设严重滞后。② 缺乏文化领军人物和创业创意人物，文化队伍水平参差不齐。基层缺乏文化专业人才，存在基层文化专干"不专"现象，特别是全区 29 个乡镇（街道）综合文化站中，大多数文化干部属于 80 年代招聘干部，年龄全都在 50 岁左右，大多缺乏开展群众文化活动必需的专业技能。③ 专业年轻人员引进困难，造成管理思维与服务能力固化，难以跟进时代变迁。在文化产业方面，整个产业基础薄弱，缺少全面的产业部门与分工。文化产业以输出传统文化为主，对新兴文化产业吸纳不足，产业结构不够优化，高素质人才匮乏，对社会贡献率低。公共文化服务及文化产业的发展滞后在一定程度上影响了居民对公共文化空间享用质量。

（二）公共文化空间的物理空间设施不足且老旧

传统型公共文化空间的物理空间主要分布在旧城区，空间分布不均，且物理空间数量相对不足，文化场所和文化设施老化落后。

1. 物理空间数量不足

从物理空间的数量来看，传统型公共文化空间的数量匮乏。由于这类城市经济发展得较为落后，地方政府对公共文化服务财政投入不足，很大程度上导致公共文化物理空间数量不足。2020 年统计年鉴显示，巴中有博物馆 11 个，公共图书馆 6 个、图书藏量 152.7 万册，档案馆 5 个、档案藏量 68.5 万卷，文化馆（站）208 个，县区书店 327 个，剧场和影剧院 16 个，艺术表演团体 72 个，文艺表演场所 145 个，群众文化设施建设面积 46.83 万平方米。④ 而 2019 年巴中人均图书藏量 0.44 册，远远低于全国人均图书藏量 0.79 册，2018 年巴中图书馆现有馆舍面积仅有 1700

---

① 数据来自《巴中市巴州区 2015—2020 公共文化服务体系建设发展规划（定稿）》。
② 数据来自《巴中市巴州区繁荣群众文艺发展调研报告》。
③ 数据来自《巴州区文化系统人才队伍建设的调研报告（定稿）》。
④ 巴中市人民政府官网：《2020 年巴中市国民经济和社会发展统计公报》2021 年 8 月 10 日，http：//jkqgwh.cnbz.gov.cn/public/6596241/20363671.html。

多平方米，未达到国家二级图书馆 3000 平方米以上配备的规定。① 按照原规划要求，巴中市社区公园的服务半径应为 800—1200 米，但是巴州城区（老城区）社区公园服务半径 1200 米范围内仅能覆盖 13% 的地块②，其他配套在同等规模城市中也相对靠后。通过对巴中市市区公共文化场所类型的调研分析（图 3 - 1）可知，有 93.5% 的居民选择了公共休闲类场所，78.86% 的居民选择了文化知识类场所，70.73% 的居民选择了经济休闲类场所，只有 44.31% 的居民选择了兴趣信仰类场所，36.59% 的居民选择了艺术熏陶类场所，由于供给的失衡，居民普遍感知种类单一，发展性公共文化空间资源不足。

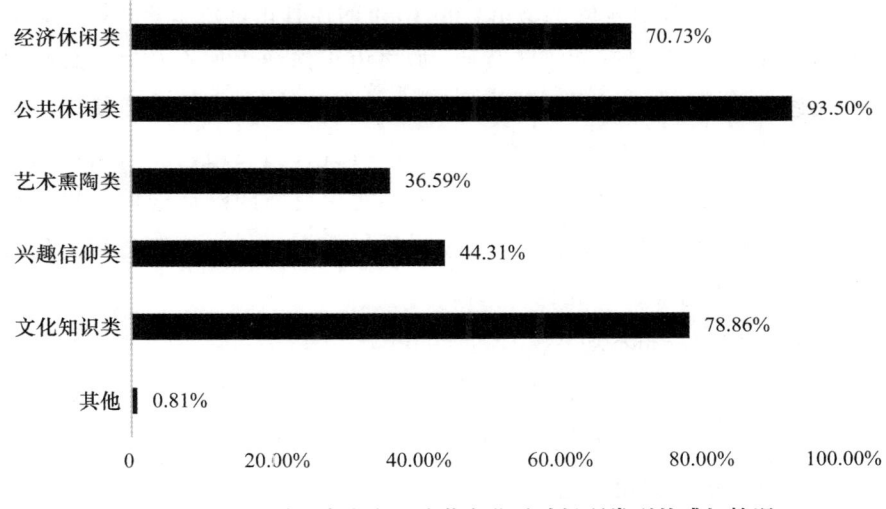

类型	百分比
经济休闲类	70.73%
公共休闲类	93.50%
艺术熏陶类	36.59%
兴趣信仰类	44.31%
文化知识类	78.86%
其他	0.81%

图 3 - 1　居民对巴中市市区公共文化活动场所类型的感知情况

巴中是四川省贫困程度最深的地区之一，2017 年下属县城中的通江县、南江县、平昌县均为国家级贫困县，脱贫攻坚任务艰巨。国家财政资源多向农村倾斜，在"十二五"期间，国家就已经把农村的公共文化服务纳入了统一规划，给予财政经费支持，农村公共文化服务设施已全

---

① 数据来自访谈。
② 数据来自巴中市规划局访谈资料。

部建成，达到国家标准，基本实现了公共文化服务体系的全覆盖。脱贫攻坚时期，更多的国家财政资源下乡，农村公共文化服务体系得到进一步完善。而作为秦巴山区中心城市的巴中市，国家财政投入有限，公共文化服务供给主要依靠地方的财力支持，扩权强县的背景下，资源更难获取，而城镇化建设过程中越来越多的农村人口转移到城市，因而导致公共文化物理空间人均数量不足，图书馆、文化馆只能实行错时开放。

2. 物理空间老化落后

传统型城市发展相对缓慢，公共文化空间规划多源于或附属于旧城规划，空间狭小、设施陈旧落后。以巴中为例，大多数的物理空间建于旧城规划时期，空间容纳能力不足。据调查，93.69%的文化站、83.33%的公共图书馆、81.81%的博物馆、66.67%的体育馆都建于8年以前，有些甚至修建于21世纪五六十年代[①]，加之由于修缮维护不及时，影响居民使用感受。此外，传统型公共文化空间中大多数的文化设施使用年限较长，淘汰更新速度不足，缺乏现代技术的引入和使用，公共文化服务数字化成为短板，文化馆、图书馆等公共文化设施的落后老旧，特别是缺少与信息化时代同步的现代化、数字化物理空间，影响了公共文化服务供给水平和质量。

3. 物理空间分布不均

传统型公共文化物理空间大多由政府规划而来，旧城由于规划较早，且存在基础设施薄弱的问题，受到地方财政的制约，配套资金匮乏，加上城市人口密集、文化场地狭窄，与中心城区相比，旧城与城市过渡区域内的公共文化物理空间分布显得不足甚至稀缺。如表3-2所示，巴中的公共文化空间大多集中在市中心人口稠密的聚集区，如巴人广场、回风广场等都位于中心城区，而在城市外围、老城区的其他区域中公共文化设施较少，如江南片区、江北片区、公共空间需求均呈较高水平，证明公共文化设施与居民需求还存在较大缺口。

---

① 数据来自调研访谈（CTBZ文广新局工作人员Y001）。

表 3-2　　　　　　　　　巴中市片区规划情况表

片区名称	空间类型	现状人均面积（m²/人）	国家标准（m²/人）	现状用地（公顷）	公共空间需求（公顷）
回风片区	公园绿地	0.30	8.00	1.05	28.00
	广场用地	0.46	—	1.60	—
北龛片区	公园绿地	1.43	8.00	10.58	59.20
	广场用地	0.03	—	0.23	—
江南片区	公园绿地	0.2	8.00	2.46	98.40
	广场用地	0.03	—	0.38	—
南坝片区	公园绿地	0.2	8.00	0.86	34.40
	广场用地	—	—	—	—
江北片区	公园绿地	0.17	8.00	1.22	57.60
	广场用地	0.80	—	5.76	—
中坝片区	公园绿地	0.15	8.00	0.45	24.00
	广场用地	—	—	—	—

资料来源：巴中市自然资源和规划局内部资料。

（三）公共文化空间的交往空间呈现强关系特征

传统型公共文化空间的交往空间呈现强关系特征。强关系是指个人的社会网络同质性较强，人与人的关系紧密，有很强的情感因素维系着人际关系。具体特征表现为：依托自娱自乐的居民自组织活动进行、居民交往以地缘和趣缘为特征的"半熟人"交往方式为主。

1. 依托自娱自乐的居民自组织活动进行交往

随着居民对精神文化需求的日益增强，居民也经常自主组织各种形式的文化活动，依托此类活动进行交往。一方面，居民自组织文化活动丰富。在实地访谈和观察中发现，居民自发形成了多种兴趣爱好类的文化组织，举办文化活动。例如，因为共同的兴趣爱好组成的社区广场舞舞蹈队，经常在文化广场上举办广场舞活动。据不完全统计，目前巴中有自发组建的广场舞舞蹈队近千支，跳舞人员数万人。如图3-2所示，在关于居民生活空间内举办过的文化活动类型调研中，有65.85%的居民选择了体育类，61.79%的居民选择了文化类，22.36%的居民选择了技能培训类，54.47%的居民选择了艺术类，可以看出居民日常的文化活动内容十分丰富。

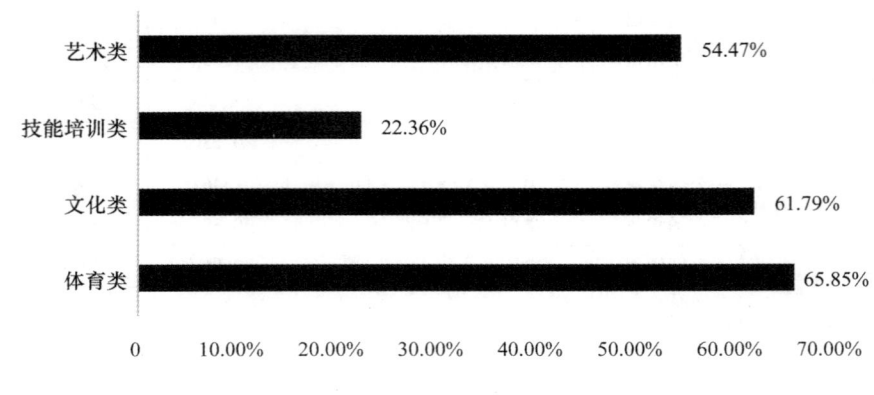

图3-2 居民生活空间内举办过的活动类型

另一方面，居民通过自组织文化活动实现紧密交往。在关于居民日常交往的对象的调研中可知（图3-3），有74.8%的居民选择了以前熟识的亲朋好友，有57.72%的居民选择了有共同兴趣爱好的居民，有38.62%的居民选择了左邻右舍，有24.39%的居民选择了基于工作关系的居民，有10.98%的居民选择了社区管理人员，可以看出，丰富的社区活动很大程度上帮助了居民与不同对象建立友好和善的交往关系。巴中属于小型城市，人口流动率较小，居民大多长久毗邻而居，人们相互关系十分亲近，居民更易参加熟悉人群组织的文娱活动，参与者之间互相熟识、联系紧密。

2. 居民的交往特征以"半熟人"为主

熟人社会向陌生人社会转变中，介乎两者之间的社会类型称为半熟人社会。[①] 传统型城市公共文化空间中居民的社交方式以"半熟人"为主，既有传统型熟人社会的乡土烙印，又有现代城市化的理性特征。一方面，传统型城市属于中小城市、人口流动较低、居民交往圈较小，彼

---

① 陈雅凌：《半熟人社会的纠纷解决与规则适用》，《原生态民族文化学刊》2020年第5期。

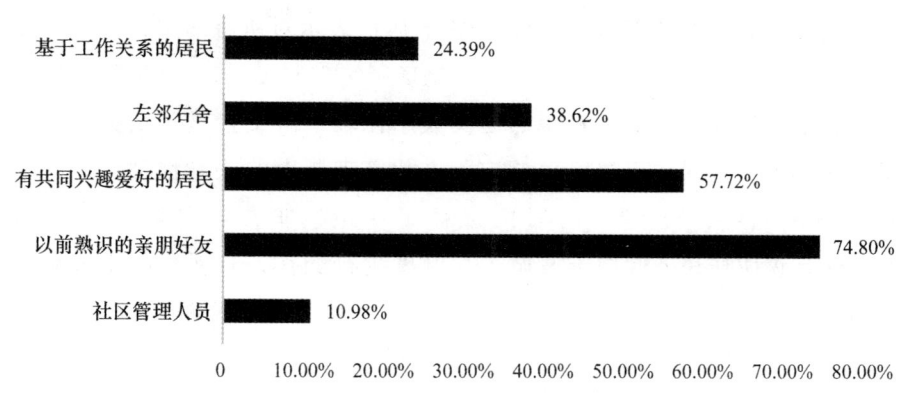

```
基于工作关系的居民    24.39%
左邻右舍              38.62%
有共同兴趣爱好的居民  57.72%
以前熟识的亲朋好友    74.80%
社区管理人员          10.98%
```

图 3-3 居民日常交往对象类型

此间熟悉程度较高，人际交往的人情味浓厚。调查中，巴中市超过50%的居民与周围邻居认识，相互串门、在广场上互拉家常是传统型城市较为常见的现象。另一方面，随着市场经济发展和现代文明推进，现代化的理性社会关系正逐渐融入传统居民的交往空间中，人们的交往和行为逻辑趋于理性化。调研中，巴中市社区在化解邻里矛盾冲突中，在传统和解的基础上制定了社区公约，也逐渐普及法律和规则意识，避免邻里冲突的升级。传统以情感为特征和现代以制度为特征的交往特点共同构成传统型公共文化空间的居民的"半熟人"交往方式。

3. 居民在非正式制度主导下进行交往

在传统型公共文化空间内，尽管居民间的交往正在逐步地凸显"半熟人"特征，但最终并不会发展成为"陌生人社会"。由于地理位置封闭、人员流动程度不高、传统文化烙印深，传统的血缘、地缘关系在传统型公共文化空间的居民交往中仍起主要影响作用，居民的交往方式仍在很长一段时间内受到传统的价值观念、风俗习惯、宗教信仰、社会心理以及行为习惯的主导，居民会更加认同伦理意义上的处事规则，偏向人性化的处事方式。传统型公共文化空间孕育的非正式制度具有自然生长的原生性特征，公共规则符合居民的审美心理，与居民的日常生活具有很大关联性，能够获得居民的认同，相比之下政府制定的公共规则在施行过程中，居民之间的熟悉度与认同度不高。在关于居民对各类文化管理制度了解情况的调研中，53.25%的居民表示对所有的文化管理制度都不了解，25.2%的居民比较了解文化场所管理制度，20.33%的居民表示比较了解居民公约，9.76%的居民表示比较了解文艺团队及文化活动的管理制度。在对居民进行已制定的文化管理制度的认可程度调研时发现（图3-4），55.69%的居民选择了一般，非常认可的居民只占4.88%，说明居民不倾向于遵循正式制度进行交往，对现行的正式制度认可度也不高。

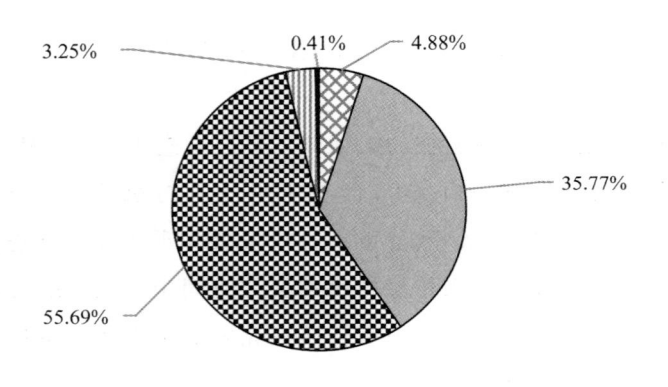

图 3-4 居民对已制定的文化管理制度的认可程度

（四）公共文化空间的象征空间缺乏代表性符号

传统型公共文化空间往往具有地域文化、民俗文化等丰富多元的文化符号，共同构建了传统型城市文化特质。但是传统型城市往往对地域性文化品牌打造不足，存在文化品牌的号召力与影响力不强等问题。

1. 地域性文化符号号召力不强

传统型城市历史悠久，储备了丰富的公共文化空间的文化象征符号，形成了传统型城市丰富文化特质。巴中市拥有以擂鼓寨、阳八台、月亮岩为代表的巴文化符号；以宋代天文学家张思训、世界十大革命性伟人晏阳初等名人为代表的晏阳初文化符号；以川陕革命根据地博物馆、红四方面军总指挥部旧址等一批红色遗址为代表的红色文化符号；有自北宋传承下来的巴中皮影文化符号；以正月十六登高、巴山背二哥民谣为代表的民俗文化符号；山水走廊，秀丽巴中的生态文化符号等。每一种文化符号都反映了巴中城市的不同侧面和精神，但符号间缺乏有效整合和塑造，文化凝聚力不高。不同文化符号特征鲜明，但是对文化精髓的提炼不足，尚未有效统合和刻画巴中市的文化品牌，缺乏一定的文化号召力。

2. 地域性文化品牌影响力不足

传统型城市丰富的自然人文资源为城市公共文化空间塑造提供了得天独厚的条件，但概而观之，传统型城市大都未形成独特城市文化符号名片和文化品牌，文化品牌效应整体不足。一方面，传统型城市众多的文化符号资源缺乏内涵挖掘，很难将其凝练为城市文化品牌。如巴中的川陕革命文化、历史文化名镇、巴文化、晏阳初文化等，形成了近20个文化品牌，呈现出一种多而繁杂的现象，缺少对此类文化内核的提炼，致使部分居民"只闻其名不知其意"，对文化符号理解不深，难以扩大影响力。另一方面，传统型城市公共文化空间品牌的文化传播不清晰，表现为城市品牌推介、城市文化宣传形式等方面不足。调研发现，除本地媒体外，很难在省级媒体和中央媒体看到传统型城市的文化品牌推介。此外，在推介形式上过多依赖视频、广告，较少运用大型赛事、影片、会展等沉浸式宣传，以致品牌影响力不足。在宣传主体方面，学校也没有主动承担起向年轻一辈展示家乡文化底蕴的职责，很少涉及巴文化的普及教育。

二 传统型公共文化空间资源需求及供需匹配分析

基于传统型公共文化空间的资源供给现状与居民需求现状，其供需匹配现状表现为物理空间供给类型单一、布局不均匀，不能满足居民需求；交往空间中，地域特色文化活动和自组织活动丰富能够基本满足居民需求；象征空间存在着地域性文化品牌打造不足，无法满足居民需求的问题。

(一) 传统型公共文化空间资源需求分析

1. 物理空间资源需求现状及特征

首先，居民对物理空间的实用需求较高。结合实地调研数据分析可知，巴中居民对于公共文化活动场所基础设施的诉求多集中于增加设施的数量、增加设施的种类以及加强设施的维护这三个方面，有64.63%的居民表示希望增设设施种类，如各类运动场馆都需要具备针对不同身体部位的健身器材，有57.32%的居民表示希望增设设施数量，如增加公园的数量；有53.66%的居民表示希望加强设施维护，如修缮健身器材，经常检查场所的安全性等。这在一定意义上反映出传统型城市居民对公共文化物理空间呈现出设施数量增加和类型丰富的基本需求，注重物理空间的实用性。

其次，物理空间文化需求集中于休闲文化类。根据对巴中居民公共场所偏好的调查分析可知，在空闲时间居民对公共文化物理空间的偏好依次是：公共休闲和文化知识类、经济休闲类、艺术熏陶类、兴趣信仰类、其他。其中居民的偏好主要集中于公共休闲类（如：打牌、跳广场舞、下棋等）和文化知识类（如：文化馆、图书馆、博物馆等）的场所进行文化活动，选择这两类场所的居民人数最多，调研结果都显示为47.15%，经济休闲类次之，为23.17%，其余三类的偏好人数更少，反映出传统型公共文化空间居民对公共休闲类需求情况较为迫切。

最后，物理空间场所的可及性需求较高。传统型城市受交通便捷程度低、人口结构老龄化加剧等因素影响，对物理空间的可及性以及亲民性需求较高。实际调研中，居民的关注点尤其表现在对生活服务类、基本休闲类公共文化空间的到达时间和可使用时间上。巴中市民对物理空间设施的需求调研中，有28.46%的居民较为注重物理空间的便捷程度，大多愿意接受30分钟以内的文化广场和体育公园的路程；34.55%的居民渴望延长文化设施的时间。由此观之，传统型公共文化物理空间的便捷性仍是传统型城市居民的主要诉求，交往注重物理空间可及性的表达。

2. 交往空间居民需求现状及特征

首先，简单多样的公共文化交往活动需求旺盛。主要表现在：一方面，传统型城市居民参与公共文化交往活动的积极性较高。通过实地观察和访谈可知，居民在早上6点到9点期间聚集于广场进行跑步、广场舞等娱乐活动，中午和下午聚集于棋牌室、图书馆等，晚上进行广场舞、休闲散步等活动。文化交往活动占据了他们大部分的休闲时间，反映了居民对公共文化活动需求的程度。另一方面，传统型城市居民参加文化活动主要以满足自我需求与基本的社交需求为主，呈现出交往需求中的多样性、简单化并存的特点。根据调研数据可知：52.13%的居民是为了提升自己的文化素质，48.82%的居民是为了交友，43.13%的居民参与文化活动的目的在于打发时间，36.02%的居民是为了强身健体。具体活动形式多表现为打牌、广场舞、喝茶聊天等文娱类活动和看书、读报等简单的文化类活动。在关于居民文化活动偏好的调研中，居民对于文化交往活动偏向于较为简单的文化类（49.19%）、体育类（36.18%）和艺术类（28.05%），而对于相对较难的技术培训类偏好较低，仅8.94%的居民偏好此类项目。

其次，交往方式以地缘、趣缘交往为主。从传统型公共文化空间交往的模式来看，居民更加倾向于基于"地缘""趣缘"所形成的圈子化交往，其主要原因是传统型城市人群内外流动性不高，交往相对稳定，在日常接触的群体中形成了比较固定的兴趣人群，同时邻近的原则有利于加深彼此间沟通交流程度。通过调研可知，居民选择的交往人群中依次为：亲朋好友、兴趣相投者、左邻右舍、工作关系相关者、社区管理人员。其中57.72%的人趋向于兴趣相投者，38.62%的人趋向于左邻右舍。

3. 象征空间居民需求现状及特征

首先，地方特色传统文化符号的传承与整合需求较强。居民对于文化符号表现出了整合发展的需求。同时，居民对文化符号有具象化发展的需求。传统型城市居民主要以土著居民为主，外来居民较少，居民对城市传统文化认同度较高，并期望各类文化符号能够在整合和融合的基础上进一步发展，他们表示非常希望将各类文化符号进一步具象化，融入日常的生活之中，希望大力传承和发展地方特色文化符号。在城市名片的多样化与各类文化符号分散发展的现状下，居民更希望各类文化符号的整合发展，形成本地特色。

其次，对传统文化多元创新有较高层次需求。居民们并不满足仅仅通过一成不变地传承延续传统文化的形式来实现象征空间供给。他们希望看到丰富多元地展示地方文化深厚的内涵，期待有更多的城市文化被发掘出来，并能将传统文化与现代文化有机结合起来，比如川剧，要将其传统文化内涵与现代表现形式相结合，才能为年轻人喜闻乐见。问卷调研结果也显示，有63.82%的居民希望巴中市进一步提升现代都市文化，63.01%的居民表示希望进一步提升优秀传统文化，53.25%的居民表示希望红色文化得到进一步提升，22.76%的居民希望多民族的特色文化也得到进一步发展。

（二）传统型公共文化空间资源供需匹配分析

1. 物理空间供给与居民需求不匹配

传统型城市的物理空间数量、质量与分布和居民的实际需求存在差距。在物理空间数量与质量上，标准化公共服务供给与国家标准存在一定差距，在供给的类型上与居民实际需求也存在一定程度的不匹配。在物理空间的分布上，老城区的集中布局由于交通堵塞、空间布局不科学等影响居民使用感，难以满足居民日益提高的需求。新区基本公共服务缺位的空间布局（观察发现新区往往更重视绿地、广场等公共文化物理空间的供给量），必然引导居民到城市中心地带使用公共文化服务产品，而传统型城市核心区由于规划老旧、道路狭窄、交通堵塞、停车困难等因素，在一定程度上限制了居民使用需求的满足。从治理角度分析，造成上述问题的原因：一是受制于经济发展相对落后，二是治理主体更多是迎检逻辑而非响应需求逻辑，三是旧城改造与新城建设中多部门多主体协同不足。

2. 交往空间供给基本满足居民交往需求

传统型城市文化交往需求呈现"半熟人社会"的特征，人际关系较为密切，生活节奏较慢，经常举办富有地域特色的文化活动，基本能够满足居民的交往需求。一方面，社区、街道组织各类主题活动满足市民文化需求。通过实地观察和访谈可知，巴中市通过举办社区主题活动、街道主题活动，实现基本文化活动的有效供给。另一方面，为居民自组织活动提供良好条件。传统型城市居民基于熟人关系或是兴趣爱好而组织起来的自组织较多，例如舞蹈队、摄影队、歌唱队等，居民们在组织中或是跳舞，或是唱歌，自娱自乐，相互交往，丰富的地域特色文化活动基本可以满足居民对文化交往的需求。以巴中为例，广场舞已成为广大城乡居民休闲生活不可或缺的一部分，社区街道积极在自组织活动场地、设备等方面提供良好条件。在四川省文化和旅游厅举办的第四届群众广场舞比赛中，巴中广场舞队通过接受专业指导，相互交流与帮助，团结一致最终斩获一等奖。官方提供展示平台和专业指导，民众积极参与，不仅锻炼了基层文艺队伍，提高了创作表演水平，同时也较好地满足了居民之间的交往需求。由此也说明，在公共文化空间治理中，应充分调动和发挥社会力量的协同作用。

3. 象征空间供给与居民需求存在矛盾

一方面，地域性文化品牌的影响力不足导致居民感知较弱。传统型公共文化空间拥有众多的文化资源，但是文化符号缺少凝练整合，对众多文化符号的质量缺乏升级打造，呈现出一种多而繁杂的现象。比如巴中市传统文化符号众多，但对传统集体文化符号却缺乏凝练，大多是纷繁杂乱，没有进行统一的规范与打造，难以形成体系，在发展的过程中没有打造地域性文化品牌，缺乏文化影响力，因而使得居民对于文化符号的认知度不高。

另一方面，文化氛围营造与居民需求不匹配。传统型城市公共文化象征空间打造集体文化符号缺乏对其内涵表达，难以形成清晰的文化脉络和高质量的文化符号代表，没有营造出与居民期望相符的地域性文化氛围。究其原因：一是政府重视不足，二是在公共文化空间治理中缺乏系统的文化传承体系的规划。此外，传统型城市在文化符号转化与输出上，缺乏与市场结合的手段，难以形成文化符号的美誉度。传统文化符号需要将其进行转化才能更加具有象征意义，不仅要知道其"能指"所在，更需要将其符号化，意其"所指"所在。传统型城市公共文化空间的文化符号的转化不够，缺乏输出，居民难以知晓其中的含义，造成居民对其感知度较低、特色文化氛围淡漠。

第二节 西部城市现代型公共文化空间资源供需现状及特征

现代型公共文化空间环境资源特征表现为以非农产业和非农业人口聚集为主，有较高的生产力水平与科技水平。本书选取重庆市渝中区公共文化空间作为现代型公共文化空间的研究案例。重庆市渝中区地处长江、嘉陵江交汇处，辖区面积 23.24 平方千米，辖区 11 个街道办事处、79 个社区居委会、1 个社区工作站，全区常住人口 66.2 万人，户籍人口 50.4 万人。[①] 相继荣获"全国文明城区""国家服务业综合改革试点区""全国首批公共文化服务体系示范区""全国和谐社区建设示范城区""全国科技进步示范城区""全国双拥模范城"等荣誉称号。渝中区是重庆的"母城"，展现着"老重庆底片、新重庆客厅"的魅力神韵。渝中区城市化、科技化水平较高，文化旅游资源比较丰富，2020 年已实现"10 分钟公共文化服务圈"，文化旅游产业增加值超过 130 亿元，占 GDP 的 10% 以上[②]，符合西部城市现代型公共文化空间依托城市的特征。

重庆市渝中区公共文化空间作为西部城市现代型公共文化空间的代表，具有以下特征：物理空间丰富多样，呈现出网络化、数字化、扩展化的特征；交往空间具有多元化、国际化、虚拟化的特征；公共文化象征空间呈现出传统性文化与现代性文化符号的融合、传统符号的创新性发展特征。

一 现代型公共文化空间资源供给现状及特征

西部地区现代型城市凭借区位独特、政策倾斜等优势，其城市化水平、现代化水平和国际化水平都较高，文化资源禀赋丰富多元，文化事业与文化产业相对发达。

[①] 重庆市渝中区人民政府官网，《美丽渝中》，http://ww w.cqyz.gov.cn/zjyz/?36H6AL=NU8LC8。
[②] 重庆市渝中区人民政府：《渝中区文旅产业发展促进会昨日成立！》2020 年 1 月 18 日，https://www.cqyz.gov.cn/zwxx_229/yzyw/202001/t20200118_6153828.html。

(一) 现代型公共文化空间依托环境资源特征

1. 城市化、现代化水平较高

西部现代型公共文化空间依托城市虽然没有东部现代化城市的现代化、国际化程度高，但是在国家西部大开发战略、"一带一路"倡议引领下，其城市化、现代化、国际化水平在西部地区处于领先位置。重庆作为西部唯一的直辖市，是西部大开发的重要战略支点，处在"一带一路"和长江经济带的联结点上，近年来重庆市经济水平、现代化程度不断提高。重庆市渝中区作为重庆市的"母城"，在人口方面，其城镇化率极高，2019 年年末常住人口 65.2 万人，城镇化率 100%。[1] 在经济发展方面，2020 年渝中区全年地区生产总值 (GDP) 1357.5 亿元，比上年增长 3.6%。城镇常住居民人均可支配收入 46994 元，高出全市城镇居民人均可支配收入 6988 元。渝中区 GDP 产出 67.7 亿元/平方千米，位列全市第一。[2] 在产业结构方面，渝中区没有第一产业，第二、三产业比例为 8.6∶90.4，第三产业对 GDP 的贡献率为 92.3%。在社会发展方面，渝中区 2021 年年末养老保险参保人数为 103.9 万人，"人生关怀"项目投入 1.9 亿元，受益居民 46.3 万人次。[3] 在科技发展方面，渝中区建成投用全市首个 5G 智慧展厅，在全市率先实现 5G 网络全覆盖；新培育 30 家国家高新技术企业、100 家市级科技型企业，全社会研发经费支出达 8.5 亿元。[4] 在城市发展质量方面，2020 年中国城市分级名单中，重庆市被评为新一线城市。渝中区作为重庆的"母城"，是重庆的商贸、金融、文化中心，其城市化、现代化发展的速度、程度处于重庆市各区发展前列。

2. 多元文化融合性、包容性较强

现代型城市公共文化空间依托城市的文化资源禀赋呈现出现代与传

---

[1] 重庆市渝中区人民政府官网，人口状况，https://www.cqyz.gov.cn/zjyz/#anchor-yzgk。
[2] 重庆市渝中区人民政府官网：《重庆市渝中区人民政府工作报告 (2021 年)》2021 年 4 月 8 日，https://www.cqyz.gov.cn/zwgk_229/zfgzbg/gzbg/202104/t20210408_9079576.html。
[3] 上游新闻：《2019 年渝中区 GDP 增长 5% 人均 GDP 位列全市第一》2020 年 4 月 20 日，https://www.cqcb.com/county/yuzhongqu/yuzhongquxinwen/2020-04-20/2341659.html。
[4] 渝中报数字报：《蝶变正当时风正好扬帆》2021 年 06 月 02 日，http://yzb.cqyznews.com/html/2021-06/02/conten_t_21936_13460595.htm。

统、本地与国际相融合的趋势,具有包容性的特征。一方面,该类城市不仅历史悠久,积累了丰富的历史文化资源,还凭借自然区位等优势,形成了丰富的现代文化资源。渝中区不仅积累了丰富的巴渝文化、红岩文化、码头文化等特色的传统文化,还具有现代化的商业文化资源、文娱类文化资源、数字化文化设施等。例如,十八梯传统风貌区、白象街传统风貌区、洪崖洞、鹅岭二厂等文化空间既有山城文化、巴渝文化特色,又融入了现代化艺术元素和数字化技术。这使得在现代型城市公共文化空间中既有传统文化的传承,又有现代化的创新和发展。另一方面,该类城市在"走出去,引进来"的发展红利下,既保留本地特色,又吸纳了国际文化要素。目前,渝中区化龙桥片区已有200余家跨国企业签约入驻重庆企业天地,化龙桥已初步形成境内外投资者、经营者、工作者及居住者多元聚集的环境与氛围。渝中区致力于建设国际化、智能化、绿色化和人文化现代城区,实施全区政务中心、交通站点、广场绿地、景区景点、文化场所、社区宣传栏等公共区域"双语"标识系统改善与优化,积极营造国际文化交流氛围。

3. 文化事业与文化产业发展较强

西部现代型城市公共文化空间依托城市通过深入挖掘城市文化特性,借助互联网等先进技术,大力发展其文化事业与文化产业。重庆市渝中区具有深厚的人文底蕴和多姿多彩的地域文化。在文化事业方面,渝中区致力于提高社会文明程度,提升公共文化服务水平,保护传承"母城"文化资源。2011年重庆市渝中区进入全国首批"公共文化服务体系示范区",2013年通过验收,基本实现"10分钟公共文化服务圈"。2019年实现文艺演出1301场次,观众55.4万人次;艺术表演场馆10个,全年演出895场,观众32.5万人次。[①] 在文化产业方面,近几年借助数字化、信息化技术推动文商旅城深度融合发展,结合互联网+平台打造了解放碑、洪崖洞、鹅岭二厂等网红打卡地,文化旅游产业已经成为重庆市渝中区的支柱性产业之一。2020年,渝中区共有两大园区入选"第六批市

---

① 上游新闻:《2019年渝中区GDP增长5% 人均GDP位列全市第一》2020年4月20日,https://www.cqcb.com/county/yuzhongqu/yuzhongquxinwen/2020 - 04 - 20/2341659.html。

级文化产业示范园区和示范基地",分别是重庆母城文化旅游集聚示范园区、上清寺互联网产业园。

(二) 公共文化空间的物理空间现代化程度高

现代型城市公共文化空间依托城市经济社会发展较快,具有现代化程度较高的公共文化物理空间。主要表现为物理空间的可及性较强,网络化、数字化程度高,文化设施和文化场所的数量、种类丰富以及物理空间的跨界扩展。

1. 物理空间可及性强

较高的城市化水平和经济发展水平为现代型公共文化空间建设提供了基础,主要表现为公共文化物理空间网络化程度高、便捷程度高。以重庆市渝中区为例,一方面,渝中区图书馆推行总分馆服务制,打造网络式服务,建设"10分钟公共文化服务圈",依托文化馆和图书馆两馆(总馆)建立"2+7+77"的三级体系构架,形成覆盖全区、布局合理、结构完整、功能健全、实用高效的服务网络集群。另一方面,渝中区高度网络化的公共文化物理空间覆盖面广、便捷性高。基本实现了区域标志性、区级示范性、地区综合性、街道公共性、社区保障性的"五级文化圈层"全覆盖,为满足市民的文化需求提供较好的物质载体。调研显示(如图3-5所示),居民从居住地到公共文化物理空间所需的时间在各个时间段均有分布,但20分钟以内的占比高达81%,呈网络化分布的物理空间极大提升了便利性。可见,渝中区公共文化物理空间布局较为合理,具有较强的可及性,从而增加了居民的参与频率。

2. 物理空间数量充足、类型丰富

现代型城市公共文化物理空间数量和种类均较丰富。在公共文化物理空间数量方面,渝中区共有不可移动文物149处,全国重点文物保护单位19处、市级文物保护单位49处,居全市之首[1];全市标志性文化设施有中国三峡博物馆、中国民主党派历史陈列馆、湖广会馆、国泰艺术中

---

[1] 上游新闻:《人文渝中丨修旧如旧、"文物+"……渝中文物活化有妙招!》2021年11月11日,https://www.cqcb.com/county/yuzhongqu/yuzhongquxinwen/2021-11-11/4596725_pc.html。

20.97%　19.35%

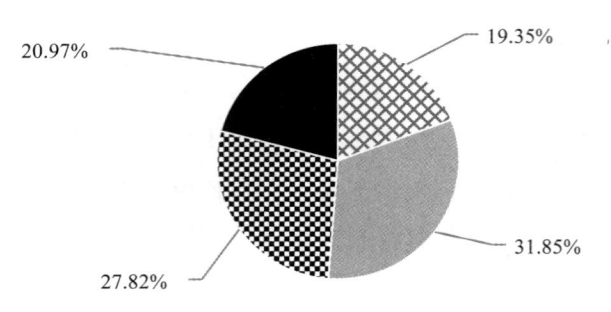

27.82%　31.85%

⌖ 20分钟以上　■ 20分钟以内　◆ 10分钟以内　■ 15分钟以内

图 3-5　居民到最近公共文化场所所需时间

心等。在公共文化物理空间类型方面，目前重庆市渝中区主要有以图书馆、文化馆等为代表的知识性大型公共文化空间；以解放碑、洪崖洞等为代表的娱乐性公共文化空间；以白象街、湖广会馆历史文化街等为代表的历史文化性公共文化空间；以鹅岭公园、中山四路等为代表的休闲性公共文化空间。在关于渝中区居民去周边文化场所的频次调查中，社区周边有公共休闲类、文化知识类、体育健身类、艺术展览类等各类文化场所，居民大多熟悉各类场所且有所参与，只有艺术展览类的场所有14.92%的居民不清楚或者没有去过（如图3-6所示），现代型城市公共文化物理空间数量充足、类型多样，为居民休闲娱乐、日常交往提供多样化的公共文化场所。

3. 物理空间数字化程度高

现代型城市公共文化物理空间在进行网络化规划的同时，也顺应时代需求，进行信息化、数字化升级。渝中区委、区政府积极引导优质企业集聚，结合区域文化产业发展，优化打造了重庆互联网产业园等数字文化产业园，在全市数字文化产业发展领域处于领先水平。通过对数字图书馆、数字文化馆打造，有效地实现了文化资源数字化。同时加强重庆文化云、"文化渝中"网站、微信平台、掌上渝中APP建设，全面打造供需对接平台。数字化的手段为居民提供了便捷的场馆预订、文化产品菜单式配送等服务，进一步丰富了群众可享受文化资源的总量。据田野调查，位于重庆市渝中区解放东路的望龙门文化中心的电子阅览室，配

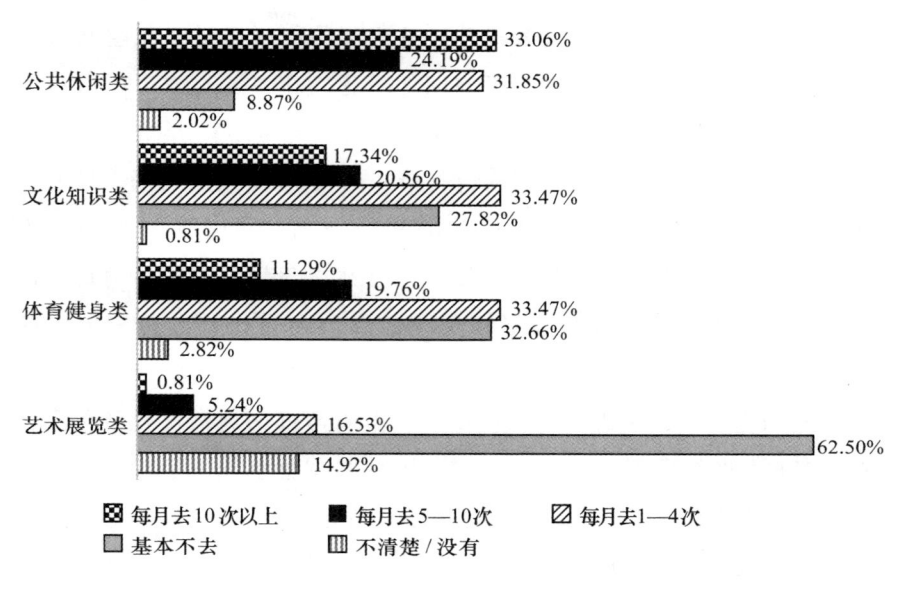

第三章 西部城市公共文化空间资源供需现状及特征

公共休闲类: 33.06% / 24.19% / 31.85% / 8.87% / 2.02%

文化知识类: 17.34% / 20.56% / 33.47% / 27.82% / 0.81%

体育健身类: 11.29% / 19.76% / 33.47% / 32.66% / 2.82%

艺术展览类: 0.81% / 5.24% / 16.53% / 62.50% / 14.92%

图例：每月去10次以上　每月去5—10次　每月去1—4次　基本不去　不清楚/没有

图 3-6　居民去周边文化场所的频次

置了近 100 万元的设施，门口设有两台数字化信息展示平台，且配备 6 名专业技术人员进行日常服务与管理，设施设备较新，且在正常运转和开放。同样，重庆市渝中区大坪正街大坪文化中心的电子阅览室为更偏爱电子阅读的读者准备了 20 台电脑以及无线网络供大家免费使用，读者登录自己的账户，即可连接汇雅电子书、"书香渝中"数字图书、畅想之星电子书等多个数字文化资源库。可见，现代型城市公共文化物理空间数字化、信息化程度高，文化资源与产品更趋多样化、便捷化。

4. 物理空间借助社会力量不断拓展

现代型公共文化空间借助社会新理念和新技术，探索跨领域的公共文化空间扩展。通过文化与旅游的融合发展创新文化空间内涵，在一定程度上赋予公共文化物理空间新的生命。重庆市渝中区的抗战文化、统战文化资源十分丰富，渝中区文旅委积极推动红色旅游路线的打造，不断丰富公共文化空间的内涵。除了红色旅游路线的打造，渝中区的"最重庆"特色文旅路线还包括"文艺书香""大都市里的生活美学"，将公共文化空间串联成特色文旅路线，有效地盘活物理空间的文化资源，扩大了公共文化空间的辐射面，在市场、社会、政府等多方主体的助力之下，文化物理空间的影响力显著提升。重庆市渝中区通过文化空间打造的跨界合作，拓展了公共文化物理空间的外延。渝中区通过"图书馆+民宿"的模式，将公共文化物理空间的范围进一步扩大。重庆市渝中区图书馆与"的米"城市人文民宿联合打造，内藏2000余册图书，设有自助借阅设备及寻声朗读亭，24小时为市民与游客提供借阅服务。[1]这些模式都在不同程度上拓展了可供居民使用的公共文化物理空间，满足居民的精神文化需求。与重庆靶点影视文化传媒公司合作打造曾家岩书院（区图书馆分馆），位于重庆市历史文化街区——渝中区中山四路曾家岩19号，是历史建筑，区级文物保护单位，具有浓郁的地域文化特色。在文旅经济的发展红利下，将文化要素注入公共文化空间，实现理念、职能、资源、产业和技术等诸多领域的深层次融合。

（三）公共文化空间的交往空间呈现多元化特征

随着现代型城市的经济社会发展，其交往空间呈现出多元化的特征，具体表现为多元文化活动供给主体为居民提供了丰富多样的公共文化活动，全面现代化的发展为居民提供了多元化的交往方式，既有国际化的现实交往，又有网络化的虚拟交往，不同的交往方式共同丰富居民的交往空间，同时居民间的交往趋于理性化。

1. 公共文化活动丰富多样

现代型城市的公共文化活动供给主体涵盖政府和社会两大维度的多元主体，以政府和相关文化部门为主导，配合企业、社会组织等市场力量和社会力量，辅以居民自组织活跃参与。多元主体互补式供给，为居民提供了丰富多样的文化活动，打造多样化的公共文化交往空间。以渝中区为例，政府组织了丰富的公益性文化活动，包括讲座、读书月、音乐会等。其坚持开展"双百双送"服务，每年送戏剧、送演出进社区130余场，送电影进社区300场，辖区图书馆举办各种讲座100余期。[2]企业

---

[1] 数据来源于调研。
[2] 搜狐网：《渝中加大文化惠民力度 60万居民享公共文化服务》2016年10月31日，https://www.sohu.com/a/1177 00166_118608。

和社会组织也参与文化活动的供给，包括文化会展、节日庆典、音乐会等。在渝中区第二季文化惠民消费季中，部分民营文化企业、社会组织举办了"天翼杯网吧电竞联赛""原创音乐展演""聚橙院线演出季"等特色活动。此外，渝中区还具有丰富的居民自组织文化活动，在庆祝节日和政策宣传时，社区的自组织文艺团体都会举办文艺汇演。在田野调查中，位于重庆市渝中区大溪沟街道的华福巷社区根据居民需求和文化特长，培育了红歌合唱队、舞蹈队、健身武术队、乐器队、开心编制社、书画社等文化自组织，自组织的文化活动供给增加了公共文化活动的多样性，同时有效促进了居民间的互动交流，丰富了居民的文化生活。

2. 文化交往方式多元

国际化是现代型公共文化交往空间当前的重要发展趋势。渝中区作为重庆政治、经济、文化以及金融和商贸中心，外事资源富集，中外交往活动频繁，担负着建设西部地区国际交往核心承载区的重任。渝中区借助"走出去""引进来"的策略，为居民打造国际化的公共文化交往空间。首先，渝中区积极组织国际化的文化活动。例如，举办了中外文化交流、艺术鉴赏、国学熏陶等沙龙活动，推动中外居民多元文化的交融，强化体验式国际文化交流。中外居民在文化活动中互动交往，多元文化得以相互交融。其次，重庆市渝中区也积极"走出去"，与国际接轨，打造了"重庆母城·美丽渝中"全球多语种发布平台，面向全球用多国语言对渝中进行全面、立体、持续、深入的报道，拉近渝中与世界的距离，推动其融入"一带一路"建设，深入开展国际交流与合作，为世界了解渝中提供全新窗口，为渝中公共文化空间注入更多国际化元素。现代型公共文化交往空间还呈现出领先于传统型公共文化交往空间的虚拟化发展趋势。在互联网的技术革新和移动终端的发展下，现代型城市居民不再局限于实体性质的物理空间，而是步入虚拟社交时代。一方面，渝中区居民交往方式也趋于虚拟化。在互联网普及的今天，重庆市渝中区居民的交往方式已经由传统的面对面交往转变为借助各类网络社交平台进行的虚拟化交往。另一方面，渝中区积极打造虚拟的文化交往空间，为居民供给丰富的线上文化活动。例如借助渝中区文化馆、图书馆等微信公众号平台举办各类线上文化活动，为居民提供虚拟的文化交往空间。

3. 居民交往趋于理性化

现代型公共文化空间主要聚集的是非农产业与非农业人口，城市化水平与现代化水平高，居民交往趋于理性化，呈现"陌生人社会"特征。住房被商品化后，该空间内主要是新兴的封闭式小区，小区的"封闭性"很强，甚至不同楼栋、不同楼层之间都无法串门。居民的居住区与工作区相距甚远，快速的生活节奏与高速的人口流动导致社区内的居民很少攀谈交流，居民对社区很难产生认同感和共同体意识，居民在邻里交往中更加注重隐私的保护。由于城市经济的快速发展，城市居民的生存压力增大，居民没有时间与精力进行邻里交往活动，其生活交往主要集中在工作与应酬活动之上。

（四）公共文化空间的象征空间多向发展

较高的经济社会发展打造了丰富的文化符号，但也滋生了传统文化符号与现代发展的矛盾。故而现代型城市公共文化象征空间表现为传统性与现代性文化符号融合发展；在继承传统文化符号的基础上对其进行创新性发展。

1. 传统性与现代性文化相融合

传统性文化符号与现代性文化符号的结合是现代型公共文化象征空间的一大特征。城市的迅速发展必然会引入或产生许多与本地域故有文化截然不同的现代文化，而将两种文化相互融合，使二者相得益彰是凸显城市文化魅力的关键所在。渝中区既拥有山城文化、巴渝文化、码头文化、红岩文化等丰富的传统文化符号，又拥有商业化、时尚化、国际化的现代文化符号。渝中区在公共文化象征空间的供给和建设中，力求兼顾其传统性和现代性文化，为居民提供更具特色的公共文化象征空间。首先，是传统的建筑与现代的寓意相结合。传统建筑是历史的见证，在一定程度上象征着不可磨灭的历史印记和群体精神，而随着城市的发展，其也被赋予了新的文化意义。例如洪崖洞，其建筑外形是具有巴渝传统特色的吊脚楼，象征着传统巴渝人民克服困难、艰苦奋斗的优良品质。如今，洪崖洞被视为"现实版的千与千寻"，将现代的浪漫文化色彩注入传统的巴渝建筑中，既保存了其独特的传统历史象征，又满足了现代人们追求浪漫的幻象主义色彩。其次是传统文化与现代商业的结合。例如解放碑是纪念抗战胜利的纪功碑,也是重庆的地标建筑,还是重庆的高端商业中心,这里商贸气息浓重,是重庆市渝中区的 CBD 中心,聚集了众多国际品牌,是现代都市的时尚、潮流聚集地。又如鹅岭二厂,保留了原有的印制厂建筑,在此基础上开发打造成别具一格的工厂风网红打卡地,吸引了大批外地游客,也为当地居民提供了一个日常新去所。文化产业园区把传统文化资源与现代价值、产业市场紧密联系,通过对传统资源的重新解读、诠释,重构现代文化与价值理念。其在传承传统文化的同时发展商业,既可以使传统文化嵌入现代生活中,也可以实现其经济价值,同时满足人民的物质和文化需求。优秀传统文化的创造性转化,现代科学文化知识的普及,传统文化和现代文化相互融合使二者有了更大的发展空间,也丰富了公共文化象征空间。

2. 传统文化符号的创新性发展

现代型城市公共文化象征空间注重传统文化符号的传承与发展,推进其进行创造性转化、创新性发展。重庆市渝中区从老城区基础上发展起来,随着时代和城市的发展,许多传统的文化象征面临传统的继承与时代的创新的矛盾。重庆市渝中区利用文创产业创新性地解决了城市发展与历史文脉保护问题。渝中区首先进行旧城改造,即在保护的基础上将"老城""老街"改造成为集文化、商业为一体的旅游景点,这既可以保持老城旧貌、历史文脉,也可以促进城市经济的发展。例如,十八梯传统风貌区既保留了山城老重庆的风貌,又是融合商、景、旅、文四大功能于一体国际化创新型文化旅游产业区。其次,重庆市渝中区通过将传统文化符号与现代影视、动漫、音像、传媒、视觉艺术、表演艺术结合,以新形式推动传统文化符号的发展。例如,渝中区筹备拍摄《九开八闭城门》《通向中山四路的 N 条路》等母城文化系列纪录短片,展示母城文化底蕴。最后,利用各类新媒体对文化符号进行传播,让重庆市渝中区成为一个广受国内外关注的"网红旅游城市"。这种方式带来了巨大经济效益,同时将重庆市渝中区文化符号推广到世界。此外渝中区还举办各种城市文化推广活动、新闻发布会、国际文化交流会、全球旅游招商推介大会暨中国旅行者大会重庆嘉年华等系列宣传会,提升了重庆市渝中区的知名度,推广了重庆市渝中区的文化符号。

二 现代型公共文化空间资源需求及供需匹配分析

西部城市现代型公共文化空间资源需求呈现出现代化程度高、交往空间多元化和象征空间多向发展的特征，以重庆市渝中区作为西部城市现代型公共文化空间的代表，其在三个维度中分别具有以下需求：物理空间高层次需求类型增加需求较大；交往空间中，其交往需求主要表现为开放式、多元化的需求较高；象征空间中需求特征表现为现代文明气氛亟需营造、传统性与现代性文化亟须融合和传统文化符号需创新型发展。在供需匹配方面，物理空间供给与居民需求基本匹配，交往空间供给与居民需求难以匹配，象征空间与居民需求基本匹配。

(一) 现代型公共文化空间资源需求分析

1. 物理空间居民需求现状及特征

现代型城市公共文化空间依托城市经济社会发展较快，具有现代化程度较高的公共文化物理空间。其主要表现为物理空间的高层次需求较大和空间类型需求较大。

第一，物理空间高层次需求较大。现代型城市较为发达的经济社会条件奠定了现代型公共文化空间基础，居民对公共文化高层次物理空间的需求程度往往更高。高层次物理空间是指在公共文化空间领域中层次较高的设施、设备及场所。一般来讲，这类物理空间数量庞大、类型丰富、文化承载力较强且能够满足居民追求自我发展的愿望，如文化知识类和体育健身类等场所。渝中区问卷调研结果显示，88.11%的居民每月至少去一次公共休闲类文化场所；56.25%的居民每月去5次以上；71.37%的居民每月至少去1次文化知识类文化场所，37.95%的居民每月至少去5次以上；64.52%的居民每月至少去1次体育健身类文化场所，31.05%的居民每月至少去5次以上。由上可知，重庆市渝中区居民对公共文化场所的需求较大。具体情况看，重庆市渝中区的文化场所和设施相对的现代化、完善化，故而居民对于公共文化物理空间的满意度相对于传统城市较高，但还未达到满意和非常满意的层次。由此观之，重庆市渝中区居民对于公共文化物理空间还具有更高层次的需求。

第二，物理空间类型多样化需求大。现代型城市居民对个性特点的追求更为强烈，具体表现为对公共文化场所不同类型的需求增加。由调研可知，重庆市渝中区居民现有消费公共文化场所包括公共休闲类、文化知识类、体育建设类、艺术展览类等。虽然对各个类型的文化场所消费频次不同，但亦能看出重庆市渝中区居民对公共文化场所需求的多样性。根据重庆市渝中区居民文化场所需求调查可知，其对各类文化场所的需求依次是：公共休闲类（61.29%）、文化知识类（46.77%）、体育健身类（40.32%）、艺术展览类（17.55%）、其他（2.42%）。居民对文化场所的需求并没有集中于某一类，而是分散在上述四大类中。

2. 交往空间居民需求现状及特征

随着现代型城市的经济社会发展，其交往空间呈现出多元化的特征，主要表现为开放式、多元化的需求较高。

第一，开放式的交往需求较高。一方面，现代型公共文化空间营造了激发居民文化交往需求的良好氛围，其本身的包容性、现代化特质，也容纳了来自不同地区、不同文化背景的人。在这种特质的影响下，重庆市渝中区的居民也逐渐开始突破"圈层"的局限，追求更广阔的交往空间，不断提升自我。同时，重庆市渝中区还组织了丰富的文娱活动，激发居民文化交往需求，例如开展广场舞大赛、音乐会、电影放映等文化活动；另一方面，现代化的信息技术为居民的文化交往提供了更为广阔的空间，居民的文化交往需求得到进一步提升。由现代信息技术所构建的虚拟空间，具有便捷性、匿名性、多样性等特征，极大地刺激了居民参与文化交往的需求。

第二，多元化文化活动需求较高。根据相关调研可知，居民对于文化交往空间的要求呈现出多元化、高质量、高层次化的特点。在关于居民对文化活动的满意度调查中，居民对于文化活动的数量、种类、主题、表演者水平、地点选择和时间安排等的满意度都处于3.5分以下，整体的满意度居于一般水平。结合针对居民喜爱的文化活动的调查可知，渝中区居民对多元化、高质量、高层次的文化活动需求较高。具体而言，居民对文化活动的偏好分布在户外健身类、技能培训类、生活养生类、文艺活动类、知识普及类、传统习俗和节庆类，需求趋于多元化。其原因如下：一是来源于不同背景人口的差异化需求。重庆市渝中区作为一座现代化的城市,其人口流动量大,汇集了来自不同地区、不同文化程度和不同生活水平的各类人群,而不同背景下的人具有不同的文化交往需求,所以重庆市渝中区的文化交往空间需求趋于多元化。二是随着物质生活的逐渐丰富,居民对文化活动的需求也由原来的单一的休闲娱乐,转向更多样的、更高层次的文化需求,例如精神和文化素质提升等。

3. 象征空间居民需求现状及特征

较高的经济社会发展打造了丰富的文化符号,但也滋生了传统文化符号与现代发展的矛盾。故而现代型城市公共文化象征空间的需求特征表现为现代文明气氛亟须营造、传统性与现代性文化亟须融合和传统文化符号需创新型发展。

第一,现代文明气氛亟须营造。现代型城市公共文化空间崇尚现代文明。根据问卷调查(见图3-7)分析,就居民觉得较为理想的社区文化氛围而言,48.79%的居民喜欢文明友善型的社区文化;25.21%的居民希望通过文化活动增加邻里之间的互动,建设温情活力型的社区文化氛围;还有17.74%的居民更加倾向于打造邻里之间可以互相串门的熟人社会型的社区文化氛围。由此可见,居民整体的文化氛围需求较高。居民在期待打造文明友善型社区文化的同时,又渴望拥有文明友善的文化氛围,走出家门增进邻里关系,提高社区的凝聚力。

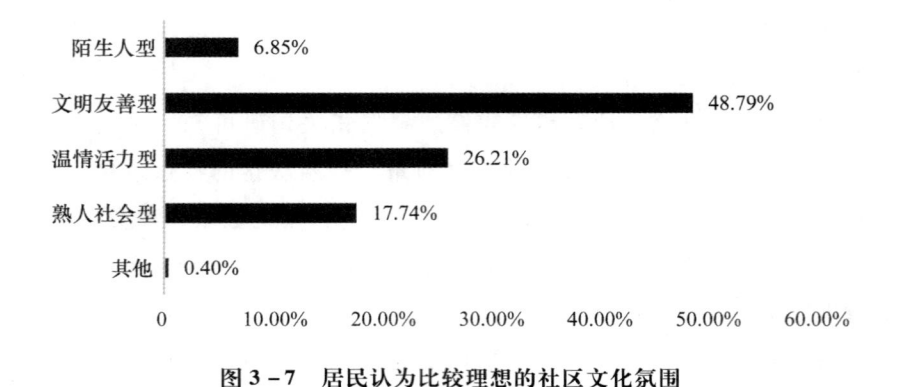

类型	比例
陌生人型	6.85%
文明友善型	48.79%
温情活力型	26.21%
熟人社会型	17.74%
其他	0.40%

图3-7 居民认为比较理想的社区文化氛围

第二,传统性与现代性双重需求的统合。位于现代型公共文化空间的居民构成也较为多元，从来源看，既有本地居民，也有大量的外来各阶层居民；从年龄分布来看，多为中青年人，老年人也占一定比例。长时间居住在此的居民对该空间的传统性文化符号有较强的留恋之情，而外来居民则会更关注其呈现的现代性文化符号。在年龄层次上，老年人由于对现代型文化符号的理解程度不高，对传统文化符号的需求更高，而中青年人则更在意现代性文化符号，但同时也乐于接触传统文化。城市的迅速发展必然会引入或产生许多与本地域故有文化截然不同的现代文化，在公共文化象征空间的供给和建设中，如何兼顾其传统性和现代性文化，为居民提供更具特色的公共文化象征空间，是现代型公共文化空间亟须解决的问题。

(二) 现代型公共文化空间资源供需匹配分析

1. 物理空间供给与居民需求基本匹配

现代型公共文化空间的居民对公共文化物理空间需求呈现较为满意的状态，具体表现为物理空间设施齐全，功能完备且数字化、便捷化程度较高，能够满足居民需求，二者呈现出基本匹配的状态。

现代型公共文化空间在类型与功能上的优越性和高度的数字化、便捷化特征使得物理空间供给与居民需求基本匹配，能够为社区居民提供满意且优质的体验。如以重庆市渝中区为例，以渝中区图书馆、文化馆等为代表的大型文化公共文化空间配备齐全，同时具备以解放碑、洪崖洞、李子坝等为代表的娱乐性公共文化空间，以白象街、湖广会馆历史文化街等为代表的历史文化类公共文化空间，以鹅岭公园、中山四路、朝天门广场为代表的休闲类公共文化空间，以及依托文图两馆（总馆）建设的处于从属地位的7个街区特色分馆和77个社区文化活动室。结合实际调研可以看出，渝中区居民对社区及周边拥有的文化场所的数量（70%）、开放时间（73.6%）和可及性（72.4%）基本满意，因而现代型城市丰富的物理空间基本满足居民的需求。同时，广覆盖的公共文化设施场所以及便利的交通网络，使得公共文化空间的可及性和便利性程度较高，能够较好地满足居民的基本公共文化需求。

2. 交往空间供给与居民需求难以匹配

现代型城市的交往空间需求旺盛并日渐趋于多元化、国际化和现代化，而其供给趋于自主化、陌生化、虚拟化和国际化。由此观之，交往空间整体的供需情况能够满足居民需求，但是在更深层次的现代化、国际化供给不足。社区拟通过虚拟化交往方式和打造标准化文化空间以提升交往氛围，但与居民需求难以匹配。

现代型城市公共文化交往空间呈现出虚拟化的特征。在互联网的技术革新和移动终端的发展下，现代型城市居民步入虚拟社交时代，利用虚拟的文化交往空间仍难以满足部分居民的交往需求。重庆市渝中区积极打造虚拟的文化交往空间，为居民提供丰富的线上文化活动。例如重庆市渝中区文化馆、图书馆借助微信公众号等平台举办各类线上文化活动，为居民提供虚拟的文化交往空间，使得平时一部分因为忙碌无法参加线下文化活动的居民可以借用网络平台参与线上文化活动，但对部分不依赖于虚拟化交往方式进行交流的居民来说，面对面的直接交流才是主流。现代型城市通过一系列的高质量活动打造了标准化的公共文化空间，满足了居民的部分需求，但是却无法满足现代型城市居民实现个性化交往以及丰富精神世界的需求。

现代型公共文化空间在满足居民的补充性和个性化、国际化交往需求上的程度有所欠缺。在访谈中，大多数居民都表示经常使用QQ、微信与家人、朋友交流，有关社区文化活动的通知也会通过微信公众号、社区微信群聊等网络平台知晓。此外，虚拟化的交往也可以满足上班族的需求，工作和任务可以在微信等平台进行通知，避免了繁杂的线下会议，节省了更多的时间。但是，过度虚拟化的交往难免使人感觉空虚，此时，面对面的直接交流成为部分居民的迫切需求。同时，渝中区国际科技、教育和文化的交流程度并不高，现代型公共文化空间对居民国际化交往需求满足不足，国际性文化交流活动开展较少，难以形成强大的文化辐射力和吸引力。虽然陆续举办了国际文化交流节，但是其影响力不高，与上海等东部发达城市相比还有所差距。国际化的不足使得重庆市渝中区在国际化的文化交流与文化服务上还有所欠缺，难以满足居民越来越个性化的文化视野与扩大的公共文化交往需求。另外，一些文化活动也存在形式主义的问题，降低居民满意度。可见，对于公共文化活动而言，内容与形式两者相辅相成，如果只重形式而忽视内容，或者内容缺乏创新，不仅难以真正增进居民间交流互动，同时也不能满足现代型公共文化空间居民日益增长的精神文化需求。

3. 象征空间与居民需求基本匹配

现代型城市居民对象征空间的需求集中于对传统文化符号的创新性传承和包容性文化氛围的营造，以促进传统与现代文化的进一步融合。由此观之，现代型城市的象征空间供需达到基本平衡，象征空间的供给与居民需求基本匹配。

现代型城市通过创新性传承传统文化符号，满足了居民对于传统文化符号传承和发展的需求。随着信息化和互联网的发展，现代型城市在文化符号打造过程中因注重其商业价值，充分利用现代网络平台打造"网红"景点，使得传统文化在继承与发展的过程中不断进行创新。这样的文化符号不仅满足了居民对于传统文化的需求，同时也满足了居民对传统文化的创新性发展需求。重庆市渝中区十分重视文旅品牌的打造，充分利用了新媒体对其文化符号进行推广，还引进了抖音、携程等平台媒体来对渝中标志性文化进行宣传，取得了较好的效果，使得重庆"网红城市"的形象深入人心。现代型城市生活节奏较快，城市居民的构成也较为多元，既有本地居民，也有大量的外来居民，文化背景、社会阶层各不相同。复杂的城市居民构成决定了其公共文化象征空间需求也日益趋向多元化和个性化。而现代型城市的社会氛围营造呈现出明显的包容性特征，基本与居民需求相符合。现代型公共文化空间对传统文化符号进行创新性传承及打造包容性的文化氛围主要为：一方面，基于传统的文化符号，借用新媒体的方式对传统文化进行了创新性传承，不仅满足了居民对传统性文化符号需求，还通过打造人们熟知的其新兴的"网红"一面，满足了居民对于传统性文化符号的创新性传承和发展的需求。例如重庆市渝中区对于洪崖洞、鹅岭二厂等"网红景点"的打造，充分展示了重庆市渝中区城市历史发展进程中传统型文化符号背后的文化内涵。经过改造的鹅岭二厂不仅为重庆吸引了大批外地游客，也激发了当地居民重新审视这座城市的激情，领略到老重庆变身新网红城市的无限可能。另一方面，重庆渝中位于长江、嘉陵江汇集之处，自古各地商贾云集、商贸往来频繁，且由于历史上湖广填四川、抗战大后方之故，外来居民与本地居民融洽相处，包容性文化氛围浓厚，现代社会传承并弘扬了包容性文化，不但融合外地与本地、城市与乡村、传统与现代的文化，也融入国际化元素，包容文化氛围的打造使得居民的个性化需求得以满足。调研结果显示，48.79%的居民渴望拥有文明友善的社区文化氛围，26.21%的居民渴望拥有温情活力的文化氛围。由此可以发现不同的居民对于文化氛围有不同的需求，结合现代型城市的社会氛围营造中特别重视的包容性特征，恰好可以满足各类城市居民的个性化需求。

第三节 西部城市过渡型公共文化空间资源供需现状及特征

过渡型公共文化空间处于城市与乡村的中间地带的高密度、低发展的场域内，该地区人口流动性大，居民构成复杂，公共服务需求多样化，是弱势群体相对聚集的区域。公租房是由国家提供政策支持、限定建设标准和租金水平，面向符合规定条件的城镇中等偏下收入住房困难家庭、新就业无房职工和在城镇稳定就业的外来务工人员出租的保障性住房。村改居社区作为快速城镇化过程的产物，其本质是农村人口的就地城镇化，即由于资源要素配置的调整，在政府引导下将农民集中居住，原来农村人口由农村户口转为居民户口，体制上由原来的"村民委员会"转为"居民委员会"的特殊区域。二者都属于过渡型空间，但具体的过渡性质不同，在公共文化空间供需现状及特征方面存在差异，因此本文将从外地文化向本地文化过渡的公租房公共文化空间命名为A类，将从农村文化向城市文化过渡的村改居公共文化空间命名为B类，分别讨论二者在公共文化空间的供需现状及特征。

重庆作为西部地区唯一的直辖市，居住人口多，且外来务工人员占比高，重庆市政府一直稳步推进以公租房为重点的保障房建设，从2010年至今，重庆市公租房已有21个项目，包含40个小区。此外，重庆也是全国第一个推出申请公租房不限户籍的城市。公租房社区人口结构复杂，主要集中外来务工人员、城市中的中低收入人员，具有过渡性的特征。另外，由于西安是西北地区唯一的副省级城市，随着经济社会的发展和新型城镇化的推进，大量人口由农村向城市迁移聚集，形成了大量的村改居社区，这些场域面临产业结构的转变、生产生活方式的变革、居民文化观念的过渡等，其公共文化空间具有典型的过渡性。因此，本书选择重庆的公租房社区，以及西安的村改居社区作为过渡型公共文化空间的典型案例。

一　过渡型公共文化空间资源供给现状及特征

过渡型公共文化空间依托环境的资源特征表现为经济发展水平较低、文化异质性强、城市弱势群体聚集以及社会力量薄弱等特点。

（一）过渡型公共文化空间依托环境的资源特征

西部城市过渡型公共文化空间的依托环境是在城市化进程中形成的，城市不断向农村扩张，农村人口大量向中心城市涌入，由此形成了部分城市发展的过渡地带，如城乡结合部"村改居"社区，外来务工人员聚集的政府保障性住房区域公租房社区，该区域呈现出文化异质性强、经济发展水平较低、城市弱势群体聚集、社会力量薄弱等特征。

1. 经济发展水平较低

过渡型公共文化空间因其自身地理区位、人口结构等因素，经济发展水平较低。该地区是流动人口的聚集地，居民构成复杂，这对整个地区的环境、治安造成影响，进而影响该地区的经济发展。例如村改居社区的资金主要来源于原来农村的集体经济组织，相比于一般城市社区来说，经济水平不容乐观。村改居使居民获得了更多的就业机会，但因其整体文化素质较低，并没有很大的就业优势，居民多从事以劳动力为主的工作，公共文化消费水平低。此外，过渡型地区居民收入多样化，经济结构多元化，这也导致本地区失去其核心竞争力，资源利用率不高，从而制约该区经济发展。过渡型区域大多数工业园区的第三产业发展滞后，影响产业集群集聚，经济发展模式仍以粗放型经济为主，对区域经济发展造成不良影响。

2. 文化异质性强

西部城市过渡型公共文化空间的依托环境具有人口流动性大、人口构成复杂、社区组织结构的异质性、社区内小区类型多样化等特点，因而具有文化异质性较强的特征。一方面体现在城乡文化差异上。城市过渡区是城市与乡村的过渡区域，这一区域内的居民在其教育背景、职业、行为习惯、价值观念等方面呈现出较高的异质性，这在客观上增强了乡村文化与城市文化的碰撞。二者的文化差异体现在精神文化、行为文化、制度文化和物质文化四个基层文化层次。另一方面，体现在本地文化与外来文化的差异上。本地文化是本地原有的地域文化，外来文化是外地人口带入的文化，公租房社区的居民来自全国各地，不同的地域有不同的文化习俗，不同地域文化之间有一定的差异。由于文化差异的存在以及农村人口及城市低收入人群较多，交往的圈层化明显，本地人倾向于和本地人交往，外地人多与各自的老乡或同事来往，本地人与外地人之间的来往较少，加之本区域居民流动性大，过渡型城市社区居民的融入感较低，归属感不强。

过渡型社区人员构成复杂，文化偏见与文化适应导致文化融入方面的困境。该区域有农民和市民、本地人和来自不同地域的外地人，导致各种文化在这里交汇碰撞：传统文化与现代文化、本土文化与外来文化、通俗文化与高雅文化、农耕文化与工商业文化，各种文化之间不可避免地产生分歧、冲突以及碰撞，异质文化还有待交流融合。

3. 城市弱势群体聚集区域

随着西部地区城市化进程的加剧，区域间、城乡间的人口流动不断增加。西部过渡型城区作为城乡二元结构的过渡地带，该区域房租低、生活成本较低，常常成为社会弱势群体聚集地。这部分居民主要是城市的中低收入人群，部分人群还没有固定的工作，以及主要从事以体力劳动为主的工作。同时，这部分居民文化水平普遍不高、自治意识不强，很少参与到社区活动与社区治理中。如重庆市公租房社区的居民主要是进城务工的农民、外地来渝打工者和刚毕业的大学生等低收入群体。西安村改居芒阳社区房屋租金低廉，附近的工人、学生都在这里租房。同时，过渡型城区的公共文化空间资源匮乏，公租房和村转居有政府扶持，但企业、社会组织很少参与。

4. 社会力量薄弱

过渡型公共文化空间大多处于城市郊区，该区域人流量相对较少，且居民整体消费水平不高，所以在社区治理体系中，市场主体很少参与到此空间的治理与发展中，政府尤其是基层政府起主导作用，通过政策的制定与执行为社区居民配置公共服务，而社区是政策及资源的传递者与执行者。同时，该区域的居民文化水平较低，居民自治能力不足，外来人口流动性强的特点导致居民对社区缺乏认同感与归属感，社区居民整体参与度低。

在西安市各社区的调研中，社区的公共文化活动大多是自行举办，由社区内的文化自组织参与演出，很少有市场力量的参与，社区与企业、社会组织合作的情况很少。为了促进社会组织的发展，西安市斜口街道成立社会组织孵化基地，请相关专家还有发展较好的社会组织进行帮带，但是这些社会组织还处于初期发展阶段，社会组织发展薄弱。

（二）A类西部城市公共文化空间资源供给现状及特征

1. 公共文化空间的物理空间内部失衡明显

A类公共文化空间（公租房社区公共文化空间）的依托环境位于城市过渡地带，其公共文化物理空间供给相对不足。主要体现在物理空间数量以保底为主，重区域统筹，轻社区内部平衡，物理空间类型与功能单一。

第一，物理空间分布重区域统筹，轻社区内部平衡。公租房社区无论是空间属性还是社会属性都有别于一般商品房住区。为了缓解资金投入压力，提高资源的利益效率，物理空间的供给大都以区域统筹为原则，而公租房内部设施的不平衡，这也导致了A类公共文化物理空间内部失衡。在城南家园的田野调查中，文化设施和资源集中于第一、二组团内，其他组团内的文化设施严重缺乏。水云路社区面积0.3平方千米，有1—5个组团，19152户，约50000余人，其中一组团设有22个健身器材、6个乒乓球台，以及配备了篮球场、太极广场、睦邻大舞台、儿童娱乐场所，但第四、五组团寥寥无几的文化设施年久失修，使用率极低。这样的分布导致第四、五组团的居民只能前往一组团活动。

第二，物理空间数量以保底为主。A类公共文化空间是城镇化快速发展的产物，它位于城市边缘地区，公共文化物理空间数量普遍较少，属公共文化空间建设的"弱势区域"。一方面,公租房本身供给数量稀缺。在田野调查中,2018年,重庆市级公租房已有15个小区投入使用,另有6个小区都可在2018年年底之前安排入住,这21个项目加上给园区企业定向租赁的项目,全市一共40个小区,现在已经入住的有23万套,目前有需求却还未入住的人口数量是已入住人口的4倍左右,可见,公租房的供给数量不足,短时间内难以满足低收入群体的居住需求。另一方面,公租房内部公共物理设施供给不足。A类公共文化空间的物理空间主要是体育健身场地。场地由建设单位在建设初期按照规划设计,建设了篮球场、羽毛球场、足球场、乒乓球场和儿童游乐场。但不是所有公租房社区都会建设上述设施,总体来说,数量并不算多。在田野调查中,城南家园的五个社区虽设有文化室,但文化室的人均面积较小(每千人约10平方米),未达到《重庆市城乡公共服务设施规划标准》中文化活动室每千人不低于30平方米的配置标准。

第三,物理空间类型与功能单一。A类公共文化空间依托城区的公共文化物理空间以基础类的公共休闲空间为主,其他类型较少。根据对居民社区周边的公共文化场所调查,A类公共文化空间以公共休闲类为主,包括公园、广场、活动中心等,而文化知识类(博物馆、图书馆、文化馆等)、艺术熏陶类(群艺馆、艺术展览馆、剧院等)、兴趣信仰类(教堂、寺庙、纪念馆等)都非常少。同时,A类公共文化空间功能单一,只能供居民休闲健身。一方面,缺少可以举办大型文艺活动的设施和场所;另一方面,公共文化空间数字化、信息化程度比较低,缺乏可供居民查阅文化信息的公共文化数字平台。

2. 公共文化空间的交往空间呈"高排斥—低融合"

第一,弱势群体的交往空间边缘化特征明显。法国学者勒内·勒努瓦提出的社会排斥理论,反映了一部分群体无法享受社会相关的保障制度被边缘化的状态[①]。格雷厄姆·罗姆则明确了社会排斥所指向的群体,

---

① Silver H, "Social Exclusion and Social Solidarity: Three Paradigms", *International Labour Review*, Vol. 133, No. 5, 1994.

即遭受社区居住环境恶化、社会关系分裂等多方面窘境的弱势人群[1]。A类公共文化空间汇集了当地有住房需求的低收入者以及外来的务工人员，社会排斥使得这些弱势群体被进一步边缘化。一方面，低收入群体基于主观的认知和判断，选择主动脱离。在康居西城的田野调查中，由于收入水平低、社会保障不完善，居民的生存压力较大，即使社区定期开展庆祝传统节日以及特色邻里节等公共文化活动，居民的参与热情仍然较低。另一方面，A类公共文化空间的低收入群体处于外在环境造成被迫排斥状态。外来务工人员是A类公共文化空间的人口的主要构成之一，由于户籍制度的限制，这部分人群的子女在教育、医疗等领域难以得到同城市孩子一样的待遇，同时他们在与本地政府部门、社区居委会、本地市民个体互动过程中处于弱势地位，凸显了A类公共文化交往空间的个体边缘化特征。

第二，社会资本匮乏，交往空间的稳定性与融合度低，矛盾与纠纷频发。在社会学家库里看来，自我只有在广泛而稳定的社会交往之中才可以实现自身的价值，达到人们所说的"社会自我"，然而A类公共文化空间呈现出齐格蒙特·鲍曼（Zygmunt Bauman）所谓的"流动的现代性"，居民之间较强猜忌与隔阂阻碍着温情活力交往空间的生产。在变动意识的主导下，传统以人情、面子、关系为主的交往准则失灵，个体更加关注自身权益，导致矛盾与纠纷增加。另外，A类公共文化空间文化自组织关系松散，凝聚力不强，组织间缺乏互动，供给的文化活动重形式轻互动，进一步阻碍了交往空间社会资本再造。A类公共文化空间的文化活动形式单一，松散的文艺自组织缺乏能人、骨干作为关键节点，未能给居民创造实质性的交往与互动空间，难以提高居民的融入度。

3. 公共文化空间的象征空间重共融共生符号打造

外来文化与本地文化有着显著差异，这种差异根植于居民的思维深处，仅仅依靠几年的流动生活很难彻底转变。A类公共文化象征空间以

---

[1] Room G J, "Social exclusion, solidarity and the challenge of globalization", *International Journal of Social Welfare*, Vol. 8, No. 3, 1999.

打造共融共生的文化符号为主，包括打造文明和谐的社区文化符号和营造安全稳定的社区文化氛围，旨在推动外来文化向本地文化过渡，同时增强居民的归属感和认同感，促进居民和谐相处。

第一，打造文明和谐的社区文化符号。为促进 A 类公共文化空间的居民尽快融入社区，城区依托中华传统美德和社会主义核心价值观打造了一系列促进社区文明和谐的文化符号。例如重庆市康庄美地（公租房）社区通过开展文明家庭、好公婆好媳妇好子女等文明创评活动，制作"中华美德·24 孝"的展板等方式呈现"家"文化符号（如图 3-8 所示），从表 3-3 亦可见：康庄美地社区举办的"家的味道"最美公租房影像记展、"我爱我家"之社区家庭趣味运动会、"和谐邻里情、幸福大家庭"晒家风摄影等活动都是为了弘扬"家"文化符号。重庆市公租局就打造社区文化符号这一目标，设定了按照时间节点来进行宣传的整体策略：如春节时重点在于防盗窃，年终则是要保证整个公租房社区的和谐安定和防止外来人员的流动；而邻里节的设立以打造"公租房百姓家"为主。种种措施都力图打造社区文化符号以凝聚人心，创建和谐文明新社区，也符合公租房社区公共文化空间治理的基本状况。

表 3-3　　　　　　　　康庄美地社区邻里节系列活动

序号	活动名称	活动地点	活动时间
1	"家的味道"最美公租房影像记展	B 区广场	2017 年 4 月 25 日
2	"我爱我家"之社区家庭趣味运动会	B 区广场	2017 年 4 月 22 日
3	"诵经典、扬美德、传承好家风"中华经典诗文朗诵大会	社区大会议室	2017 年 5 月 4 日
4	"巾帼话家常—传递正能量"坝坝课堂暨社区最美家庭表彰	B 区中庭	2017 年 5 月 11 日
5	"学习十九大，奋进新时代"知识竞赛	社区大会议室	2018 年 4 月 17 日
6	"最美公租房家庭""康庄好邻里""优秀志愿者"评选活动	社区大会议室	2018 年 4 月 24 日
7	"我爱公租房"康庄巧手作品秀	B 区广场	2018 年 5 月 1 日

续表

序号	活动名称	活动地点	活动时间
8	"和谐邻里情,幸福大家庭"晒家风摄影活动	社区一楼大厅	2018年5月2日
9	洁净家园环保志愿活动	A、B区	2018年5月9日
10	"花开新景园·幸福邻里情"	B区广场	2019年4月23日
11	全民健身,你我同行	B区广场	2019年4月28日
12	"我爱我家"手工制作	社区大会议室	2019年5月1日
13	"最美公租房"摄影大赛	B区广场	2019年5月3日

图3-8 重庆康庄美地社区"中华美德·24孝"展板

资料来源:项目组调研拍摄。

第二,强化居民公共精神,营造异质性群体共融共生的文化符号。在田野调查中,城南公租房社区通过打造"刘婆婆调解室""妈妈互助会""城南大舞台"等"微品牌",倡导居民参与社区"微治理",培养居民公共责任感与公益精神，促进居民融入；康居西城社区则通过家庭互动、邻里互动、节日庆祝、志愿服务等活动的开展，凝合融合共生的文化符号，促进居民们沟通交流、互利共荣。在田野调查中，2017年，康居西城社区开展了15次家庭互动，主要包括"对家暴说不"讲堂活动、"家庭加油站第一次小组活动""第一次新潮爸妈家长成长小组活动"等；开展了13次邻里互动，主要包括"假面舞会""邻里节'佳话·家话'茶话会活动""第五届'爱在公租房'社区邻里节之摄影展活动"等。A类公共文化空间中，由外来文化与本地文化交汇带来的居民的身份认同危机显现，因此，社区积极营造倡导异质性群体共融共生的文化符号，旨在推动外来文化向本地文化过渡，从而增强居民的归属感和认同感。

（三）B类西部城市公共文化空间资源供给现状及特征

B类过渡型公共文化空间（村改居社区公共文化空间）的物理空间的特征为标准化供给与居民再造传统型空间并存、维护不力且种类单一、空间区隔突出。交往空间呈现"弱关系—半开放式"，文化活动成为社会关系重构的空间载体，利益与人情的互惠机制是交往空间再造的主要动力。象征空间兼具传统性与现代性，在象征空间内，城市精神与乡村理念相互碰撞，主流文化的弘扬与地方性文化的传承并举。

1. 公共文化空间的物理空间区隔性突出

第一，标准化公共文化空间与居民再造的传统型空间并存。在B类过渡型公共文化空间内，承载着村民农村生活集体记忆的传统公共文化空间如水井、洗衣码头、祠堂、村坝等已经几乎消失，取而代之的是标准化的社区阅览室、活动室、广场、公园、绿化带等，这是按照政府出台的规范的文本与实施办法进行的规划建设。[①] 标准化公共文化物理空间的供给，推动"现代性"全面渗入人们的生产方式、生活习惯以及价值观念。与现代型公共文化物理空间不同的是，曾经是农民的村改居居民尽管接受着"现代性"的洗礼，但也保留了农村时期独特的交往习惯与

---

① 王东、王勇、李广斌：《功能与形式视角下的乡村公共空间演变及其特征研究》，《国际城市规划》2013年第2期。

心理需求，这种需求成为居民自发寻求空间再造的拉力。"以前农村红白喜事有自己的坝子，现在大家上楼生活了，红白喜事就自己在空地搭上棚子，亲朋好友也过来帮忙，现在相比以前也办得简单了。"（GDZY社区居民W001）西安未央区三桥街道和平社区更是在居民的倡议之下，修建了敬仰阁，专门用于怀念逝者、祭祀祖先。除此之外，居民还自发将桌椅搬到树荫下、院子内，以形成乘凉、聊天、打牌的公共休闲空间。可见，在过渡型公共文化空间内部，标准化公共文化物理空间供给占主导，同时也存在居民自发再造的传统型物理空间。

第二，物理空间维护不力、种类单一且分布不合理。B类过渡型公共文化空间设施的公共文化物理空间建设相对落后，与城市社区建设发展要求还存在较大差距。一方面，物理性空间维修不及时的问题十分明显，老年活动室成为大部分居民休闲娱乐的空间。芷阳社区、骊山新家园同属于斜口街道下的村改居社区，社区及相关配套建设与维护受行政力量影响较大，而社会、市场力量参与不足。另一方面，物理空间种类单一且分布不合理。以骊山新家园为例，物理空间主要为社区文化活动中心，附近的临潼博物馆、临潼图书馆与骊山新家园的距离为6千米左右，居民乘坐公共交通工具前往需要40分钟以上，十分不便；此外，骊山新家园附近的艺术展览类公共文化物理空间极少。可见，由于B类公共文化空间大都存在于城市外围，与城市中心的公共文化空间相比，资源十分缺乏，加之投入不足、维修不及时，导致公共文化空间资源短缺的现象严重。

第三，由空间区隔带来的社会区隔性突出。无论是在内部还是外部，B类过渡型公共文化空间的区隔性都较为明显。就内部而言，由户型、地段、公用设施建构出的现代住宅符号取代了消失殆尽的传统乡土符号，曾经水平式村落的地缘、血缘意义现已转变为现代公寓独有的垂直化阶层意义。在田野调查中，以前西安市临潼区斜口街道高沟、张铁等村落的空间布局呈水平分散的点式分布状态，2013年搬进安置房骊山新家园社区，3万余人被分割进了113栋楼，同一社区空间中出现了不同的居住风俗、生活习惯和文化价值，造成了显性的空间区隔。就外部而言，为了加快B类过渡型公共文化空间居民融入现代化城市生活，规划中村改居与商品房社区相互毗邻，政府对二者进行统一管理。但一切文化实践，包括各种文化偏好，与教育水平、社会阶层息息相关。[①] 比邻而居的居民之间的文化水平、社会阶层具有差异性，这种差异形成了横在两类居民之间的社会区隔。可见，B 类过渡型公共文化空间与周边不同类型社区之间的社会区隔性较强。

2. 公共文化空间的交往空间呈"弱关系—半开放式"

第一，公私空间分离导致人际关系疏离化、浅表化。拆迁之前，私人居住空间与户外活动空间构成了乡村社区空间结构，在庭院结构上，农民们有的是一家一个独院，院落位于住房前面并与住房直接连接，这种设计将农村居民生活的私密性和生产、交往的公共性自然地结合在一起，从而使个体的居住空间兼具私密性和公共性的双重属性。有的住户与邻居家的院子相互连接，这样的农家院落开放性更强。"以前在村里，大家都是住窑洞，农忙时，突然遇到要下雨的天气，邻居间都相互帮忙把院子里晒的玉米、麦子收起来，平时没事的时候，大家就出来在院子里坐着聊天。"（GDLSXJY 社区居民 W001）农家院落作为私人居住空间向公共场所的延伸，丰富了农村社会生活和交往的内涵。搬迁到骊山新家园后，公共空间被从与日常生活联系最紧密的生活区域分割开来，不再像以往传统农村居住空间布局那样"触手可及"。居住空间形态从开放或半闭合向封闭转变，居住结构从扁平化向立体化纵向延伸，使得村民间面对面的互动必须跨越区块分隔的单元格。公私空间界限明晰，这也使得个体的隐私意识得到强化，传统村落中的开放型小团体交往方式逐渐演变为半开放型交往方式，居民间的交往频率降低、交往时长缩短、交往内容转为浅表化，人际关系趋于疏离化。

第二，文化活动成为社会关系重构的空间载体。从图 3-9 可见，B 类过渡型公共文化空间的公共文化活动种类多样，文艺型活动最多，占比达到 83.61%，其次是知识讲座类、政策宣讲类分别占到 65.97%、63.87%。对于过渡型公共文化交往空间中社会纽带松弛、人际关系疏离

---

① Ioana Boghian, "Distinction: A Social Critique of the Judgement of Taste", *The European Legacy*, Vol. 18, No. 3, 2013.

的现象，群众文化活动逐渐成为重构社会网络关系的具有时间性的空间载体，特定的文化活动时空为人与人之间相互了解、增进情感与认同提供了机会。"最开始过来都不习惯，现在大家一起跳舞、排练小品，都成了好姐妹，有的时候还约几个一起出去逛街。"（GDLSXJY 社区舞蹈队成员 Z001）据骊山新家园舞蹈队成员所述，社区为文艺自组织提供了平台，每逢节庆或者出于政策宣传的需要会让舞蹈队上台表演，她所带领的舞蹈队最初规模很小，后来队员发挥各自的熟人网络关系，邀请有天赋与表演兴趣的居民参与进来，在一次次的排练与演出中，舞蹈队成员的情感纽带不断强化，从而形成了彼此信任、合作互动、有机联结的"共同体式"形态。"我们秦腔自乐班每周四都会唱秦腔戏，队伍内部会相互交流、切磋技艺，唱得好的也会给大家示范，秦腔自乐班有一种凝聚力，每次活动大家自动就来了。"（GDLSXJY 社区秦腔队成员 H001）可见，在文艺组织内部，居民们基于文艺兴趣、熟人关系以及信任而自愿地结合在一起，在社区的指导与能人的带动下，自组织自定规则、自我管理，以情感性、认同性关系为纽带，合作开展秦腔、书法、太极、舞蹈等文化活动，实现交往空间再生产。

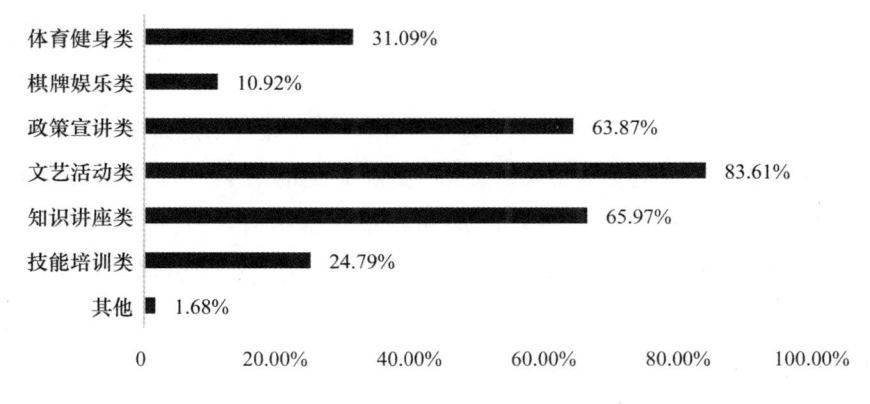

类型	百分比
体育健身类	31.09%
棋牌娱乐类	10.92%
政策宣讲类	63.87%
文艺活动类	83.61%
知识讲座类	65.97%
技能培训类	24.79%
其他	1.68%

图 3-9　社区举办公共文化活动的类型

第三，基于利益与人情的互惠机制推动交往空间再造。居民个体、文艺自组织与社区居委会的交往是基于利益与人情的互惠机制进行的。一方面，利益诱导成为社区治理常用手段，社区干部将手中掌握的、可以用来约束社区居民的一些利益工具同社区治理所要完成的任务和要求结合起来,以此调节、规范和引导文艺自组织、普通居民的日常行为。如果他们遵守这些规范,积极配合工作,就会从社区干部手中获得其他附带性的"好处""福利",反之,如果不遵守相应的规范,就会失去社区组织本可以提供的服务或权益。循此过程,社区干部与居民之间形成了一种心照不宣与关联甚大的互惠交往纽带。另一方面,与现代型公共文化空间相比,过渡型公共文化空间的人群所具有的关系亲密、守望相助、疾病相抚、富有人情味的特征并未彻底消失,这些因素综合在一起,使得亲情、友情、人情、面子等日常规则在社区生活中非常显见,且广为流行。在有关自组织与社区工作人员的关系的访谈中,文艺骨干表示,平时他们与社区工作人员的关系非常亲近,社区工作人员与自己孩子年龄相当,平时工作很辛苦,社区开展活动自组织都会首先响应。

3. 公共文化空间的象征空间兼具传统性与现代性

第一,城市精神与乡村理念相互碰撞。B类过渡型公共文化空间内建造了大量的绿化景观,这种贯彻"城市精神"的绿地景观并未都能按规划那样呈现,对于曾经是农民的村改居居民而言,土地是他们世代赖以生存的基础,他们对于土地仍然保留了深厚而难以割舍的情感。而这些绿地和花园常因无人打理而成为他们眼中"荒在那里的空地",因此即使住进了城市社区,居民们仍然崇尚土地的理性使用主义。在田野调查中,骊山新家园居民Y正在院子的绿化带中的"自留地"摘蔬菜,这种现象是居住空间转变下庭院经济的延续、农耕文化的沿袭、日常生活休闲、娱乐及社会交往的需要,是社区治理缺位与地方性共识共同作用的结果。[①] 也有部分中青年人对此表示不满,他们认为该行为破坏了社区的整齐美观。可见,在过渡型公共文化象征空间内,现代化的管理模式所生产的城市精神与根深蒂固的乡村理念相互碰撞。

第二,主流文化的弘扬与地方性文化的传承并举。中共中央办公厅印发的《关于培育和践行社会主义核心价值观的意见》指出要把培育和践行

[①] 卢义桦、陈绍军:《农民集中居住社区"占地种菜"现象的社会学思考——基于河南省新乡市P社区个案研究》,《云南社会科学》2009年第1期。

社会主义核心价值观的任务落实到基层，不仅要融入基层的管理建设中去，更要融入人们日常的生产生活和学习中去。B 类过渡型公共文化空间居民失去了原有的生活模式和精神寄托，通过主流文化的弘扬，让社会主义核心价值观渗入社区居民的日常生活中去，成为他们的道德意识和基本价值遵循，从而主动地外化为自觉行动。芷阳社区将"讲文明树新风"等社会主义核心价值观等融入绿化景观，做到抬头可见、低头可观，营造出了良好的创文氛围。除了主流文化的弘扬，在文化活动开展、文化设施建设中，地方性文化符号得以彰显。骊山新家园社区每周四都会举办秦腔表演活动，秦腔剧目的题材基本上都是围绕着歌颂爱国主义、呼唤正义、惩恶扬善、扶正祛邪展开，以反映重大历史事件的宫廷戏为主，并兼有家庭生活戏和神话戏，民间概括为"奸臣害忠良，姚婆毒先房，相公招姑娘，神仙斗魔王"。秦腔队通过文化活动的形式弘扬了这一古老戏曲中所蕴含的爱国主义、崇尚正义的文化精神。可见，过渡型公共文化象征空间中，主流文化与优秀的地方性传统文化具有活力与魅力，不仅丰富了居民的文化生活，同时也潜移默化地塑造着居民们的价值观。

二　过渡型公共文化空间资源需求及供需匹配分析

A 类过渡型公共文化物理空间呈现出增加基础性公共文化设施的需求，过渡型公共文化空间的物理空间供给与居民需求匹配度较低；公共文化交往空间表现为通过文化活动丰富业余生活，扩大人际交往的需求旺盛，对破除社会交往内卷化，重塑文明和谐、温情融洽的交往空间需求较大，交往空间供给与居民需求难以匹配。象征空间需求则表现为偏好文明友善、安全有序的文化符号，象征需求呈外来性与本土性交织、乡土性与城市性混杂的特点，象征空间的供需匹配度较高。

（一）A 类西部城市过渡型公共文化空间（公租房）需求分析

1. 物理空间居民需求分析

A 类过渡型公共文化空间的居民对公共文化物理空间呈现出增加基础性公共文化设施的需求，具体表现为物理设施的维护需求、物理空间数量的增加需求和物理空间类型的丰富需求。总体来说，过渡型公共文化空间的物理空间供给与居民需求匹配度较低。

第一，居民对于加强设施维护、增加设施的数量、丰富设施种类的需求较高。具体表现为：设施的数量（41.7%）和类型（40.36%）以及加强公共文化基础设施的维护（59.64%）等。A类过渡型公共文化空间的居民大多是低收入群体，来自农村或外地进城务工的农民较多，他们对于社区内的公共文化基础设施的要求还停留在数量增加这一层面。随着社区内居民数量的增加和原有公共文化设施的破损老化，可供居民使用的设备和场所越来越少。在实际调研过程中，许多居民都希望能够强化基础设施的维护，增加设施的种类和数量。

第二，公共文化物理空间偏好单一。A类过渡型公共文化空间的居民大多是进城务工的农民或刚工作的年轻人，他们主要忙于生计需求，对于公共文化空间的需求不高。调研情况（如图3-10所示）显示，73.9%的居民更偏好于公共休闲类（公园广场、体育健身）空间，对于艺术熏陶类及兴趣信仰类公共文化空间的需求较小。在田野调查中，A类过渡型公共文化空间居民文化生活单调的特点明显。可见，A类过渡型公共文化空间居民的闲暇生活层次比较低，被动式休闲较为明显，对于用来充实自我和提升自我的发展型公共文化物理空间的需求不足。

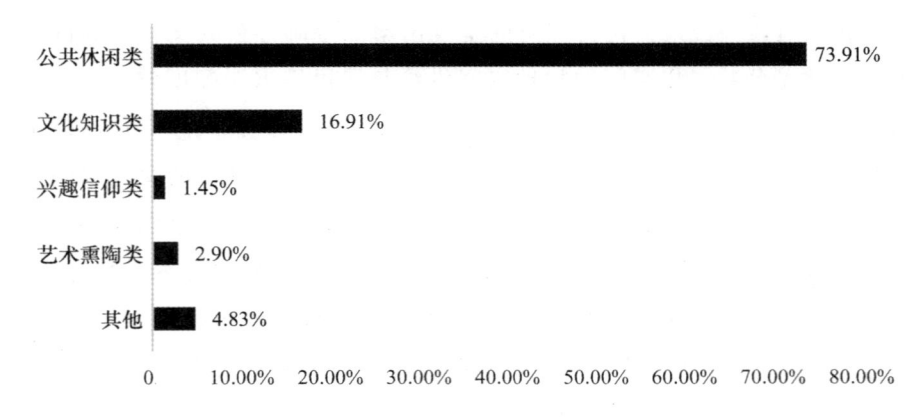

类型	比例
公共休闲类	73.91%
文化知识类	16.91%
兴趣信仰类	1.45%
艺术熏陶类	2.90%
其他	4.83%

图3-10 居民对各类型场所的偏好情况

2. 交往空间居民需求分析

基于A类过渡型公共文化空间特点，社区拟通过文化活动来扩大居民的人际交往需求和加速归属融入两项举措来优化交往氛围，但与居民需求仍难以匹配。

第一，通过文化活动丰富业余生活，扩大人际交往的需求旺盛。通过参与公共文化活动来扩大人际交往是 A 类过渡型公共文化空间居民的普遍愿望。根据参与式观察，在社区举办的公共文化活动中，大多数居民都会被热闹的声音、精彩的表演和拥挤的人群所吸引，进而怀着巨大的好奇心和参与感加入活动中去。居民参与文化活动较多的原因除了满足好奇心，更多的是要想借活动这一载体来结识更多志同道合的朋友，进而实现扩大人际交往的目的，这与问卷调查的结果一致，大部分的居民是基于打发时间、丰富业余生活（52.84%）以及扩大人际交往、结交具有共同兴趣爱好的朋友（45.45%）的目的参与公共文化活动，而以提升文化知识水平和自身修养（26.7%）、强身健体（27.27%）为目的参与公共文化活动的居民占比较小。随着认知的扩展与社会要求的进一步提高，A 类过渡型公共文化空间的居民想要快速扩大人际交往圈子，而社区所能给予居民的就是尽量举办形式新颖、类型丰富的文化活动，以满足居民扩大人际交往的旺盛需求。

第二，对破除社会交往内卷化，重塑文明和谐、温情融洽的交往空间需求较大。一方面，本地居民对于文明和谐的交往空间需求较大。在田野调查中，A 类过渡型公共文化空间居住的本地居民普遍认为外来居民的素质较低，缺乏公共精神，乱倒垃圾、不规范养狗等不文明行为常常成为引发居民间矛盾的导火索，本地居民们希望社区居委会、物业公司能够加强规范管理、教育引导，以营造文明和谐的交往空间。另一方面，外来居民希望构建温情融洽的交往空间。在参与式观察中，A 类过渡型公共文化空间居民交往内卷化明显，主要表现为交往行为的礼貌性、朋友身份的宽泛性和社区参与的有限性，由于 A 类过渡型公共文化空间居民的流动性较大，外来居民很难在短时间内建立起强关联的社会网络关系，只能从原有的社会网络比如亲戚、同事那里获取社会支持。可见，A 类过渡型公共文化空间内，外来居民偏好温情融洽的交往空间，当现有空间供给难以满足其需求时，居民便产生了较强的疏离感。

3. 象征空间居民需求分析

第一，偏好文明友善、安全有序的文化符号。A 类过渡型公共文化空间中存在各种矛盾与危机，如：广场舞噪声扰民造成的冲突、不文明养犬引起的冲突、垃圾乱扔导致的冲突、高空抛物引发的邻里冲突。这些矛盾纠纷，一方面会影响居住其中的居民的正常生活，另一方面还有可能会危及他们的生命和财产安全，因此居民们希望社区能够形成和谐文明、安全有序的文化氛围。部分住户素质较低，其不文明行为影响到其他居民正常生活，居民们普遍希望能够通过文明和谐与安全有序文化符号的供给，涵育公民美德善行，推动社区和谐有序运转，以此获得足够的安全感和幸福感。在问卷调查中也得出相似的结论，由图 3-11 可见，绝大多数的居民偏好文明友善的社区氛围（62.78%），大部分居民编好绿色环保的社区氛围（54.71%）。

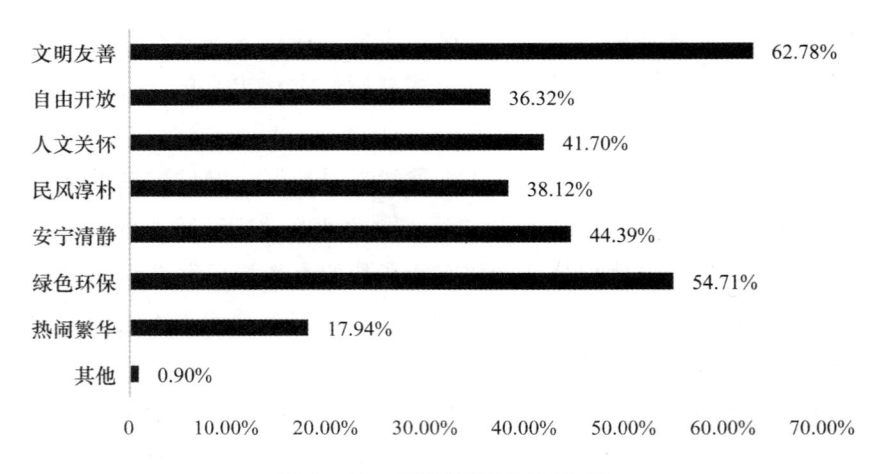

社区氛围	比例
文明友善	62.78%
自由开放	36.32%
人文关怀	41.70%
民风淳朴	38.12%
安宁清静	44.39%
绿色环保	54.71%
热闹繁华	17.94%
其他	0.90%

图 3-11 居民的社区氛围偏好

第二，象征空间需求呈外来性与本土性交织、乡土性与城市性混杂的特点。通过对其服饰、语言以及文化消费等象征符号的观察与分析，可以看到公租房居民虽身居城市，但在精神文化层面需求上仍然保留其外来的、乡土性的文化特征，与本地城市市民仍存在着一定的差距。在参与式观察中，就语言使用而言，A 类过渡型公共文化空间居民虽然来自全国各地，但还是以本市区县和周边省份的流动人口为主，居民在语言上是比较相近的，沟通起来没有太大的障碍。而对于那些非云、贵、川、渝境内的居民来说，他们身处公租房这个环境，平时在沟通中会为了适应新身份，选择用学会的方言或者用普通话交流。在服饰方面，在选择实用性的同时，居民们逐渐重视服装的设计、品牌等，语言的变化与服饰的选择都透视出公租房居民的文化符号需求正处于一个由传统性向现代性、由外来性向本土性发展的特征。

(二) A 类西部城市过渡型公共文化空间（公租房）供需匹配分析

1. 物理空间供给与居民需求匹配度较低

A 类过渡型公共文化空间在内部分布与管理维修上存在的问题致使物理空间供给与居民需求匹配度较低，无法为社区居民提供满意且优质的体验。将居民满意度分为"非常满意"（5 分）、"比较满意"（4 分）、"一般"（3 分）、"比较不满意"（2 分）和"非常不满意"（1 分）五个等级。从图 3-12 可见，居民对于公共文化物理空间的设施种类、开放时间拥挤程度以及远近程度的满意度较高，而对于设施的数量、维护程度的满意度低。由于 A 类过渡型公共文化空间整体的基础设施建设状况相比其他类型的公共文化空间仍有较大差距，甚至没有达到国家要求的基本公共文化服务标准，加之重区域统筹而轻内部平衡的特点，部分社区文化设施数量不足，居民们都集中到设施较多的社区活动，增加了公共文化空间的拥挤程度。同时，由于物业管理不当，部分社区虽然有公共文化活动中心，但其中许多设施年久失修，已经不能使用。一些户外的健身器材也因为损坏未修而无人使用，因此居民对于设施维护的满意度较低。

2. 交往空间供给与居民需求难以匹配

A 类过渡型公共文化空间的"高排斥—低融合"、社会资本稀缺供给特征难以满足居民对破除社会交往内卷化，重塑文明和谐、温情融洽的交往空间的需求。

法律、制度、文化等客观环境的排斥，进一步导致了 A 类过渡型公共文化空间居民的边缘化，虽然居民们希望生活于温情融洽、文明有序的公共文化空间，但由于流动性较强，他们难以在空间内部构建起强韧

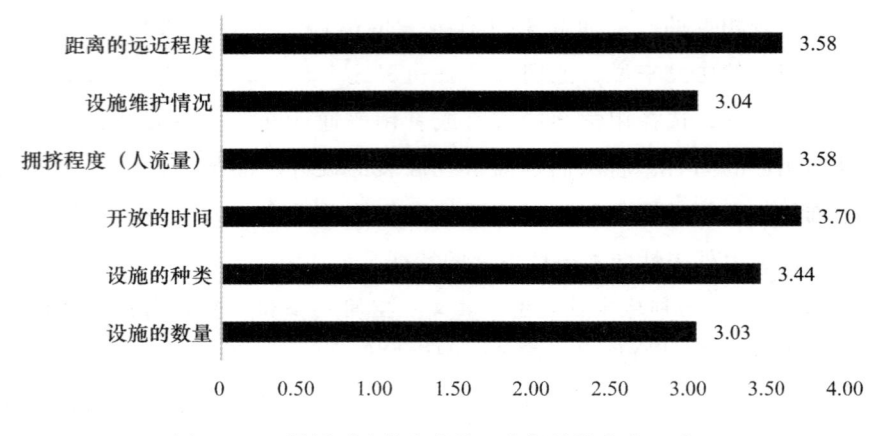

指标	分值
距离的远近程度	3.58
设施维护情况	3.04
拥挤程度（人流量）	3.58
开放的时间	3.70
设施的种类	3.44
设施的数量	3.03

图 3-12　居民对公共文化物理空间的满意度（分）

的关系网络，其社会交往对象仍然以过去的亲人圈、朋友圈为主，空间内社会资本供给不足，强化了外来居民的疏离感。另外，公共文化活动未能成为居民实现深度交往的空间。将居民满意度分为"非常满意"（5分）、"比较满意"（4分）、"一般"（3分）、"比较不满意"（2分）和"非常不满意"（1分）五个等级。调研显示，居民对于公共文化活动的主题满意度最高（3.7分），其次是文化活动的数量（3.61分）、活动场地的选择（3.58分）；而对于文化活动的类型（3.44分）、活动时间的安排（3.23分）以及表演者的水平（3.04分）的满意度较低。就公租房社区供给的公共文化活动而言，公共文化活动的方案设计较少调查居民需求，活动开展未能吸纳更多居民参与，活动结束缺乏收集居民意见反馈，导致活动的类型、时间安排等不能满足居民需求，更难以有效促进居民之间、居民与社区之间的深度互动。长此以往，形成负向循环，本地居民与外地居民之间、居民与社区之间的隔阂加深，文明和谐、温情融洽的交往空间需求难以满足。同时也表明 A 类过渡型公共文化空间治理中，专业人才与社会精英的相对缺失使得文化活动质量普遍不高。

3. 象征空间供给与居民需求匹配

A 类公共文化象征空间重视共融共生符号打造，符合居民对于文明友善、安全有序文化符号的需求，且能够推动居民的文化需求由传统向现代、由外来向本土过渡。A类公共文化象征空间打造了一系列关于倡导共融共生的文化符号，特别突出了"家""家风"文化符号的供给。"家""家风"作为一种可以传承的文化符号，渐渐成为了一种约定俗成，潜移默化影响着当今社会，体现出的是一种道德的力量。家庭是基础，家教是价值认同，家风是传承。通过"家"文化的弘扬，一方面，有利于促进居民家庭和睦。另一方面，有助于外来居民进一步接受、认同、融入本地文化，营造邻里互助、温情活力、文明有序的社区文化氛围。从居民对于居民公约的满意度亦可透视象征空间的供需匹配情况，由图3-13可见，对社区居民公约表示很赞同、赞同的居民占比达到83%左右，对社区居民公约表示不赞同的居民占比为2%，由此，A类公共文化象征空间的供给与居民需求匹配。

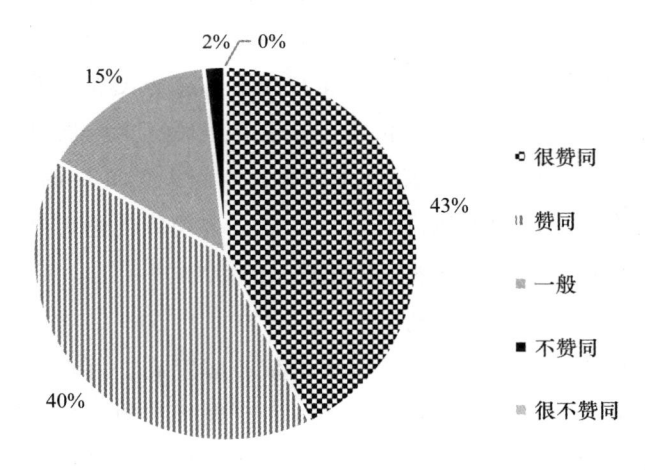

图3-13 公租房社区居民对于居民公约赞同度

（三）B类西部城市过渡型公共文化空间（村改居）资源需求分析

关于B类公共文化空间的居民需求，在物理空间层面，居民对于破除物理空间区隔性的需求增加，物理空间功能重组方面需求旺盛；在交往空间层面，居民对社会资本的重视和依赖程度高，倾向于构建温情活力型交往空间。在象征空间层面，居民更加偏好城市文化与乡村文化有效融合的精神理念，并且不懈追求对传统文化中古老而常新的精神价值。

在供需匹配方面，物理空间供给与居民需求匹配度低，交往空间、象征空间供给与居民需求匹配度高。

1. 物理空间居民需求分析

第一，破除物理空间区隔性的需求增加。居民关于破除物理空间的区隔性表现在两个方面，一是希望增强物理空间的开放性。骊山新家园社区的图书室、活动室设在居委会办公室的二楼，钥匙由居委会的工作人员保管，平时大门紧锁，居民希望增强开放度、盘活这些物理空间、破除空间区隔性。二是希望降低现有"垂直化—强封闭"居住环境带来的社会区隔。可见，B类公共文化空间居民希望通过开展民俗活动强化人与人之间的情感交流，降低物理空间带来的社会区隔。

第二，物理空间的功能重组需求旺盛。简·雅各布斯曾言"多样性是城市的天性"，同时还强调了"功能复合"为城市带来活力的益处。[①] 在社区中，物理空间与居民日常生活联系最为密切，物理空间的功能对居民满意度水平影响最大。在功能和布局上，有居民提出希望将老年人休憩活动场所与儿童活动空间相结合，也有居民提出拓展健身场所的功能，可见，B类公共文化空间居民对于物理空间重组的需求旺盛，希望通过植入新的有活力的功能体，形成具有复合型功能的物理空间，满足不同人群的个性化需求，同时激发物理空间的活力。

2. 交往空间居民需求分析

第一，对社会资本与非正式制度的依赖程度高。由农村社区转变而来的村改居社区，曾经也具有传统乡村的"天然"的"框定"因素，在历史的发展过程中，丰富的社会资源如熟悉、信任、村规民约、权威等不断积淀，形成了丰富的社会资源。[②] 尤其是对于集体经济雄厚的"村改居"通过股份合作公司的"再组织"，形成内聚力非常强的社区共同体。悠久的历史积淀决定了B类公共文化空间中居民对于关系网络的依赖和重视。传统农村大多数以血缘为纽带，聚族而居，在一个村落或附近的

---

① ［加］简·雅各布斯：《美国大城市的死与生》，金横山译，译林出版社2006年版，第185页。

② 丁煌、黄立敏：《从社会资本视角看"村改居"社区治理》，《特区实践与理论》2010年第3期。

几个村落里人们守望相助，构成熟人社会，在这种熟人社会下，村庄居民自主自愿、彼此配合的合作互益行动，同时共同体的合作行动也不断地创造和建构社会资本。B类公共文化空间居民仍然注重邻里关系的重构，在图3-14中可见，邻居仍然是B类公共文化空间居民交往的主要对象，数值为65.81%。因此，处于过渡型公共文化空间的居民，经历了由熟人社会向半熟人社会的转变过程，对于社区信任、关系网络以及社会传统等非正式制度的依赖仍然较大。

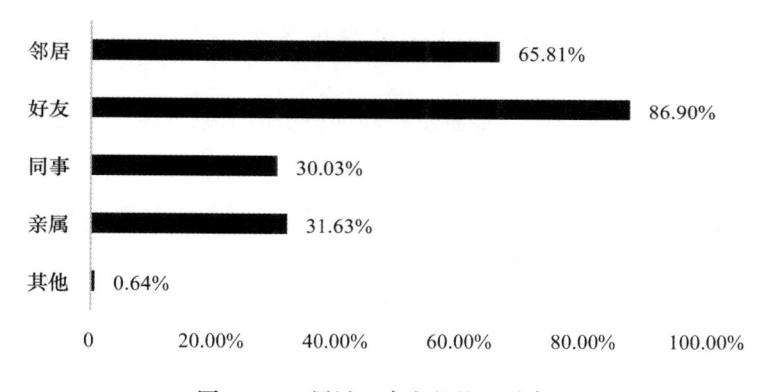

人群	比例
邻居	65.81%
好友	86.90%
同事	30.03%
亲属	31.63%
其他	0.64%

图3-14 居民日常交往的人群类型

第二，构建温情活力型交往空间的需求较高。调研显示，居民对于通过文化活动构筑温情活力型交往空间的需求最大，占比达到44.52%。对于相处融洽但较少来往的文明友善型社会的需求与经常串门互动的熟人型社会需求相当，占比分别是27.46%、25.14%，对于互不打扰的陌生型社会和其他类型的需求较小。虽然居住空间、交往形式与载体都发生了变化，但B类公共文化空间居民对于社会关系网络的依赖仍然较大，在半熟人社会中，他们也积极寻求社会网络关系的重构。文化活动为社会网络关系重构提供了契机，在田野调查中发现，打太极、跳广场舞、合唱、演秦腔戏等一系列文化活动促进居民个体之间相互结识、联络感情，从而有效构建起温情活力的交往空间。

3. 象征空间居民需求分析

第一，偏好城市文化与乡村文化有效融合的精神理念。随着居住时间的增加，在社会主义核心价值观的引领、居民公约的约束下，B类公共文化空间居民逐渐融入了城市社区，但也保留了一些乡村传统文化习俗，居民们希望城市文化与乡村文化相融合、相互包容、相互补充。一方面，城市文化要包容乡村文化中的优秀传统与精髓，另一方面，乡村文化也不能故步自封，要积极吸收城市文化中先进的部分。在社区空间文明素质提升的同时，保留乡村时期邻里守望相助、相互熟悉了解的那一份温度。骊山新家园社区仍然保留了农村时期的忙罢节，在节日那天，居民聚在一起吃饭、聊天，居民们的参与热情非常高，忙罢节的目的在于唤醒人们对农耕文明的记忆和认识，将城市文明之美与乡村文明之美相结合。

第二，对传统文化中古老而常新精神价值的不懈追求。B类公共文化空间的居民对于传统文化需求较高，而且不懈追求传统文化中所蕴含的古老而常新的精神价值。"我的孩子暑期参加社区组织的国学经典班学习三字经，报名的人很多，名额有限，还有些人没有报上，这种活动很好，能够让孩子了解传统文化。"（GDLSXJY社区居民Z001）骊山新家园社区让国学经典走进暑期课堂，通过让孩子学习国学经典，发扬我国优良传统，品悟中华文化，《三字经》包括中国传统文化的文学、历史、哲学、天文地理、人伦义理、忠孝节义等，而核心思想又包括了"仁、义、诚、敬、孝"。体悟国学经典中历久弥新的文化内涵是众多家长争先为孩子报名的原因。对年龄较大的居民而言，他们更爱好剪纸、秦腔等传统文化。"我每天晚上都在电视上看秦腔戏，社区每周四还有秦腔的表演，我喜欢的有《金沙滩》《苏武牧羊》《周仁献嫂》，等等。"（GDLSXJY社区居民L001）与其他艺术作品中塑造的那些高大上甚至不食人间烟火的英雄相比，秦腔戏中塑造了一个个有血有肉、真实可感的英雄形象，深受老年人的喜爱。

（四）B类西部城市过渡型公共文化空间（村改居）供需匹配分析

1. 物理空间供给与居民需求匹配度低

总体而言，B类过渡型公共空间的物理空间供给与居民需求相匹配，图3-15反映了B类过渡型公共文化空间居民对于物理空间的满意度，本书将"满意"赋值为5分、"比较满意"为4分、"一般"为3分，

"不太满意"为 2 分,"不满意"为 1 分。居民对于物理空间的远近程度、开放时间、设施数量的满意度较高,数值都达到了 3.8 分以上。相比而言,居民对于设施维护的情况、设施的种类满意度相对较低,数值各为 3.66 分、3.80 分。由于标准化的供给方式,设施种类的个性化、功能复合性较低,因此居民对于设施种类的满意度相对较低。而物业公司又因缺乏维修资金、物业管理费收缴困难等现实问题,导致公共文化设施的维修不及时等问题,因此居民对此满意度较低。

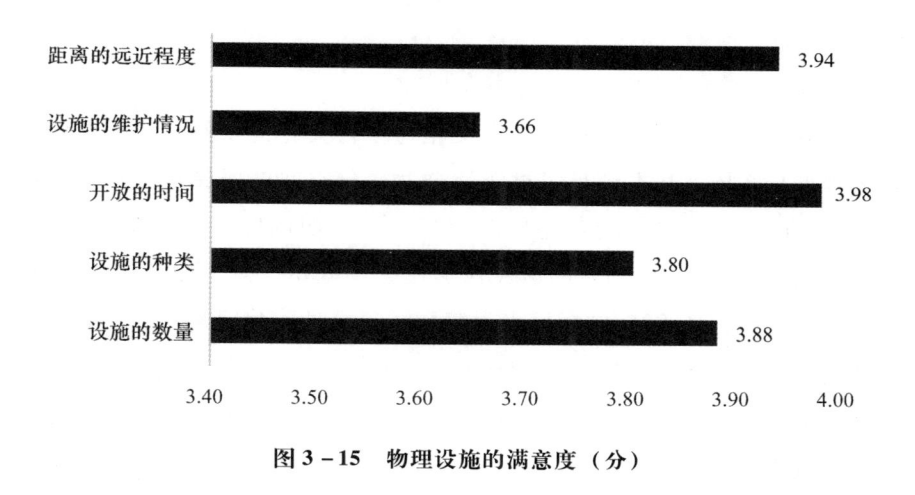

图 3-15 物理设施的满意度（分）

2. 交往空间供给与居民需求匹配度高

本书将"满意"赋值为 5 分、"比较满意"为 4 分、"一般"为 3 分、"不太满意"为 2 分、"不满意"为 1 分。由图 3-16 可见,居民对于文化活动的场地选择、文化活动表演者的水平、文化活动的主题、类型、数量的满意度都较高,数值均超过 4 分。文化活动为居民提供了社会网络关系拓展的空间,一方面,文艺自组织在排练活动、表演节目过程中,相互交流、相互帮助,情感、信任度增加,随着自组织规模的扩大,越来越多的普通居民能够通过文艺活动增强自身的意义感。另一方面,居民在参与文化活动中,拉近了居民之间、居民与社区管理者之间的距离,强化了居民对于社区的情感认同。

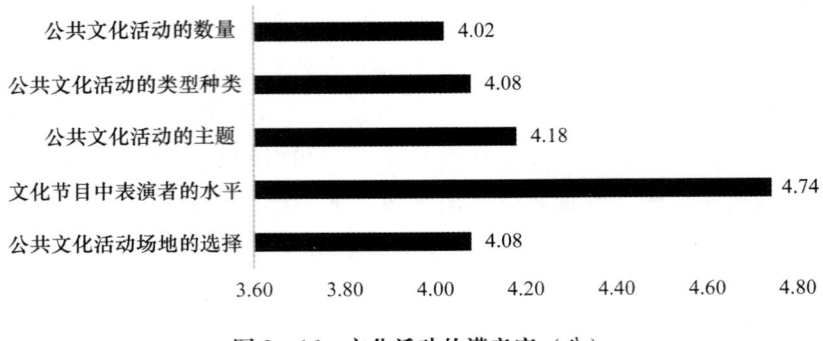

文化活动类别	满意度
公共文化活动的数量	4.02
公共文化活动的类型种类	4.08
公共文化活动的主题	4.18
文化节目中表演者的水平	4.74
公共文化活动场地的选择	4.08

图 3-16　文化活动的满意度（分）

3. 象征空间供给与居民需求基本匹配

主流文化与地方性文化、城市文化与乡村文化的供给，优秀传统文化的继承与弘扬，基本满足了过渡性公共文化空间中居民对于象征空间的需求。同时，居民公约对一些与落后、不文明的陈规陋习形成约束。调研结果显示，有44.73%的居民对居民公约基本了解，33.55%的居民知道居民公约；46.93%的居民表示赞同居民公约，44.4%的居民表示非常赞同。"社区也很支持秦腔文化的传承与发展，为我们秦腔自组织请来老师，给我们免费培训，我们也积极参与社区组织的志愿活动，积极帮助社区做文明宣传，在这个过程中，我们素质也提高了，也更文明了。"（GDLSXJY社区秦腔队成员H001）可见，在社区的引导与居民的参与下，强化了主流文化的嵌入，同时也发扬了地方性传统文化，实现象征空间供给与居民需求的匹配。

第四节　西部城市民族型公共文化空间资源供需现状及特征

民族型公共文化空间依托城市是少数民族聚居地区，大多经济发展水平、信息科技水平较低，民族政策支持力度强，民族文化资源丰富。贵州凯里市居民以苗族、侗族为主，少数民族占户籍人口的81.6%，城市经济社会发展水平较低，民族政策支持力度强，民族文化资源丰富，符合民族型公共文化空间依托城市的特征。凯里市公共文化空间的物质空间以基础性供给为主，资源相对匮乏；居民交往呈现出多民族互融互通特征，非正式制度资源丰富；传统文化资源丰富，民俗类文化符号众多，凯里市公共文化空间符合民族型公共文化空间特征。课题组调研了基础性公共文化空间，如图书馆、文化馆、民族博物馆、民族体育场、万博广场、社区公共文化空间等；也调研了特色性文化空间：位于市区的民族风情园和城郊的下司古镇（多民族融合性文化空间），这两个文化空间极富民族特色，虽然是旅游景点，但对当地居民免费开放，并开展公益性文化活动，属于公共文化空间。

凯里市公共文化空间在物理空间方面，民族文化元素融入城市公共空间规划建设，联合文旅企业、社会组织等多元主体打造了众多具有民族特色的公共文化空间，但囿于政府财政局限，在基础性公共文化场所设施建设上较为滞后。在交往空间方面，民族型公共文化空间呈现出多民族互融互通、民族特色交往空间场域转换、民族传统习俗保留较好、市场化冲击下交往日趋理性化的特征。在象征空间方面，民族型公共文化空间表现出多民族文化符号融合共存、民族文化符号载体多样、民族文化符号内涵提炼不足的特征。民族型公共文化空间的居民需求主要集中在以下几个方面：增加公共文化场所设施数量、提升其质量，打造民族特色公共文化空间；提供民族特色文化活动和针对不同群体的差异化的交往空间；做好民族文化符号的保护传承与创新。结合供需现状及特征的综合分析，我们认为西部城市民族型公共文化空间物理空间供给难以满足居民需求，交往空间供给基本满足居民需求，象征空间供给不满足居民需求。

一 民族型公共文化空间资源供给现状及特征

西部城市民族型公共文化空间依托环境具有显著的特征，基于环境资源特征，民族型公共文化空间呈现出物理空间凸显民族风貌、交往空间呈现民族交融、象征空间展现民族图腾的特征。

（一）民族型公共文化空间依托环境资源特征

西部城市民族型公共文化空间的依托环境具有城市民族特色浓郁、

民族政策支持力度强、民族文化资源丰富、经济发展水平相对落后、整体科技水平不高等特征，贵州省凯里市公共文化空间符合民族型公共文化空间依托环境的特征。

1. 城市民族特色浓郁

西部民族型公共文化空间依托环境是少数民族聚居区，民族特色浓郁，少数民族风格的建筑众多，民族文化活动丰富多彩。贵州凯里市被誉为"苗侗明珠"，以苗族、侗族居民为主，多民族聚居，充满了浓郁的民族风情。突出体现在四个方面：一是城市景观的整体规划上突出民族特色，无论是广场、公园，还是各种功能的建筑，都融入了丰富的民族元素；二是少数民族语言仍然留存，一些少数民族日常生活、家族聚会中使用本民族语言；三是独具特色的民族标志随处可见，不同的民族标志蕴含着各民族特殊的历史文化意义，体现在穿着服饰、日用品等物件中；四是民族习俗节庆保留较多。据记载凯里一年有130多个民族节日，素有"百节之乡"的美称，比较隆重的有"鼓藏节""芦笙节""吃新节"等。比如"芦笙节"苗族居民会身着苗族盛装来到广场上，围成圆圈边吹芦笙边跳芦笙舞，活动连着几日，另有斗牛、"游方"等民俗活动。

2. 民族政策支持力度强

民族政策是民族交往交流交融的重要政治资源，有助于共同体凝聚与国家整合，[①] 其对于城市发展与民族型公共文化空间建设亦具有重要的推动作用。在长期的实践与探索中，我国确立并实施了以民族平等、民族团结、民族区域自治和各民族共同繁荣为基本内容的民族政策，形成了比较完备的民族政策体系。其中民族区域自治既是我国政府解决民族问题采取的一项基本政策，也是我国基本政治制度之一。民族区域自治是在国家的统一领导下，各少数民族聚居的地方实行民族区域自治，设立自治机关，行使自治权，使少数民族人民当家作主，自己管理本自治地区的内部事务。此外，还涉及经济社会、科教文卫等相关帮扶性民族

---

① 魏国红、郑万军：《民族政策与国家整合：中国民族政策与民族关系的趋向》，《贵州民族研究》2019年第2期。

政策（如表3-4所示）。凯里市是黔东南少数民族自治州的首府，贯彻执行国家各项民族政策与《黔东南苗族侗族自治州自治条例》，政府规划、建设体现民族特色、地方特点和历史文化的公共空间，保持民族建筑风貌，保护民族文化村寨和标志性历史性建筑物、构筑物；提倡本州少数民族居民穿民族服饰；尊重各民族的传统节日，每年农历十月初七苗年、农历十一月初一侗年，全市公民各放假1天。在国家层面与凯里市层面相关民族政策的支持下，民族型公共文化空间得以繁荣发展。

表3-4　　　　　　　　国家与凯里市相关民族政策

国家层面民族政策	《中华人民共和国民族区域自治法》规定民族区域自治是在国家统一领导下，各少数民族聚居的地方实行区域自治，设立自治机关，行使自治权。
	发展少数民族地区经济文化事业。有计划地在少数民族地区安排一些重点工程，不断加大财政支持力度，积极组织对口支援。
	培养少数民族干部。同等条件优先选拔和使用少数民族干部，使少数民族干部在各级党委、政府、人大和政协等领导班子中占有适当比例。
	发展少数民族科教文卫等事业。如：在普通高等院校有计划地招收少数民族学生或举办民族班。扶持和帮助少数民族发展文化事业，组建民族文化艺术团体，培养少数民族文艺人才，繁荣民族文艺创作。
	抢救和保护少数民族文化遗产。成立了全国少数民族古籍整理出版规划小组和办公室，对少数民族古籍进行挖掘、整理、保护。
	使用和发展少数民族语言文字。国家开展少数民族语言文字调查，在摸清情况的基础上建立民族语文工作和研究机构，帮助创制或改进民族文字。
	尊重少数民族风俗习惯。体现在服饰、饮食、居住、婚姻、礼仪、丧葬等多方面少数民族享有保持或改革本民族风俗习惯的权利。
	尊重和保护少数民族宗教信仰自由。每个公民宗教信仰自由，少数民族信教群众的正常宗教活动都受到法律的保护，并对少数民族地区部分宗教活动场所维修给予资助。为保障城市和散居地区少数民族的合法权益，国家制定实施《城市民族工作条例》《民族乡行政工作条例》等法律法规，切实加强服务与管理，重点帮助他们发展生产、改善生活，满足他们在节庆、饮食、丧葬等方面的特殊需要。

续表

凯里市层面民族政策	《黔东南苗族侗族自治州自治条例》第十七条：自治机关在执行职务时使用国家通用语言文字，也可以使用苗族、侗族语言文字。
	第十八条：自治机关制定人才开发规划，采取各种措施从苗族、侗族和其他民族中培养使用各级干部和各类人才，并且注意在少数民族妇女中培养使用各级干部和各类人才。
	第四十四条：自治州城乡的规划、建设应当体现民族特色、地方特点和历史文化，保持民族建筑风貌，保护民族文化村寨和标志性历史性建筑物、构筑物。
	第六十六条：自治州提倡本州少数民族公民着民族服饰。
	第六十八条：每年7月23日为自治州成立纪念日，全州公民放假2天。自治州尊重各民族的传统节日。每年农历十月初七苗年、农历十一月初一侗年，全州公民各放假1天。自治州成立纪念日、苗年或者侗年如果适逢星期六、星期日，应当在工作日补假。

资料来源：《中国的民族政策与各民族共同繁荣发展》白皮书；民族政策白皮书：我国共建立155个民族自治地方；《黔东南苗族侗族自治州自治条例》。

3. 民族文化资源丰富

西部民族型公共文化空间依托城市的民族文化资源丰富，主要体现在服装、饮食、歌舞、节庆、民族非物质文化遗产等多个方面。以凯里市为例，在服装方面，不同民族有各自的民族服装，在衣着、穿戴上都展现着刺绣、银饰、蜡染等独特的民族工艺；在饮食方面，凯里市居民喜食糯食和酸汤，尤以酸汤闻名，当地有句顺口溜叫做"一天不吃酸，浑身打蹿蹿"；在歌舞方面，苗歌、苗笛、芦笙舞、侗族大歌等不同民族的歌舞百花齐放，深受居民欢迎；在节庆方面，凯里市民间亦流传着"大节三六九，小节天天有"的说法，居民既庆祝春节、中秋、端午等中华民族的传统节日，也会过诸如苗年、侗年、姊妹节等自己的民族节日。一年一度的国际芦笙节成为展示贵州民族风采的盛会，已具有一定的国际影响力，苗侗斗牛节是展现民族传统文化的盛会，深受当地居民与外来游客的喜爱。同时各类非物质文化遗产众多，记载苗族的民族发源、历史文化的苗族古歌是苗文化的重要传承；独具特色的苗绣有 20 多种绣法，不但是非物质文化遗产，也成为当地重要的文化产业。当地苗绣文化十分浓厚，苗绣传承人绣娘在凯里有 17000 多人，绣企业和个体加起来有 94 家。苗族银饰锻制也是国家非物质文化遗产，目前凯里市相关企业和个体有 220 多家①。凯里市还建成了非遗文物展示馆、苗妹非遗博物馆等民族特色公共文化空间。

4. 经济发展水平相对落后

西部民族型公共文化空间依托城市因其地理条件的限制、发展基础薄弱以及市场开发条件差等因素，经济发展水平相对落后。城市化能够促进一个地区第二、三产业的发展，带动农村发展，改善地区产业结构，推动科技进步，提高区域整体的经济水平，是衡量一个地区经济发展水平的重要指标②，2019 年凯里市城镇化率为 52.6%③，低于全国平均城镇化率（60.60%）④，更是远远低于现代型公共文化空间依托城市的城镇化水平。在区域生产总值方面，2019 年凯里市的生产总值（GDP）仅为 271.92 亿元⑤，占黔东南州生产总值的 24.21%，而 2019 年黔东南州的生产总值为 1123.04 亿元⑥，凯里在贵州全省排名倒数第二。在政府财政方面，凯里市政府债务负担过重，截至 2019 年年底，市本级政府债务余额高达 151.08 亿元⑦，可见凯里市的经济发展水平整体比较落后，这极大地限制了凯里市公共文化空间的发展水平。

---

① 数据来源于调研。

② 霍瑜、马琼：《城市化与城市经济发展分析：以新疆天山北坡经济带为例》，《人民论坛》2012 年第 26 期。

③ 黔东南苗族侗族自治州人民政府网：《2019 年黔东南州统计年鉴》2021 年 3 月 1 日，http://www.qdn.gov.cn/zwgk_5871642/zfxxgk_5871649/fdzdgknr_5871652/tjxx_5871674/tjnj_5871678/。

④ 国家统计局官网：《中国统计年鉴》，http://www.st-ats.gov.cn/sj/ndsj/。

⑤ 凯里市人民政府网：《凯里市 2019 年国民经济和社会发展统计公报》2023 年 3 月 17 日，http://www.kaili.gov.cn/zjkl/cyxq/jjfz/202204/t20220425_73608812.html。

⑥ 黔东南州统计局官网：《黔东南州 2019 年国民经济和社会发展统计公报》2020 年 4 月 29 日，http://tjj.qdn.gov.cn/tjsj/tjgb_57099/tjgb_57101/202103/t20210303_66938338.html。

⑦ 凯里市人民政府网：《关于凯里市及凯里经济开发区 2019 年财政决算（草案）的报告》2020 年 11 月 13 日，http://www.kaili.gov.cn/zwgk/zdlygk/czzj/czjsjsgjf/202202/t20220216_72561304.html。

5. 整体科技水平不高

科技水平有赖于经济的发展,西部民族型公共文化空间的经济发展滞后,城市整体科技水平不高。2020年国民经济和社会发展统计公报显示,凯里市第一、二、三产业占比为7.0∶18.6∶74.4①,可见其经济增长主要依靠第三产业带动。依托其民族特色的文旅资源,凯里市旅游业、住宿和餐饮行业迅速发展,但科技力量薄弱,2020年凯里市科学技术支出1.1亿元,高新技术企业只有21家②,同级对比之下,贵阳市南明区科学技术支出1.65亿元,有172家高新技术企业③。在公共文化空间的相关配套设施中,现代化、数字化的科技设施很少,以图书馆、博物馆、文化馆三馆为例,三馆作为城市文化呈现的载体,是公共文化空间的重要组成部分,而凯里市整体的科技水平不高,市三馆的智能化水平也普遍较低。具体表现为,图书馆存在读者查询书目不便的问题,也没有提供多媒体数字资源浏览的功能;博物馆内虽通过扫描二维码可以获得展品的详细介绍,但缺乏体验性的展览技术;文化馆的数字服务平台建设才刚刚起步,不足以满足市民需求。此外,政府对民族文化的宣传多以举办活动、电视和微信公众号宣传为主,缺乏对大型数字化文化共享平台的打造。

(二)公共文化空间的物理空间凸显民族风貌

民族型公共文化空间的物理空间凸显民族风貌,在城市的整体空间规划上融入了大量民族元素,并打造了文旅融合发展的民族特色公共文化空间,但是也存在着基础性公共文化场所设施建设滞后的问题。

1. 融入民族元素的整体空间规划

美国著名城市规划理论家刘易斯·芒福德认为:"城市是一部具体

---

① 凯里市人民政府网:《凯里市2020年国民经济和社会发展统计公报》2021年10月11日,http://www.kaili.gov.cn/zjkl/cyxq/jjfz/202204/t20220425_73608826.html。

② 腾讯网:《凯里市:"六聚焦",抓牢抓实科技创新工作》,2021年8月5日,https://new.qq.com/rain/a/20210805A0AEOB00。

③ 南明区人民政府网:《贵阳市南明区2020年国民经济和社会发展统计公报》2021年6月18日,http://www.nanming.gov.cn/zfbm_0/qtjj/gzdt_5739281/202106/t20210618_69133260.html。

的、真实的人类文化的记录簿。"即城市公共空间作为地域文化的载体，应当反映城市文脉①。从物理空间的整体规划而言，凯里市公共空间融入了大量的民族文化元素。一方面是延续城市民族特色空间整体格局，政府对吊脚楼、侗族鼓楼、风雨桥等极具凯里多民族特色传统建筑进行保护和修缮；同时将民族元素融入城市基础设施建设，如城市路灯、路牌、站牌、垃圾桶等均打造为苗族银冠的样式，使得城市公共空间民族特色鲜明。另一方面是以城市公共文化空间为重点打造城市文脉的展示窗口。凯里市三馆墙体上刻着的浮雕或绘有图案展现的是少数民族的民俗活动、故事传说、图腾标志等内容，尤其是民族博物馆外观融苗侗建筑风格于一体，是黔东南州民族文化的收藏、保护、研究和展示中心。此外，问卷数据显示，64.12%的居民认为凯里市公共文化空间大部分保留或完全保留了民族文化特色（如图3-17），具有鲜明民族风格的公共文化空间坐落于城市之中，散布城市各处，与城市的高楼大厦和现代化景观相互呼应、相互补充。

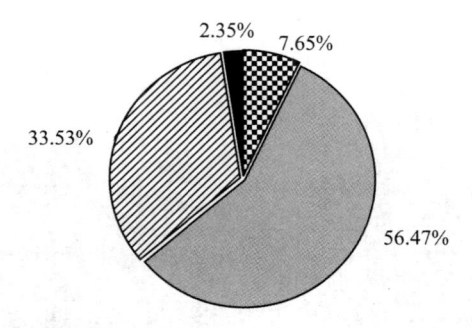

图 3-17 凯里市公共文化空间保留文化特色的情况

2. 文旅融合发展的特色空间再造

凯里市拥有国家4A级旅游景区2个、国家3A级旅游景区5个。下

---

① 徐姗姗、罗文博：《城市公共空间地域文化的阐扬与建构——以江西为例》，《江西社会科学》2018年第38期。

司古镇成功创建为国家 4A 级景区，凯里市民族文化风情园、碧波花诗园、下司生态农林观光园创建为 3A 级景区。文旅融合发展背景下，多元主体协同再造具有民族文化特色的公共文化空间。比如政府引入文旅公司等市场力量运营盘活民族文化资源，共同打造民族特色公共文化空间。凯里市民族风情园和下司古镇是典型的民族特色文化空间。民族风情园是凯里市政府牵头打造的展现苗侗文化的文化空间，园区内建造了很多民族特色的建筑，政府起初对进驻的商铺、商贩给予了极大的资金、政策支持，最终由于风情园本身缺乏历史文化底蕴，未达到理想的效果，但是丰富多样的民族特色建筑让风情园成为凯里市比较有代表性的文化空间，开阔的场所便于居民开展日常文化活动，再加上特殊的位置使得风情园成为凯里市举办大型公共文化活动的场所。下司古镇内居住了众多少数民族居民，本身具有深厚的人文历史底蕴，政府对其加大基础设施建设力度，提升其整体形象，并引入下司清江旅游公司进行开发，激发了下司古镇内在的文化活力，盘活了下司古镇的民族文化资源，成为凯里市富有民族特色的文化空间，如图 3-18 所示。

图 3-18 凯里市下司古镇民族特色文化活动盛况

图来自凯里市下司清江旅游开发有限公司。

3. 基础性公共文化场所设施建设滞后

虽然民族型公共文化空间在规划和打造上独具特色，但是由于城市经济发展水平相对落后，公共文化财政投入不足，基础性公共文化场所和设施的建设并未跟上城市空间发展建设的节奏。2020年国民经济和社会发展公报显示，凯里市拥有2个公共图书馆，公共图书馆总藏量43万册①，人均图书藏量0.10册②，远低于全国人均藏书量的0.79册③，调研发现，州图书馆作为凯里市最大的图书馆，于2020年8月正式开馆，相关的配套设施仍在建设完善中；市图书馆截至2021年7月课题组调研期间尚在维修，还未开馆。此外，广场作为居民文化休闲的主要场所，无论是在面积、数量，还是辐射范围上都建设不足，场所内的设施供给也有待完善。调研中很多居民反映，广场数量比较少，距离近的基本上只有一个，并且面积不够大，"我觉得广场还是应该再宽一点，因为唱歌跳舞的人还是挺多的"。（MZKLWB 广场居民 X001）通过访谈中居民的回答，可见晚上在广场活动的人很多，但是广场面积相对而言不够大。调研还发现，有些广场建成时间早、设施陈旧，且存在安全隐患没有得到及时解决的情况，甚至还有社区占用广场作为停车场。凯里市地方财政有限，街道社区的文化设施配备不完善，尤其是老城区空间狭窄，缺少活动场地，一些街道、社区没有配备专门的文化活动中心，存在一个办公室挂几块牌子的情况，将图书室、活动中心、老年活动室、会议室的房间综合利用。一些社区有单独的文化活动室，但也由于设施配备不足，缺乏专职人员管理，导致利用率低下。

（三）公共文化空间的交往空间呈现民族交融

民族型公共文化空间呈现出各民族相互交融的交往空间。具体特征

---

① 凯里市人民政府：《2019 年国民经济和社会发展统计公报》2021 年 3 月 1 日，http：//www.kaili.gov.cn/zjkl/cyxq/jjfz/ 202204/t20220425_73608812.html。

② 黔东南州统计局：《2019 年黔东南州统计年鉴》2021 年 3 月 16 日，http：//tjj.qdn.gov.cn/tjsj/qdntjnj/202203/t20220316_ 73006053.html。

③ 中华人民共和国文化和旅游部：《中华人民共和国文化和旅游部 2019 年文化和游发展统计公报》2020 年 6 月 20 日，https：// zwgk.mct.gov.cn/zfxxgkml/tjxx/202012/t202012 04_906491.html。

表现如下。

1. 大杂居下多民族互融互通

在民族型公共文化空间中，多民族形成了大杂居的格局，不同民族之间在相互交往之中逐渐互融互通。凯里市作为一个多民族城市，人与人之间的交往没有民族障碍，各个民族的居民都可以融洽相处，不同民族之间的通婚现象极为普遍。调研数据显示，88.53%的人平时交往的人群各民族都有，"什么族我都交往，不管汉族苗族侗族我都交往"。（MZ-KLDGS 社区居民 M001）说明居民之间的交往没有民族之分。

多民族融合具体表现为：民族文化的多样性促进了凯里市多种文化的碰撞和交融，在公共文化空间中会有不同民族的歌舞表演节目，不同民族的居民会一起唱山歌、跳广场舞，少数民族居民过汉族的传统节日，汉族居民也会参与到少数民族的节日活动中，创造了各民族文化百花齐放的繁荣景象。下司古镇是多民族融合的典型，古镇中不仅能够看到苗侗风情建筑，也能看到阳明书院、徽派建筑等汉文化元素，显示出各民族文化交融的典型特征。

2. 民族特色活动的交往空间转换

城市化进程挤压着民族特色交往空间，民族交往活动呈现空间转换的特征。城市文明的现代性和统一性与民族文化空间的传统性和差异性存在天然的对立关系。[①] 虽然凯里市组织的公共文化活动类型丰富，主要包括民族特色类文化活动、文化惠民类文化活动、主流宣传类文化活动（如表 3-5 所示），但是在市区的文化活动主要是文化惠民类与主流宣传类，民族特色类文化活动主要在具有民族特色的场域（主要在乡镇）开展。一方面，城市化催生了很多机遇，不少居民选择进城务工，获得了较多的就业机会与发展空间；居住在城市里时，参加城市公共文化活动，借助文化活动与邻居、志趣相投者、社区工作人员、政府工作人员进行交往。另一方面，城市里多为现代化高楼大厦，缺少乡村独具民族特色的公共空间。居民在逢年过节、亲友聚会之时选择回到农村老家，举办本民族特色的民

---

① 王建基、高永辉：《城市化进程中少数民族文化空间保护研究》，《新疆社会科学》2010年第6期。

俗活动，居民的民族特色交往空间便从城市转换到了农村，形成了城乡空间转换的民族交往。凯里市不同民族居民有各自的民族传统习俗，农村特定的文化空间不仅为歌舞表演、斗牛类的竞技活动提供了更大的舞台，也承载了居民的民族文化记忆，民族特色活动的交往空间便转换到特定的场域。"我们家搞活动的话，我肯定回去参加。"（MZKLQJ 社区居民 M001）

表 3-5　　　　　　　凯里市 2021 年公共文化活动开展情况

活动类型	活动内容	活动场域
民族特色类文化活动	黔东南民族文化生态保护实验区第二届苗族民歌百村歌唱大赛（凯里赛区）	云谷小镇
	中国（黔东南）国际民歌合唱节	下司古镇
	大型非遗户外版苗侗风情舞台秀《银·秀》在云谷小镇成功开演之后，此演出活动常态化开展	云谷小镇
文化惠民类文化活动	"文艺轻骑兵·走进基层暖民心"系列文化惠民活动专场演出活动	市区
	"我们的节日"等系列主题活动，以清明节、端午节等中国传统节日为主	
	戏曲文化进校园和进乡村活动	
	文艺指导和文艺演出进易地搬迁点活动	
	全民阅读活动	
	凯里市 2021 年第四届百村群众文艺汇演	
主流宣传类文化活动	"不忘初心感党恩，唱响百姓大舞台"庆祝新中国成立 70 周年凯里市广场系列活动	市区
	中国共产党成立 100 周年"文化进万家"暨易地搬迁安置点心连心活动	
	凯里市教育系统喜迎中国共产党成立 100 周年"传承红色基因 争做新时代好少年"诗歌朗诵比赛活动	
	凯里市中小学"红心向党·快乐成长"主题演讲比赛活动	
	凯里市教育系统庆祝中国共产党成立 100 周年文艺汇演活动等	
	"颂歌献给党"凯里市庆祝中国共产党成立 100 周年歌咏大赛	

源自 2021 年凯里市公共文化服务体系建设工作情况汇报。

3. 基于民族传统习俗的交往

民族型公共文化空间的居民仍然保留了较多民族传统习俗。调研数据显示，70%的居民认为民俗文化活动大部分或者完全保留下来了，说明民族型公共文化空间的民族传统习俗保留情况比较好。居民基于民族传统习俗的交往丰富多彩。一方面是基于民族节日或仪式活动的交往。凯里市有130多个民族节日，比较重要的节日有苗年、侗年、芦笙节、姊妹节、斗牛节、鼓藏节。在这些重要的节日，少数民族居民会着盛装游行，举行特殊的庆祝仪式，祭祀祖先，庆祝丰收，祈求庇佑，居民置身于民族传统公共文化空间氛围中，能够提升其民族文化认同感和归属感。另一方面是基于民族兴趣爱好的交往。少数民族居民大多能歌善舞，在广场上依然能够看到基于兴趣爱好成群结队的各民族居民在对唱山歌、跳民族舞蹈，同时也有居民使用微信、抖音等网络平台录制山歌、拍摄舞蹈，民族传统习俗与现代社交平台实现了融合。民族习俗的交往一方面使得民族文化得以互动与传播，加强了民族文化交流的深度与广度；另一方面，丰富了公共文化空间的内容与形式，使得民族型公共文化空间独具特色，更多的居民享受到喜闻乐见的文化活动。另外，民族习俗对居民行为具有约束力，比如鼓藏节，源于苗族的祖先祭祀仪式，对引鼓、送鼓的时间有严格规定，有专门的鼓词，一个鼓词一个鼓，如果违反了规则，就会受到神灵的惩罚。对祖先的崇拜以及万物有灵的信仰，使得人们自觉约束自己的行为，形成民族道德伦理与公共秩序，在当代文化建设中，对之进行社会主义核心价值观的引导，使之遵守社会道德规范，形成公序良俗。举行民俗仪式活动时，亲朋好友、左邻右舍，乃至不同社区，不同村落的居民，不论亲疏远近都来参加，扩大了人际交往的范围。

4. 市场化冲击下交往日趋理性化

城市化、市场化冲击下，民族型公共文化空间中居民的交往日益呈现出理性化的特征。以凯里市清江小区为例，社区居民仅有的一个文化广场被物业占用了一大半作为停车场，致使居民文化活动场所减少，并向居民收取每个月100元的停车费，这引起了居民极大的不满，居民在争取自身利益的过程中反映了其交往方式的两大转变：一是参与公共空间治理的积极性由低变高，市场化加剧了居民对成本收益的分析与计算，理性选择理论认为通常情况下人是理性的，能够在各种利益比较中选择最有利于自身的行动方案。当社区居民得知物业公司占用社区广场作为停车场，并对他们收取与外来车辆相同的停车费时，居民便以社区广场是社区居民共有的资源为由，要求物业公司降低对本社区居民收取的停车费，最终物业公司将本社区居民的停车费降低为每月44元；二是解决纠纷的方式由民间权威定夺转变为群策群议。过去民族地区居民纠纷的解决依赖于民间权威，但清江小区作为移民搬迁安置小区，居民来自不同乡镇、不同村庄，原先的熟人社会网络被打破，清江小区居民维护自身利益的方式更倾向于理性化。哈贝马斯的交往行为理论认为重建理性是化解现代社会危机的根本出路，理性交往的关键在于构建合理的沟通协商机制[①]，社区广场被占用收取停车费这一冲突事件中，居民们利用"公共效应"进行集体抗议，要求成立业主委员会共同商议解决问题，群策群议的方式增加了博弈的筹码，体现了民族型公共文化空间居民的交往方式由依据民族习俗等非正式制度解决问题逐渐转变为遵守正式制度的契约规范。

（四）公共文化空间的象征空间展现民族图腾

民族型公共文化空间因多民族聚居而形成了大量独具特色的民族文化符号。民族文化符号是民族独特文化内涵或意义的标示物及抽象表现，体现了不同民族和区域文化特征。[②] 民族文化符号构成了民族型公共文化空间区别于其他公共文化空间的特质，民族型公共文化象征空间的特征表现为多民族文化符号融合共存、民族文化符号载体多样以及民族文化符号内涵提炼不足。

1. 多民族文化符号融合共存

卢曼的社会自生系统论认为不同族群之间通过语言、仪式、活动，甚至是战争形式的传播，推动族群文化符号互动、融合，进而形成多民

[①] 宋敏：《哈贝马斯社会交往理论合理性与公共领域的建构》，《求索》2015年第1期。

[②] 华华毛措、王青璘：《索绪尔现代符号学视角下民族文化符号之运用——民族舞蹈创作之民族性体现》，《青海民族研究》2020年第4期。

族文化认同体。① 多民族聚居城市的居民在历史上长期共同生活、彼此凝聚,多民族之间交往交流交融,形成了共同的文化体自觉,各民族的文化符号在城市空间内能够融合共存。凯里市少数民族人口众多,不同民族形成了各自有代表性的文化符号,比如苗族的银饰、侗族的鼓楼、彝族的火把等,在凯里市公共文化空间的象征空间中,各民族的文化符号兼而有之。如凯里市的民族体育场,其建筑外观融合了苗族的吊脚楼、侗族的鼓楼和风雨桥等传统的建筑造型(如图 3-19 所示)。

图 3-19 凯里市民族体育场

图来自贵州百科信息网。

民族文化是一个交流系统,其结构的开放性使其能对外界的影响做

---

① 彭佳:《民族自生系统论:符号学视域下的多民族文化认同体》,《民族学刊》2020 年第 3 期。

出反映，并相应地调整自身的内部结构①，这意味着不同的民族文化符号不仅共生共存，还能够融合发展。以节庆为例，凯里市的民族节庆展现着丰富的民族文化符号，并体现出各民族文化符号融合发展的态势，如"牛王节"作为一种祭祀祈祷的节庆，在仡佬族、布依族等多个民族中都有体现，节庆中"扫寨子"这一仪式也是在多个民族节庆中重要的形式，各民族文化符号融合共存，反映了民族融合的本质，也形成了多元的民族文化符号体系。

2. 民族文化符号载体多样

文化符号的传承离不开各种各样的载体，民族型公共文化空间内文化符号的载体丰富多样。以凯里市为例，各民族在不断发展的过程中形成了多种文化符号，有图腾符号、民间工艺符号、民族故事与传说符号等，这些民族文化符号依托于载体而传承，表现形式各异，载体多种多样，比如，图腾符号常见于各种民族服饰和建筑，民间工艺符号以银饰、绣品等手工艺品为载体，民族故事与传说则通过书籍、艺术作品等表现出来。各类民族文化符号的载体并不是单一的，银饰锻造技术这一民间工艺，既以银饰工艺品为载体，又能通过《银·秀》这种大型歌舞剧展现出来。《银·秀》是一部以"银"文化为主线，将黔东南州独有的山水文化、民族文化、建筑文化、非物质文化遗产等原生态文化内容贯穿其中的大型综合舞台秀。此演出活动让广大游客伴随着歌声畅游黔东南，走进苗乡侗寨，感受苗族迎宾酒、芦笙舞、"上刀山"等艺术魅力。此外，广场内还设有蜡染、造纸体验、特色美食等集饮食、学习、旅游于一体的非遗体验。民族文化符号载体形式多样，以特有的方式展现、传播与传承民族文化符号。

3. 民族文化符号内涵提炼不足

德国文化哲学家恩斯特·卡希尔最早提出文化符号论，他认为人们通过文化符号的互动来达到传递和获取文化意义的目的。在符号学视域下，索绪尔认为符号由"能指"和"所指"构成。能指是我们感官能够

---

① 彭佳：《民族自生系统论：符号学视域下的多民族文化认同体》，《民族学刊》202 年第 3 期。

把握的符号的物质形式,所指是使用者对符号指涉对象所形成的心理概念。① 凯里市的公共文化在象征空间内的供给更多是通过文化展示的途径,对文化符号内涵的凝练与提升明显不足,导致居民只获取到民族文化符号的"能指"表象,对文化符号"所指"意涵的感知缺失。比如建筑作为物质文化符号,能够反映一个民族的文化传统,鼓楼是侗族的文化符号之一,在象征空间的展现上仅仅是一种"形"的展现,其代表性的文化特征和文化意义没有得到充分的提炼;非物质文化符号以苗族古歌为例,苗族古歌是苗族文化的杰出代表,是苗族的重要文化符号,针对这一文化符号,凯里市打造了"碑林园",用以展示苗族文化,传承苗族古歌,这是一种基本的文化展示方式,缺乏对苗族古歌根本特征和象征意义的探求与挖掘,在公共文化供给中缺乏对其内涵的提炼与应用。由此导致居民对本民族的文化图腾的内涵感知较弱。

二 民族型公共文化空间需求及供需匹配分析

(一)民族型公共文化空间需求分析

民族型公共文化空间呈现多民族杂居的生活空间布局,在公共文化空间的需求方面同时体现对民族特色文化和基础公共文化空间的需求。现阶段民族型公共文化空间居民需求体现在:对公共文化场所设施数量增加、质量提升、特色打造的需求;对民族特色文化活动、差异化交往空间的需求;对民族文化符号保护传承与创新的需求。

1. 物理空间居民需求现状及特征

凯里市居民对公共文化物理空间的需求体现在:一方面居民有着对基础性公共文化场所设施的需求;另一方面居民对公共文化物理空间体现出对民族文化元素的需求。

在基础性公共文化场所设施方面,首先是公共文化场所及设施数量增加的需求。对凯里市340名居民对当地场所设施数量增加情况问卷调查结果显示(如图3-20所示),居民认为需要增加体育健身类、公共休闲

---

① 杨丽婷:《民族文化符号的建构与传播——以云南洛水村为例》,硕士学位论文,云南大学,2015年。

类、文化知识类的占比分别为：69.12%、67.06%、51.47%，仅有 2.65% 的居民表示不需要增加任何类型的公共文化空间。主要原因在于：万博广场、民族体育馆、市文化馆等大型公共文化空间主要集中于市中心，很难辐射到市中心的外围社区。

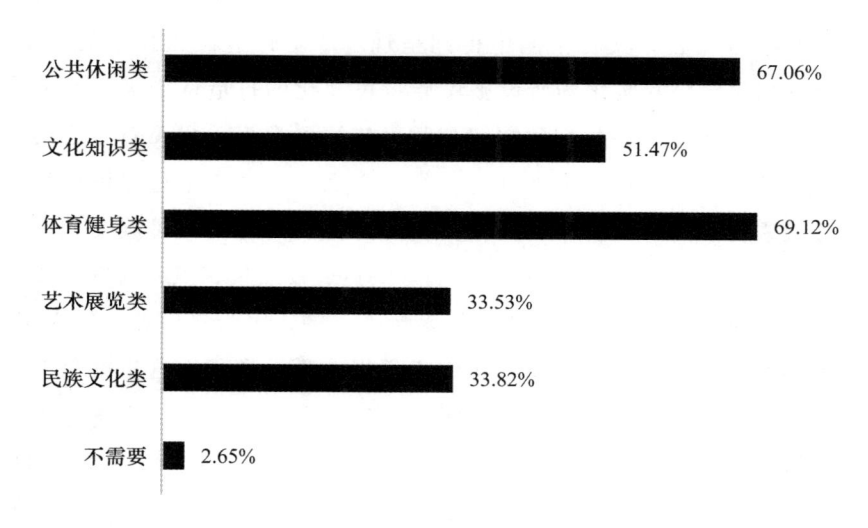

公共休闲类	67.06%
文化知识类	51.47%
体育健身类	69.12%
艺术展览类	33.53%
民族文化类	33.82%
不需要	2.65%

图 3-20　居民需要增加的场所设施数量类型调查

访谈中居民认为社区的公共文化场所较少，广场数量不够，面积较窄。"小区人比较多，场所设施不够，最好能增加社区居民娱乐休闲场所设施，锻炼身体的场所。"（MZKLQJ 社区居民 D001）"应该多建一点广场。广场这些应该再宽一点，因为在这里唱歌跳舞的人还是挺多的，晚上的时候就这里一堆那里一堆的比较挤。"（MZKLWB 广场居民 D001）

其次是公共文化场所及设施质量提升需求。一是对公共文化服务的数字化、科技化程度提升的需求。公共文化空间智能化程度也是公共文化场所设施质量高低的依据之一，居民对公共文化空间智能化升级的需求程度在"需要"及以上的比率高达 74.6%；二是对公共文化服务设施的日常维护提升的需求。比如清江小区居民反映社区篮球场的设施损坏却无人维修，迫切需要高质量的活动场所与文化、体育设施。综合而言，居民对社区公共文化场所设施的提升质量的需求更强。

在民族文化元素的需求方面，主要体现为公共文化场所及设施特色打造需求。具体而言，一是公共文化空间呈现文化符号的需求。对"本民族的文化符号（图腾、语言文字等）是否应该在公共文化空间内呈现"，表示"需要"和"非常需要"的居民占比82.36%，表明居民希望民族文化符号在公共文化空间中得到呈现。二是打造民族特色的需求。77.9%的居民对公共文化场所设施民族特色文化的打造认为需要及非常需要。一方面民族型公共文化空间少数民族居民众多，居民对自己的民族文化的传承发展有比较高的期待；另一方面，居民希望通过民族特色的打造吸引更多的外地游客和民俗文化爱好者、向外传播民族文化的需求也比较高。"我们喜欢他们把这里搞好一点、发展快一点，能够迎接外面的客人来玩。我们还是希望跟他们多玩一下的，因为我们的年纪大啊，把外面的客人多引进一点来嘛，我们也觉得快乐。像我们这里就只有这十来个人喜欢这个，就我们年轻人叫他们来跟我们学一点他们都觉得没意思，玩他们是喜欢玩，但是他们学出来用不出去，好像没有用似的，我们一起玩啊还是我们这些这一代（同龄人）"。（MZXSGZ社区舞蹈队成员X001）可见居民希望能够把民族元素体现在现有的公共文化空间中，既是对民族文化的传承，也能向外来的游客展示本民族的文化。

2. 交往空间居民需求现状及特征

民族型公共文化空间居民的交往空间需求呈现如下特点：

第一，民族特色文化活动需求旺盛。各少数民族大杂居的环境下，居民进行人际交往的主要方式是借助民族活动。问卷调查结果显示，居民希望在公共文化空间（公园、广场等）参加民族活动的比率占53.82%，希望开展民俗文化节（如少数民族的节庆日活动）的比率达到60.59%，访谈中居民也认为乡村承载着更多的民族传统文化活动，像吃新节、斗牛节、斗鸟节、民族服饰的展示等，但城市里较少，居民表现出对民族文化活动的强烈需求："基本上我觉得市区里面的这些东西的话，就没有之前那种原汁原味的东西……但是说真的，肯定是这个民族风俗啊还是原生态的好。"（MZKL居民S001）

第二，多民族融合交往需求。从民族型公共文化空间的交往对象看，居民交往不限于某一个民族，更加认同与各民族人民相互往来，94.71%的居民表示希望与各个民族的人群都有交往并且接受本民族文化与其他民族文化的融合，主要原因是凯里市在历史发展过程中形成了多民族融合发展的格局，各民族居民在饮食、生活习惯等方面基本一致。"我们贵州整个的少数民族汉族早就融合在一块。饮食方面实际上这些都没有多大的区别，融合度高，和汉族其实生活的习惯没什么区别。"（MZKL 文旅局工作人员 P001）各民族之间相邻居住，共同生活，共同劳动，相互通婚，对其他民族文化认同度高，愿意与其他民族更多交往。另一方面，现代社会少数民族居民需要拓展交际圈，以获取更多的资源与发展机会。依据社会资源理论，个人的社会网络的异质性越高，通过弱关系获取社会资源的概率越高。虽然同一民族内拥有相似资源的成员之间可以获得较高的资本回报，但同一群体具有封闭性，资源有限，通过与其他民族交往形成弱连接关系，桥接多个异质性社会圈子，就能够获得更多的优质社会资源，并实现资源共享。

第三，不同群体的交往空间需求差异较大。交往空间需求的差异性主要存在于两类不同群体之间：不同民族的群体和不同年龄的群体。一方面是不同民族居民之间交往空间的差异，比如作为一种交往空间的民俗活动，实际上大多是本民族的人过去参与并借助活动进行交往："如果有非本民族的文化活动，自己在被邀请的情况下会知道参与。""我们自身的民族活动如果有非本民族的居民想要参加会表示欢迎。"（MZKL 苗学会成员 Y001）"凯里有 33 个民族，各民族的文化活动都自己举办自己的，日常交往不区分民族，节日庆典还是有民族的区别。"（MZXSGZ 导游 M001）由此可见，虽然居民在日常交往中不排斥其他民族，但是不同民族有不同的民族文化活动。另一方面是不同年龄居民之间交往空间的差异。在不同年龄段之间，年纪偏大的老人逐渐从生产领域退出，闲暇时间相应较多，有更多时间进行人际交往；他们在交往过程中，多以面对面交流为主，交往内容主要是一些轻松、简单的娱乐活动，比较单一。中年人的交往涉及亲朋好友、邻里关系、同事领导等，交往群体比较多样，交往需求也是基于生产生活的需要，所以希望多一些技能培训活动、就业和学习的指导活动。"其实我觉得社区还可以组织年轻家长培训烹饪啊、蛋糕的这些。因为现在好多女生在家里生小孩，然后挺闲的，不知道干吗，你搞这些他可能找不到工作去兼职上点班，卖点蛋糕啊，像这种技术又好上手。"（MZQJ 社区居民 N001）青年人处于逐渐独立、走向社会拓展人际关系的发展阶段，交往群体主要体现出同质性的特点，交往形式多样化，比较倾向于在健身馆、体育场、图书馆、娱乐场所等活动场所进行交往。而现阶段凯里市政府、社区提供的交往空间比较适合有空余时间的老人，活动类型也主要针对老年人群体，针对青年群体和中年群体的活动较少。

3. 象征空间居民需求现状及特征

民族型公共文化空间居民对象征空间的需求主要在民族文化符号保护传承和民族文化符号的创新发展两个方面。民族型公共文化空间陷入传统民族文化的传承困境，在现代化与市场化的冲击下，民族传统文化流失严重，绝大多数年轻人对自己的民族文化比较陌生，或者只知其形，不明其意，故居民普遍认为保护传承民族文化十分必要，为了保护传承民族文化，就需要民族文化的创新发展。

第一，民族文化符号保护传承需求。如图 3-21，在民族文化符号的传承意愿调查中，认为"需要"和"非常需要"传承本民族的文化符号（图腾、语言文字等）的居民共占比 85.29%，说明居民对民族文化的保护传承表现出迫切的需求。"文化传承中的问题，有一些东西处于失传的状态，有一些属于老了，过世了不在了，还有一些不去学，我们要去传承保护，要去尽自己的能力，能学多少算多少，有一些都失传了。"（MZ-KL 歌舞团成员 D001）"苗语很多年轻人都很陌生了。包括我们苗学会有些人在学他都不了解，所以这个苗族文化这个现在做的都是抢救保护，语言都流失了很多。"（MZKL 苗学会成员 Y001）

第二，民族文化符号的创新发展需求。民族文化符号（图腾、语言文字）创新发展出新意义的意愿的调查结果显示，"需要"和"非常需要"的居民比率总共为 78.82%；本民族文化符号（图腾、语言文字）与其他民族文化符号融合发展的意愿调查中，居民"需要"和"非常需要"的比率则为 77.94%。多民族交融互通地区，民族文化符号既需要保留每个民族自己的独特性，又需要兼容其他民族文化符号的优势，需要

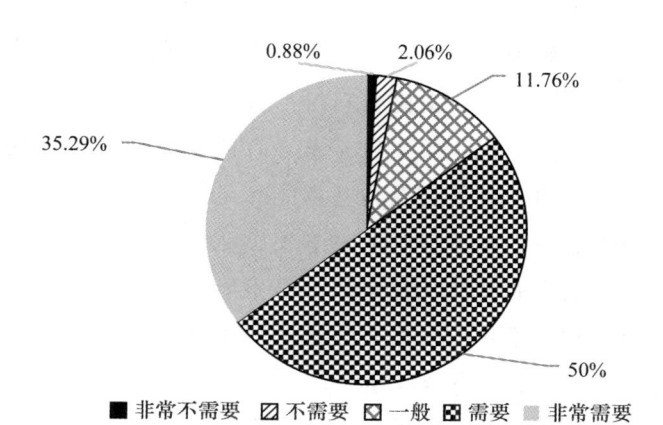

第三章　西部城市公共文化空间资源供需现状及特征　　123

图 3-21　居民民族文化符号的传承需求

在融合中创新发展。下司古镇的居民在举办汉文化传统节日端午节时，传统节目划龙舟活动与苗族独特的体育运动独竹漂同时举办，二者各具特色，又相得益彰，扩大了文化传播力与影响力，受到各民族居民的喜爱。

（二）民族型公共文化空间供需匹配分析

基于民族型公共文化空间的资源供给与居民需求的现状分析，剖析其供需匹配状况，发现物理空间供需基本不匹配；交往空间不同群体交往需求差异较大，但供给与需求基本匹配；象征空间上，居民对文化符号的精神内涵感知较弱，供需基本不匹配。

1. 物理空间供给与居民需求基本不匹配

凯里市于 2019 年开始分馆制，目前文化馆有 18 个分馆、图书馆有 12 个分馆。全市一共有 20 个街道和 210 个乡镇，街道有公共文化站，乡镇有公共文化中心，现已基本实现公共文化服务的标准化、均等化和社会化。公共文化空间中的场所设施基本符合政府最低标准，凯里市文化馆已评定等级为县级二级馆，图书馆评定为全国县级图书馆三级馆。国家要求图书馆馆舍建筑面积不低于 5000 平方米，目前凯里尚未达到，加上社区图书室才能勉强达到国家要求的文化场馆面积。虽然政府在公共文化空间民族特色的打造方面与居民需求基本匹配，但在基础性公共文化空间供给上分布不均、配套设施不足不能满足居民的基本文化需求。

首先，公共文化场所设施空间分布不均主要体现在新城区与老城区的分布不均。新城区对公共文化空间的打造是在综合居民的新需求下进行的，考虑到了居民现代化的文化需求，而且新城区可开发的土地面积更多，所以新城区的公共场所设施基本能满足居民需要；而老城区缺乏公共文化场所设施或者场所设施比较老旧，在居民数量增加、需求提升的背景下，老旧狭窄的公共文化空间已经不能满足居民的文化需求，然而由于政府财力物力不足、无法有效选址等多种原因的阻碍，整改老城区公共文化场所设施的工作难以开展。

其次，公共文化空间配套设施不能满足居民需求。将居民满意度分为"非常满意"（5分）、"比较满意"（4分）、"一般"（3分）、"比较不满意"（2分）和"非常不满意"（1分）五个等级。问卷结果显示，居民对"场所面积"的满意度为3.57分；对"公共文化活动场馆和设施的开放时间"满意度维持在3.46分，满意度相对较低。可见无论是"场所面积"还是"开放时间"居民达到"一般"满意度的占比较高。主要原因在于政府主要提供最低标准的文化活动空间，但是居民的休闲文化需求日益丰富、多样化，且不同年龄段的居民需求不同，但政府并未提供更有针对性的活动场所设施。

2. 交往空间供给与居民需求基本匹配

首先是政社联动下的民族特色文化活动与居民需求匹配：政府无力对民族文化活动进行"包揽"，居民也不需要政府全权负责民族文化活动的大小事宜。凯里市基础文化活动由政府举办，民族特色文化活动由政府引导、民间力量承办。比如鼓藏节、芦笙节、吃新节等特色民族活动主要由民间组织、少数民族村寨精英承办。由此形成了"居民基础文化活动场域在城中、特色民族文化活动场域在乡镇"的供给模式。在这种模式下居民可以根据自身需求开展民族特色文化活动，基本满足了交往空间需求。

其次是多民族融合交往空间与居民需求匹配。凯里市多民族聚居历史悠久、各民族之间无明显的信仰冲突、民族性格温和、热情好客等多方面的因素是多民族融合交往形成的基本条件。多民族融合不仅是国家民族政策的重要内容，也是各民族居民的共同期盼。政府根据政策要求促进民族融合、民族团结，发展民族文化，打造凯里多民族融合特色文化品牌；居民期望多民族融合拓展人际交往空间，推广本民族特色文化。基于此，整体上凯里市民族融合度高并且符合居民需求。

然而在差异化交往空间需求上，社区单一化的供给与居民需求的多样化基本不匹配。主要原因是：不同年龄段、不同民族之间的文化活动需求存在差异。政府较少关注中年人与年轻人的文化需求，囿于精力有限难以顾及各种年龄段、各种职业居民的特色文化需求。

3. 象征空间供给与居民需求不匹配

尽管政府在对民族文化的传承与创新上做了很多工作，但是大多数的居民仍然对本民族的文化符号了解甚少或者完全不了解。在居民对本民族的文化图腾了解程度的问卷调查中，67.94%的居民表示"大概了解"或"不了解"。基于此，民族文化象征空间供给与居民需求不匹配的原因主要有两点。一方面，苗族是一个迁徙的民族，没有文字，象征文化符号主要靠口口相传，在流传过程之中内涵方面有所流失，"这些（指苗族银饰的含义）年轻人不知道，包括一些上年纪的也不知道，只会戴但是不懂，这个要很专业才懂，不是随便一个人都知道。像我们裙子下面有三条线，那么会做裙子的人，他本来就是老手但叫啥说他也说不出来，因为他们这个文化比较低，他说不出来，他不知道那个意思啊。"（MZKL 苗学会成员 Q001）更由于现代社会对传统文化的冲击，居民尤其是年轻人对民族传统文化符号内涵不了解，而当前对这方面的文化教育也比较缺失，导致象征空间供给与居民需求不匹配，"有些家长他对民族语言也有感情了，他在家里面讲苗族话，娃娃可能还会说；如果他在家不用苗族文化，那么他就不会苗话。事实证明现在很多娃娃都不会苗话。"（MZKL 文联工作人员 M001）另一方面，城市中商业化程度较重，民族特色象征符号虽然融入建筑、文化活动之中，主要目的在于旅游宣传，传统民族文化内涵提炼不足，导致居民只知道文化符号的"形"，却不知其"意"。

第四章

西部城市公共文化空间协同治理模式运行机理分析

各种类型公共文化空间供需匹配呈现如下规律:

1. 经济发展程度并非供需匹配关系的决定因素。在研究中发现经济欠发达城市与经济发达城市的公共文化空间均表现为部分匹配、部分不匹配。这说明西部城市公共文化空间的供需匹配关系并不完全受城市经济发展的影响。

2. 供给主体和供给方式不同,对需求满意度影响较大,尤其对交往空间和象征空间影响显著。社会组织参与度越高,满意度相对越高;市场化与公共空间结合越紧密,多主体参与越积极,内容也越丰富。这说明供需匹配关系受治理模式影响。不同主体、治理结构与治理机制的组合都会产生不同的公共文化资源供需匹配结果,且不同类型公共文化空间中均表现为多个主体协作、协同的治理模式。

3. 供需的矛盾总体体现为供给的相对单一与需求的相对多样化的矛盾,且值得进一步研究和关注的是,供给越丰富的情况下,需求越多样化。

综上所述,从公共文化服务的供给以及居民多元需求关系看,目前西部城市各种公共文化空间都在积极发挥多主体作用,协同治理,但也都存在不足。那么,不同的城市环境和不同的文化资源禀赋条件下,现有的协同治理模式特点及其运行机理是怎样的?是如何进行供给并响应需求的?在现有治理模式基础上,如何扬长避短以促进供需动态匹配均衡？如何做好需求引导？本章在供需调研与分析的基础上，进一步归纳概括西部城市各类型公共文化空间协同治理模式特征并深入分析其运行机理，为多类型协同治理模式优化、完善，寻求合理治理路径打下基础。

第一节 传统型公共文化空间
——项目推动型治理模式

传统型公共文化空间所依托城市经济发展水平较低，地方政府财政不足，空间资源的供给较弱，依靠中央财政转移支付，主要依靠公共服务项目的推动进行治理。这种项目型治理模式不同于经济型项目，而是公共服务型项目，是由中央政府制定的满足民众的公共文化服务需求的非竞争性项目，由中央政府向省、市、县、乡进行专项转移支付，以财政消耗为主要特征[1]，体现为中央部委以专项支付或项目资金的形式自上而下进行财政资金分配，地方政府、基层政府通过申请项目的方式来获得项目资金，为完成专门性事务，打破常规科层制组织结构，将"条块"进行重新统合，但又依托于科层制组织结构。由于传统型公共文化空间依托城市的社会力量薄弱，政府购买公共服务项目极其有限，治理机制主要体现为科层制下的公共文化服务项目运作机制，由此形成普惠性与标准化的供给特征，图4-1反映了传统型公共文化空间项目式协同治理模式的运行机理。

一 治理主体

西部传统型城市公共文化空间治理由于主要依靠项目式推动，运作的主体主要表现为政府主导，社会弱参与。

---

[1] 陈水生：《项目制的执行过程与运作逻辑——对文化惠民工程的政策学考察》，《公共行政评论》2014年第3期。

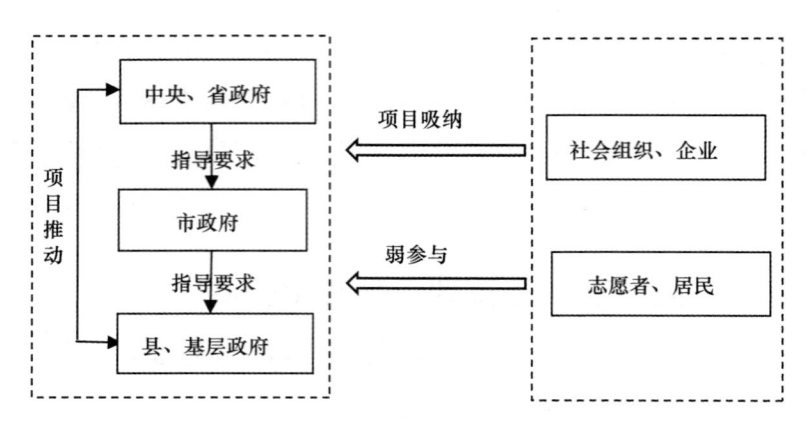

图 4-1　传统型公共文化空间项目推动型协同治理模式机理图

资料来源：根据文献资料整理制作。

（一）政府主导公共文化空间治理

1. 中央政府的政策支持

在传统型城市公共文化空间治理中，巴中市政府主要依靠文化惠民工程、文化扶贫项目，这些项目主要依赖中央政府的政策支持。其中，针对城市的国家文化惠民工程重点实施项目包括五馆一站免费开放与全国文化信息资源共享工程。五馆一站免费开放是指图书馆、博物馆、群艺馆、文化馆、美术馆、文化站等基层文化场所免费开放，为居民提供基本的公共文化服务。全国文化信息资源共享工程主要是指利用互联网、卫星传输等先进技术整合、开发戏剧、音乐、图书等文化艺术资源，为城乡基层群众提供快捷、丰富的文化信息产品和文化服务，实现资源共享，送演出、送电影、送图书进社区。由国家规定免费开放场所的面积、文化惠民活动的场次，并提供资金，要求地方政府配套资金。巴中市文化馆、图书馆免费开放，经费来源于国家财政，市级政府每年拨款50万元，县区拨款20万元。社区综合文化中心免费开放，政府每年给予5万元财政支持。此外，中央还出台了《关于加快构建公共文化服务体系的意见》《十三五推进基本公共服务均等化规划》等文件，推进公共文化服务均等化、标准化，提升公共文化服务效能，保障公民的文化权利。同时，要求地方出台优惠政策，促进地方公共文化服务体系的健全与完善。

文化惠民工程的项目制运作突破科层制的条块限制，将中央政府的支持直接传递到地市层面，引导地方发展公共文化服务，促进传统型公共文化空间资源的供给。

2. 地方政府在中央政府指导下的具体执行

中央负责制定总体规划、原则，明确标准及支持范围，分配资金；地方根据中央规划，在中央指导下具体执行。根据中央的相关要求，编制本地区公共文化服务的规划，制定公共文化项目建设方案，落实所需资金，制定各项政策措施。

按照中央和四川省的要求，巴中市制定了文化惠民扶贫的配套政策以及专项实施方案，全市专项实施方案共 23 个，包括文化场馆免费开放、文艺精品打造、文化志愿者队伍建设等，并制订每年的文化惠民扶贫的工作要点和工作计划。各区县、乡镇、村对上级政策制定相应的实施细则，通过具体的实施细则指导街道以及乡镇综合文化站的运作。2018 年，全市已建成 2481 个文化场馆，包括文化站、文化室、公共文化服务中心、图书馆、博物馆、体验馆、美术馆以及剧院都实施了免费开放。每个社区每月开展 2—3 次送文艺活动，2 场送电影活动。每年区文化馆的大型培训活动不少于 6—8 次。①

巴中市在执行中兼顾地方具体情况，结合传统巴文化特点，以及川陕苏区首府红色文化特点，打造秦巴大讲堂、秦巴舞韵、红色巴山薪火相传等十佳公共文化服务品牌（见表 4-1）。

表 4-1　　　　　　　　巴中市十佳公共文化服务品牌

十佳公共文化服务品牌	主办单位
1. 秦巴大讲堂	市图书馆
2. 秦巴舞韵	市文化馆
3. 周末剧场	巴州区文广新局、巴州区川剧艺术保护传承中心
4. 相约古镇	恩阳区文广新局、恩阳区文化馆
5. 壁州讲坛	通江县文广新局、通江县图书馆

① 数据由巴中市委宣传部提供。

续表

十佳公共文化服务品牌	主办单位
6."全民乐"广场群众文化活动	平昌县文广新局、平昌县文化馆
7. 红色巴山薪火相传	川陕革命根据地博物馆
8. 集州欢歌	南江县文广新局、南江县文化馆
9. 歌唱新南江	南江县文广新局、南江县文化馆
10. 平昌县乡村文化旅游节	平昌县文广新局、平昌县文化馆

资料来源于调研。

（二）企业和社会组织弱参与

传统型公共文化空间的治理主要依托自上而下的行政推动，或非竞争性公共文化项目的实施，由相应的文化职能部门或文化事业单位承担公共文化空间的建设与治理。企业和社会组织较少参与公共文化空间的治理中，一方面是缺乏大型的文化企业或者实力较强的社会组织，巴中基本上没有能够承担起大型演出的团队，全市一共只有文化类社会组织十几家，包括书法家协会、音乐家协会、诗词协会等。另一方面是由于合作机制不完善，企业不愿意参与非营利性的公共文化空间治理。巴中市文化企业的参与不足，"他们有些力量也不够，觉悟也不到位"。（CT-BZ 规划局工作人员 Y001）公共文化服务主要由政府推动开展，企业主要提供一些场地，在文化活动供给方面企业的参与"基本上很少"。（CTBZ 文化中心工作人员 X001）社会组织经费自筹，政府财政非常有限，没有购买社会组织服务的预算，社会组织有特别好的文化活动，可以向政府申报，政府在免费开放的财政资金中拿出一部分进行资助，因此社会组织参与公共文化空间治理也只是提供一些文艺节目，提供一些文艺辅导之类的零星参与。政府对社会组织缺乏扶持培育，政府与社会力量之间缺乏深度、稳定、长期的合作机制。

二 治理结构

在项目制治理结构下，中央政府与地方政府是行政指导与项目执行的关系，形成中央发包、地方转包、基层承包的分级治理关系。中央政府结合国家发展战略与公共文化服务政策,为保障居民的基本公共文化服务权利而制定项目目标与项目标准,地方政府统筹安排,基层政府具体执行。为完成专项事务的目标,暂时打破了科层制的结构设置,通过设立领导小组这种临时性组织,打破纵向层级关系与横向部门常态化职责分工,但是又保留了行政权力在各级对口部门之间的逐级传递,表现出科层为体、项目为用的特征[1]。传统型城市公共文化空间治理中,由于政府财政有限,社会组织发展不充分,社会力量薄弱,主要依赖中央或上级政府的项目支持,项目制治理结构表现为上级政府权威动员、下级政府重执行、社会力量弱参与。

(一)上级政府的权威动员逻辑

项目制遵循一种统一的管理方式,由上级设定项目目标,具有统一的项目规划、执行流程、项目管理技术和项目评估体系。通过这种方式将上级政府的权威意志层层传递到下级政府,对下级形成强大的权威动员。

中央主导的文化惠民工程是基于国家文化战略发展,促进现代公共文化服务体系建设,满足人民日益增长的文化需求,项目总体规划由中央政府制定,中央政府将项目建设标准和指导要求下达给各地方政府,要求他们按标准按期完成,同时为确保项目有效实施,要求地方政府给予项目相应的配套资源。通过这种方式,国家权威意志以文化为载体,通过科层组织结构和强有力的权力体系自上而下一层层向下传递,同时运用项目制这种现代管理技术来加强对政策的动员和执行,从而实现整合社会价值,提升公共文化空间治理效能的目标。

项目制在地方也发挥着越来越大的作用,地方政府仿效中央,也以项目的方式,设立专项资金,发包给下级政府,推动下级政府提供公共文化服务,加强公共文化空间治理,对下级政府形成强大的动员。基层政府普遍面临行政资源有限的困境,上级政府通过这种方式,动员基层政府首先完成本部门下达的任务,实现上级政府自身意志。项目制已成

---

[1] 史普原:《科层为体,项目为用:一个中央项目运用的组织探讨》,《社会》2015 年第 5 期。

为上级政府动员基层政府的一种重要方式①。

由于地方政府对经济发展的重视程度普遍高于文化发展，长期以来以 GDP 为关注重心，无暇顾及文化发展，经济水平落后的传统型城市公共文化空间更是如此。地方政府的文化职能部门也采用项目制形式动员基层政府完成文化建设相关任务，将项目发包给基层政府，明确项目目标及内容，规定项目资金用途与去向，保证自身意志传递到基层。

巴中市在传统型公共文化空间治理方面，既依靠中央文化惠民工程这一类公共文化服务专项资金，也依赖四川省文化惠民扶贫计划、文艺精品工程、巴文化艺术节等项目资金。四川省文化惠民扶贫计划专项是为了保障贫困地区人民群众基本的文化权益，由省委宣传部、省文化厅、省新闻出版文广局等部门于 2015 年制定。通过对贫困地区文化设施与文化需求进行摸底调查，确立了贫困地区公共文化服务的精确目标，要求各级文广新局层层落实，建立实施方案、管理制度与工作台账，明确时间表、路线图、任务书与责任人。巴中市围绕专项要求，制定详细的实施方案，包括精确到数字的年度目标、重点工作、进度安排、经费预算、保障措施，并制定详细项目规划情况，包括专项名称、牵头单位、规划项目、规划总投资、覆盖人口等，充分体现上级政府的意志。项目由省政府发包，由巴中市向省政府申报，省政府分配资金，也向市里分配目标任务，市里再向县分配目标任务，任务的完成情况由省考核市、市考核县，通过这种方式，上级权威意志沿着科层条线层层传递，成功动员基层政府。"我们市里面主要是负责指导，分配目标任务。每年，每个县建多少。我们 699 个贫困村分批次脱贫，我们会按照这个脱贫的先后顺序重点来分。……并且我们设计了一定的标准。比如面积要建多大？具体的要求都是我们来设置的。我们这个地方是以县区为主。我会根据人口的不一样，对他的一些标准进行改变。"（CTBZ 文化部门工作人员 H001）

（二）下级政府的强执行逻辑

由于上级政府围绕项目目标及内容建立一系列考核指标体系，对下

---

① 陈家建：《项目制与基层政府动员——对社会管理项目化运作的社会学考察》，《中国社会科学》2013 年第 2 期。

级政府进行检查与考核，并且项目成果彰显也会成为地方政府的政绩，同时也为了获取更多的项目经费支持及政策优惠，下级政府往往遵循强执行逻辑。

项目规划及内容一般体现的是发包单位的意图，项目实施过程就是下级单位是按照发包单位的意图执行任务，项目考核也是按照上级制定的目标任务进行考核。与科层制的注重程序与规则不同，项目制目标明确，意图清晰，下级政府不必依赖科层制完备的规章制度，可以针对目标集中高效地完成任务。

项目的管理过程也体现出下级政府的强执行逻辑。为确保资金花在项目上，巴中市文化项目采取层层申报制。市向省申报，县区向市里申报。县区向市里申报项目多以文化活动的形式进行申报，相对于文化场馆、文化院坝等基础设施而言，文化活动比较软性，规模大小、质量高低甚至是否真实举办，都相对不可控，于是市里采取活动申请制度，根据下级单位活动计划的规模大小、场次多少等决定拨付经费的多少，干的事情越多，拨款也就越多，通过这种方式激励下级的精准执行上级意图。另外，上级政府要求下级政府在项目规定期限内用完所有资金，否则影响下一年度资金的拨付，因此，下级政府只能贯彻落实上级制定的项目目标，搞好文化设施，多多举办文化活动。考核时也会根据申请计划的内容来进行，完不成就会被扣分处理，从而影响整个文化系统的政绩，这也刺激了下级政府积极执行上级意图。

三　治理机制

科层制下的公共文化服务项目遵循自上而下的运行机制，该机制主要依靠行政命令贯彻执行。行政体制内部的执行主体包括地方政府、基层政府和社区。虽然名义上社区应该是基层自治组织，但是当前社区居委会也越来越行政化，主要服从街道的行政指令。以公共文化服务项目为例，中央政府下发了要求之后，各级地方政府层层下落，具体落实公共文化服务项目。同时，政府也会吸纳一些发展较好的社会组织和企业参与公共文化服务项目建设。具体而言，科层制下公共文化服务项目的治理机制主要体现在以下几个方面。

(一) 目标考核机制

传统型城市公共文化空间治理中，公共文化服务项目制实施遵循目标考核机制，其基本流程是指标任务的确定、派发、完成和成果汇报，上级政府确定目标、派发任务，从国家到地方，从省市到县乡，将项目目标进行指标量化分解，并作为考核评价相关部门的重要标准。这种目标考核机制有如下特点：

一是专项性目标责任制。为推动公共文化服务专项工作，主要由文化部门来承担任务，由于任务带有临时性，同时将相关的多个职能部门纳入项目与考核范围，以实现多部门协同行动，集中力量完成任务，因此具有较强的动员性。巴中市针对四川省文化惠民扶贫计划专项，制订文化惠民扶贫专项实施方案，确定了五项重点工作，分别落实责任单位。

表4-2　巴中市文化惠民扶贫专项实施方案重点工作及责任单位

重点工作	责任单位
加强公共文化设施建设与管理	市委宣传部、市文广新局、市文明办
加大公共文化产品与服务有效供给	市文广新局、市体育局、市作协
开展示范创建与精神文明建设	市委宣传部、市文明办、市委统筹办、教育局、文广新局、市体育局、市扶贫移民局
实施深度贫困县乡村文化振兴行动	市委宣传部、文广新局、市旅游局、市委网信办等相关部门
加强文化人才队伍建设	市委宣传部、文广新局、市文联、市作协

资料来源：巴中市政府网站。

二是考核指标体系化。针对项目总目标，目标责任被逐级分解、逐级细化，形成一套清晰化指标体系，作为奖惩依据，方便各级政府对项目实行科学管理。下级的指标结构与上级基本一致。如2017年文化惠民扶贫专项中，要求巴中市建成基层综合性文化服务中心500个（包括退出贫困村文化室建设任务215个、政府工作报告中新建幸福美丽新村文化院坝180个、省文化厅下达建设贫困村文化室188个）。巴中市将此任务目标进行分解，其中，巴州区、恩阳区、南江县、平昌县各100个，通江县90个，巴中经开区10个。完成目标任务得满分，未完成或延期完成每个扣0.1分，超额完成每个加0.1分。考核依据为《贫困地区村级综合文化服务中心示范点"七个一"建设标准》[此标准根据文化惠民专项计划中有关"贫困村综合文化服务中心（文化院坝）建设任务"制定]。目标任务经过层层分解，形成指标考核体系，省考核市，市考核县区。

三是考核指标标准化。非竞争性公共文化服务项目的标准化实施是为了满足居民的基本公共文化需求，一方面公共文化服务内容的标准化便于政府的统一管理，另一方面有利于实现公共文化服务的标准化与均等化目标。公共文化服务内容的标准化包括场所的数量、面积，应该供给的图书数量、类型等，相关的配套设施与管理人员、管理规章也做到了标准化。标准化公共文化服务能够充分发挥政府科层制的优势，也符合政府管理的逻辑。但是标准化公共文化空间与居民差异化需求往往不能契合，也导致许多公共文化空间的闲置，造成国家公共资源的浪费。

（二）协同机制

传统型城市公共文化空间项目治理的机制体现了项目制运行的规律：国家部门的"发包"机制、地方政府的"打包"机制和基层的"抓包"机制，由上级部委发布项目指南书招标，下级政府作为投标方，向上申请项目。上级部委作为发包方将项目管理的权力发包给获得项目的地方政府，地方政府确定最终承包方[①]。地方政府也逐渐仿效中央，作为发包方，将一些项目以投标的方式发包给下级政府。在此过程中，上级政府都要对项目事务进行条线管理，为完成项目任务，调动各职能部门参与其中，上下级之间以及各横向职能部门之间形成协同机制。

一是纵向上下级之间的协同。主要通过政策层层分解实现。在现代公共文化服务体系建设方面，根据中办、国办发布《关于加快自主建设公共文化服务体系的意见》，四川省委办、省政府办出台《关于加快构建现代公共文化服务体系的实施意见》，根据两个文件巴中市委办、市政府办联合印发了《关于加快构建公共文化服务体系的实施意见》，各个区县

---

① 折晓叶、陈婴婴：《项目制的分级运作机制和治理逻辑——对"项目进村"案例的社会学分析》，《中国社会科学》2011年第4期。

党委政府又以此为参照制定相应的关于加快自主构建公共文化服务体系的实施意见。在基本公共文化服务均等化的规划方面，中央部委发布《十三五推进基本公共服务均等化规划》，四川省出台相关实施意见，巴中市制订《巴中市十三五基本公共服务均等化规划》，同时配套出台"十三五"文化事业、文化产业系列规划。通过政策层层分解，形成中央下达任务，省内统筹协调，市内实施，或者省内下达任务，市内统筹协调，县内实施的格局。这种上下衔接、层层勾连的政策分解一方面确保在项目执行中下级与上级在方向与原则上一致，另一方面根据不同地方的经济、社会、文化条件，因地制宜地制定符合当地实际的实施细则，发挥项目制的功效。

二是横向各职能部门之间的协同。项目制目标性强，往往涉及多个部门，带有很强的动员性，需要各部门整合资源，集中力量实现项目目标。这就需要各职能部门之间的协同。例如，文化惠民扶贫计划中，贫困村综合文化中心建设方面，由市委宣传部牵头，规划部门进行统一规划，文化部门建立相关制度，教委提供教育文化活动。在现代公共文化服务体系建设中，文化室、图书室需要达到一定面积，文化部门经费有限，只有免费开放的经费，没有文化活动场所的建设经费，卫生局建好场地并提供卫生设施，文化部门配送图书、广播、电脑、乐器等，开展文化活动并制定文化管理制度，同一个场所既是卫生服务中心又是文化室图书室，各部门进行资源整合。为了高效推进项目的实施，地方政府还成立领导小组、协调组进行统筹安排。为推进现代公共文化服务体系建设，由巴中市委、市政府牵头，成立巴中市公共文化服务体系建设协调组，由市委宣传部、市文广新局、市委编办、市文明办、市发改委、市民宗办、市教育局、市科知局、市财政局、市人社局、市质监局、市体育局、市扶贫移民局、市总工会、团市委、市妇联、市残联、市科协等部门组成，主要工作内容包括：促进公共文化服务领域规划、编制及政策规定的统筹协调，依法正确履行行政监督职责；及时、有效地解决公共文化服务体系建设中存在的突出矛盾和问题，促进公共文化服务体系建设规范有序进行；深化公共文化服务管理体制改革和服务机制创新，完善各项公共文化制度，提高文化治理能力。协调组各成员职责分工明确，并遵循集中讨论、协商一致的原则，每年召开1—2次全体会议并不定期召开联络员工作会议，重点研究、讨论公共文化服务体系建设有关具体工作任务。通过这种方式，实现横向职能部门之间的有效协同和一定程度的资源协同。

(三) 吸纳社会力量机制

在社会力量发育较好的情况下，项目吸纳社会力量能够提升公共文化空间治理。政府主导公共文化项目的实施，但具体的公共文化产品不完全由政府供给，传统型公共文化空间的治理中也有部分社会力量的参与，由于企业对市场和居民需求的反应更加敏锐，政府通过公共文化产品或服务购买的方式，提供能够满足居民需求的公共文化服务。同时吸纳一些发展较好的民间文艺组织，对他们进行指导和培育，在社区开展文艺演出，从而繁荣群众性公共文化活动。具体而言，一是向演艺公司购买文化节目。由于传统型公共文化空间政府财政非常有限，购买文化节目的情况较少，且费用较低。二是政府与企业合作提供公共文化服务。双方互用优势资源，由企业提供舞台、餐饮以及少量资金，政府提供文化活动。借助企业的文旅活动来提供公共文化活动，以文化产业带动公共文化服务。三是依靠社会组织提供公共文化服务。其一，依靠民政局正式登记的社会组织，如书法家协会、音乐家协会、曲艺家协会、诗词协会、老年大学、民间民俗协会等，社会组织就一些活动的开展向政府提出申请，经政府审核立项，活动完成以后经政府考核验收，报销活动产生的经费。专款专用能够保证文化活动的顺利开展，也能够促进社会组织出文艺精品，巴中市的老年大学创作的剧目登上了北京国家大剧院，获得了巴中市文广新局的资金支持。但由于这种资金支持不稳定，金额较少，社会组织难以长期有效地提供高质量公共文化服务。其二，依靠备案的民间自组织提供公共文化服务，传统型公共文化空间民间自组织数量多，政府依靠民间自组织开展广场舞比赛、民俗歌舞表演、志愿服务等，能够满足居民需求，弥补公共文化服务标准化带来的单一性供给；但民间文艺组织规模小、专业化程度不高、组织松散，大多属于自娱自乐，参与公共文化事务积极性不高，难以提供高质量公共文化服务。总之，传统型公共文化空间社会力量薄弱，吸纳社会力量参与公共文化空间治理的机制尚不完善，政府与社会力量之间关系松散。

四 治理模式优劣势分析

（一）治理模式的优势

1. 政府强大的社会动员和集中资源的能力促进供需平衡

该治理模式最大的优势在于政府可以集中力量办大事，在整个公共文化空间建设和治理过程中的政治动员、力量整合、政策推进等方面具有其他主体难以企及的权威，促进了公共文化供需平衡，并在某种程度上能极大地推进公共文化的发展和繁荣。在党的领导下，各级政府在文化和社会发展方面有着较强的动员和集中资源的能力。政府动员所有可以利用的人力和物力资源，提供充足的人财物等资源；同时政府也具有资源分配的能力，政府可以通过一定的方式合理地分配社会价值。构建一个覆盖范围广、供给均等化，以市级为龙头、县（区）为骨干、乡镇为支撑、村（社区）公共文化场馆为基础的四级公共文化服务体系。例如巴中先后出台《关于加快构建现代公共文化服务体系的实施意见》《基本公共文化服务保障标准》，整合文化旅游等资源，有序推进县级公共图书馆、文化馆总分馆制建设，全市建成文化馆分馆89个，公共图书馆分馆95个。推进村级综合文化服务中心建设，全市建成村级综合性文化服务中心703个。① 送文化下乡由乡镇党委把关，"会出一些管理性的政策，比如说非贫困村农家书屋、贫困村文化活动室"。（CTBZ 回风街道工作人员 X001）在文化活动的举办中，"我们巴中市的文化活动是每个馆各司其职，但是之间又有机协调，就是靠局里把我们协调起来"（CTBZ 文广新局工作人员 Y001），体现了各级政府的协调联动。

2. 统筹平衡地方经济文化的协调发展保证基础公共文化供给

非竞争性项目制的本质是国家财政转移支付的一种手段，对于平衡区域发展具有一定积极作用。以公共文化服务项目为例，目前我国的公共文化服务建设呈现出很强的"经济决定论"，即地方经济发展水平的差

---

① 数据来源：巴中市人民政府官网 2020 年 7 月，http://www.cnbz.gov.cn/xxgk/zdxxgk/shgysy/whly/12869991.html。

别导致财政收入的地方差异性，进而导致公共文化空间建设的非均衡性。公共文化设施建设、服务网络建设以及人才资金技术保障建设作为公共文化服务体系建设的重要内容，都需要经济基础和财政实力作为支撑。但是在传统型城市这样一些经济欠发达地区，发展经济才是硬道理，GDP是压力型体制之下考核的重要指标，而至于公共文化空间要么是作为"文化搭台、经济唱戏"的辅助平台或形象工程，要么是可有可无、完成上级部门任务的草草应付之事。通过专项项目的方法保护传统文化，保证了基础公共文化供给，均衡经济与文化的发展。

（二）治理模式的不足

1. 治理主体单一导致治理活力不足

在传统型城市的公共文化空间治理中，政府在其中起着主导作用，虽然有其他主体参与，但参与性不强，且多为依附型性参与，导致治理的活力不足。

一方面，传统型城市的企业和社会组织公共文化空间治理参与性较低。由于文化企业数量相对较少，规模较小，其在公共文化空间治理中的参与性较低，导致对城市自然文化空间资源的开发利用不足，人文景观打造欠缺。而社会组织在传统型城市中发展相对滞后，其参与公共文化空间治理的能力不足，导致其参与性也较低，在供给的数量、质量方面都无法达到居民的期望。多数社会组织的自身管理架构不完善，人员流动大，高素质人才较少，参与城市公共文化空间的稳定性较差。在文化志愿者层面，组织群体单一、专业性不强、服务能力偏低、培训不到位，存在正常工作时间无人、周末扎堆的情况，志愿服务存在断续性。在资源层面，部分中小社会组织缺乏资金，缺乏多渠道资金筹措方式。同时，不少西部地区文艺骨干团队都为民众自发组织、成立和开展活动，仅凭个人兴趣爱好，大多无经费来源。如巴中市社区内众多的文艺自组织，鉴于社会组织的自主性较弱，发育不成熟，在与政府的合作中，社会组织对资源的使用程度较低，对资源的识别和管理不到位，存在资源依附于政府组织的状况，在人、财、物等方面严重依赖行政部门，自我管理与自我发展能力不强，甚至为争取项目资金支持，社会组织与基层政府的关系扭曲为"主仆"的关系，不能根据资源，与为他们提供资源的政府部门进行反向沟通,未能达到双向依赖,无法在公共文化空间协同治理中发挥其应有的功能。

另一方面,居民参与公共文化空间治理自主性薄弱。由于居民自身参与能力、时间和参与意识不足的限制,居民参与治理的自主性和意识都较弱。在参与公共文化空间协同治理中浮于表面化,更多是自娱自乐式参与,与其他参与主体的互动不够深入紧密。如在城市公共文化空间的规划、设计与管理中缺乏公众主体参与,也缺乏有组织的公共参与和制度化参与渠道,缺少适应城市公共文化空间治理的有效参与方式。不仅如此,公众主体相对比较缺乏参与城市公共文化空间治理的公共精神,大部分主体只关心与自己利益相关的部分,同时还缺乏参与城市公共文化空间治理的相应技术与能力,无法有效提出和争取自己的文化诉求。访谈中发现,居民大多只是了解巴中是红色文化资源丰富的地区,对于具体有哪些红色文化旅游资源,背后具体有哪些文化内涵缺乏了解,只是把这些文化资源当成普通的旅游景点,无法对文化符号形成认同感和归属感,这样的民众认知基础不利于文化符号的推广以及继承发展。

2. 注重迎检忽视服务的行为逻辑

公共文化项目是上级政府确定指标任务并进行派发,下级必须完成任务指标,进行成果汇报实现的,由上级政府进行验收,验收合格才能申请到下一年的项目,因此,考核指标成了评价下级政府的重要标准,关乎部门与个人的政绩。下级政府为了能够继续申请到项目,为了凸显政绩,主要工作就是围绕如何完成指标开展,而不是真正服务于居民。因此,项目的执行过程遵循的迎检逻辑而不是服务逻辑。为了迎检,下级政府主要采取以下几种方式:一是考核目标的"选择性关注"[①]。上级政府的考核指标中,有跟经济社会民生紧密相关的重要指标,也有相对不那么重要的指标;有文化场馆建设、电脑、图书等设备配备等考核的看得见的硬指标,也有文化活动开展、文化创新等看不见的软指标,下

---

① 王汉生、王一鸽:《目标管理责任制:农村基层政权的实践逻辑》,《社会学研究》2009年第2期。

级政府更关注重要性与可视化指标。重要性指标是指涉及地方重大社会经济活动方面的指标，如退出贫困村文化室建设任务，与国家脱贫攻坚战略密切相关，是地方政府放在首位的任务，因此被作为重要指标放在首位。可视化指标是指考核过程中容易被看见、便于监督与评估的指标，如文化场所等基础设施建设，包括数量、面积、设备、人员配备等备受关注，对场所使用率、群众满意度很少关注。调研中课题组问到是否会将居民需求纳入考核体系之中，政府工作人员回答是"也会纳入这个考核体系当中。众口难调啊，比如说老年人喜欢看川剧，他就对这个满意度高，然后年轻人愿意去看开心麻花（当地的一种方言谐剧，笔者注）。我们考虑更多是这个公共文化服务体系的标准化与均等化"。（CTBZ 文化部门工作人员 S002）居民需求的满足并非考核重点，而且众口难调，考核也存在难度，导致一些公共文化场所悬浮式低水平重复投资，一些社区文化活动中心图书室、电子阅览室长期闲置，无人问津。二是下级政府加入自主性指标，体现地方政府意志，规避考核风险。项目制是一种专门性、预期性任务，要求地方政府配套一定比例的资金，并由地方政府具体执行，所以地方政府具有一定的自主性。一方面，利用项目的政策优惠和资金支持，将地方发展规划与项目进行捆绑，把地方发展需求融入项目考核指标之中。巴中市作为贫困地区，经济发展仍是重中之重，因此产业发展被地方政府放在首位。公共文化服务项目的指标中，文化产业也成为重要的考核指标，因此虽然专项项目保障了基础的文化供给，但仍然避免不了"文化搭台，经济唱戏"的情况，地方政府的精力与重心都放在招商引资上，而不是如何满足居民文化需求上。另一方面，地方政府偏向于制定一些自己容易实现的目标，规避考核风险。指标考核与奖惩紧密相连，一旦任务太难，没有完成，就会被扣分，影响绩效。老旧城区文化场馆老旧，设施功能退化，居民迫切需要新的设施先进、方便舒适的文化场馆，但地方政府不会把这个作为目标放到项目计划中去，因为这个需要企业投资才能建成，一旦没有企业投资，项目就完不成，就面临扣分的问题。

3. 重竞争性项目，力量分散，难以形成统一的文化品牌

西部城市传统型公共文化空间的治理单纯靠国家、省级部门的转移

支付不足以有效实现治理目标。目前传统型城市主要的项目包括文化惠民工程、文化精品工程等，资金十分有限。又由于扩权强县以及扶贫政策，一些项目资金直接投放到县一级政府，资金不过市，使得城市传统型公共文化空间治理严重缺血。随着城市人口的增多，居民对于公共文化需求越来越大，地方政府财政投入不到位，以至于城市中心尤其是老城区的图书馆、文化馆只有实行错时开放。

在这种情况下，地方政府更为看重各类竞争性项目，以此获得"输血"，巴中市向中央申请国家公共文化服务示范区、国家艺术精品工程、中国曲艺之乡等，向省里申请了巴文化艺术节、文化繁荣精品工程等。为了获得这些竞争性项目，巴中市政府着力打造三张文化名片：巴文化中心、川陕苏区首府、晏阳初故里。巴文化中心，主要是整合重庆、达州、广元、南充、陕西汉中等泛巴地区文化资源，开展巴文化学术研讨会、巴文化非物质文化遗产展览、上演地方剧目等，打造传统巴文化。至2021年，巴中已举办了9届巴文化艺术节。川陕苏区首府主要是着力于红色文化，围绕于此，创建了红色精品"望红台"，与曲艺之乡、精品工程等项目进行结合。借助晏阳初文化，力图进行产学研结合，推动文旅融合。地方政府重视申请竞争类项目，一方面实现了西部公共文化空间治理的输血功能，但另一方面，竞争类项目需要与其他省市展开激烈的竞争，要想获得项目，难度非常大，这就促使地方政府不得不"跑部钱进"，陷入项目运动之中，无暇顾及居民真实需求。更严重的是，各类文化项目的目标、规划、内容并不完全一致，地方政府为了获取项目，热衷于按项目要求包装自己，导致力量分散，各类文化资源难以整合，缺乏对文化内涵的深入挖掘，难以形成统一的文化品牌。在对巴中居民进行代表性文化符号了解程度的调研中，居民表示对晏阳初文化、红色文化有较多了解，但对巴文化、石刻文化以及其他文化等了解不足。同时，在实地访谈中课题组也发现，居民对主要文化符号的了解大多停留在"知道、听说过"，对其文化背后的意义及内涵只有极少数人熟知，当问到关于巴中的一些传统文化符号时，大部分居民能够象征性地说出几个，但是在问到巴中最具代表性的传统文化符号时，居民都意见不一，这些现象都说明了政府没有打造特色的文化符号，只是按照文件标准对每一个文化符号进行了统一的规划，造成了文化符号众多但影响力和知名度普遍不高的结果，也缺乏对文化符号的传承机制，未能形成世世代代的文化传承，造成丰富文化资源的浪费和挖掘不足，因而并不能满足民众的期望。

4. 项目制治理带来的制度路径依赖

项目制治理带来的制度路径依赖主要体现在转移支付项目下地方政府治理能力张力不足、项目制标准化建设考核要求易造成公共文化空间建设的同质化这两个方面。第一，项目制度采取的是部门对部门，借助财政转移支付进行"条线式"申请发放的方式，不同类型的项目由相应的中央部门进行管理，各中央部门对项目有充分的资金分配权和管理权。这种自上而下的纵向的权利运作容易造成地方政府对上级政府的依赖，不利于地方政府治理能力培养。第二，项目制以项目为单位运行，中央各部门在一定程度上已经成为一个项目发布和管理部门。在此前提下，中央及上级政府为了方便管理，同时对项目制下各级地方政府进行监督考核，往往会遵循统一化的建设与管理，对各个项目实行统一的规划，这就导致了项目建设的同质化。例如在城市公共文化空间建设的项目下，各城市、各地区都实行同样的标准化建设，对公共文化空间的数量、类型、形式等都进行统一规划，体现了上级政府的权威意志，地方政府自主性不足。西部城市传统型公共文化空间治理主要依赖上级政府的规划展开，财政也主要依赖上级政府，自身造血功能不足，公共文化服务效能不佳，难以满足居民文化需求。

第二节　现代型公共文化空间
——政社联动型治理模式

现代型公共文化空间资源供给较强，居民需求也更多元化，政府通过引导协调，多方社会力量积极参与，呈现出政社联动型治理模式。该模式下治理主体较多，形成多维互动的组织结构，其治理机制体现为政社联动机制（如图4-2所示）。

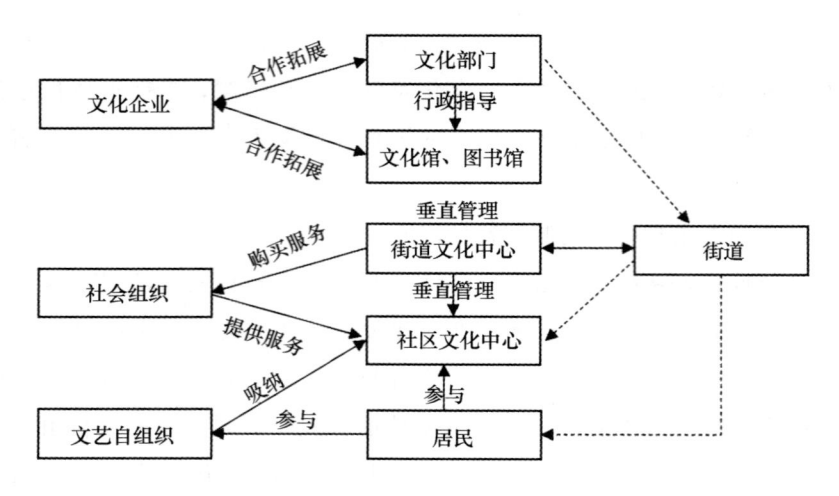

图 4-2　现代型公共文化空间政社联动协同治理模式机理图

资料来源：根据文献资料整理制作。

一　治理主体

（一）政府为公共文化空间治理主要责任主体

政府作为主要责任主体，是现代型公共文化空间治理中资金、人才、技术等的投入主体。现代型公共文化空间中的居民的公共文化需求更加多元，为了更好地回应居民需求，实现其公共服务的目标，政府需要联合不同的治理主体共同参与协作，并在这其中协调各方达成共同的目标。政府在治理结构中的聚合作用主要体现在以下几个方面：（1）政府是现代型公共文化空间治理发展方向的引导者。引导发展方向需要政府利用法律法规为治理发展进行总体规划，承担大部分行政工作、宣传工作，让居民了解发展方向，并引导居民及各类主体参与到治理之中，监督治理中各个主体的行为，协调不同主体之间的矛盾和利益关系。（2）政府是现代型公共文化服务的提供者。提供公共文化空间内的各项服务，满足居民各个层次的需求，并与企业进行积极合作，完善各类基础设施，打造良好的生态环境。（3）政府是公民社会的培养者。培育高水平的公民社会，需要政府重点培养和发展社会工作者和社会组织，对于自治组织体系要进行根本性完善与提升，培养业务水平高的社会工作者深入到公共文化空间治理中，推动各类社会组织的健康发展，鼓励社会组织通过购买服务承担政府部分职能。

（二）企业、社会组织、居民是公共文化空间治理的重要主体

在政府的引导和培育下，企业、社会组织、居民也积极参与到公共文化空间的建设与治理当中，成为政社联动协同治理中的重要主体。

在以政府为代表的权利逻辑和以企业为代表的资本逻辑的双重作用下，企业通过与政府合作的方式参与公共文化空间的治理。在地方历史文物的维护与管理，尤其是对文化内涵的挖掘与展示、传播方面，对政府而言，存在着财力与能力方面的局限。引入文化产业，将政府的政策、制度与企业的资金、管理、人才进行资源整合，是实现政府与企业双方最大利益的途径。对政府而言，不但可以缓解维护、管理的压力，还可以挖掘文化内涵，提升文化品位，扩大景观空间知名度，实现文旅融合发展，促进 GDP 增长；对企业而言，可以利用政策优惠、丰富的自然、人文资源优势，获取自身知名度以及丰厚的利润。以重庆市渝中区图书馆对曾家岩书院的体制性吸纳的做法为例，在增强对合作企业总体上的引导的同时，充分发挥企业提供公共服务的灵活性，提高公共文化服务的供给水平。让企业参与进来，不仅促进了政府的职能转变，节约了供给成本，更提高了供给的质量。

社会组织主要通过政府购买公共文化服务参与空间治理。一方面政府部门通过财政补贴或者其他企事业单位对社会组织进行帮扶，并设立一些激励机制帮助社会组织发展。另一方面，社会组织也积极通过投标、合作、资源共享、信息共享等多种方式，增强社会组织与政府以及社会组织之间的协作，以灵活、创新的方式提供多样的公共文化服务。

居民既是公共文化服务的对象，也是公共文化服务的参与者。居民在使用与消费的同时，也在进行文化意义的生产。约翰·费斯克（John Fiske，2001）认为"每一种消费行为，也都是一种文化生产行为，因为消费的过程，总是意义生产的过程"[1]，这种意义的生产，也是对意识形态与社会心理的生产，唤起集体记忆，增强文化认同，这一过程的关键

---

[1] ［美］约翰·费斯克：《遇解大众文化》，王晓珏、宋伟杰译，中央编译出版社 2001 年版，第 42 页。

环节是生产与需求的衔接，供需对接的过程也是体现公民文化权益的过程，激发公民的主体价值，使其参与到公共事务中去。居民作为公共文化空间治理的重要主体主要表现在两方面：一是作为建言献策的主体，居民对公共文化空间的建设也有着积极的回应，群策群力，积极参与到社区的公共文化空间治理中。在群众文化需求的反馈上，重庆市渝中区的各种服务供给主体要以民众需求为导向，决定文化产品和服务的内容和形式。"就是对于我们可能没覆盖到或者没涉及的一些内容，居民、社会组织这些也可以在云平台上面进行留言和申请，那么我们也会根据这个将需要这类文化活动送到他们那儿。比如说那个送文化下基层的活动，我们都会根据每个社区反映的一些文化活动爱好进行配备。"（XDYZ 文化馆工作人员 T001）二是作为文化活动的参与主体，那些具有一定特长与热心文艺事业的群众居民，组织和参加了文艺社团或者协会的公共文化活动。渝中区华福巷社区内的文艺队伍众多，有京剧队、舞蹈队、编织队、葫芦丝队、武术队等，都是由文艺骨干带头、居民自愿参与组织而成的文艺自组织，这些组织有助于真正实现社区居民的自我管理、自我服务、自我发展。

二　治理结构

根据公共文化治理目标的需要，政府、企业、社会组织、居民作为文化治理主体，紧紧联系在一起，能够基于共同的治理目标快速沟通、达成共识并迅速行动。同时，各治理主体资源互用、资源共享，由此形成了一个多主体联动的治理结构。

（一）总分馆制：文化部门与社区的联动

在重庆市渝中区的政社联动治理模式下，形成了多层次交叉联动结构（如图 4-3 所示）。从纵向看，形成"市级—区级—街道"三级主要纵向干道，在此主要的三级干道下形成"市、区文旅委—文图总馆—街道文化中心—社区文化中心—居民"构成垂直治理纵深干道。

首先，文化总馆与分馆、文化志愿者是垂直管理关系。总馆对公共文化服务工作进行统筹与引领。文化总馆对于 6 个分馆（街道文化中心）是"垂直管理"的关系，对其直接考核、直接财政支持。分馆（街道文化中心）直接管理文化志愿者，给予文化志愿者技术支持、业务指导、直接考核、发放补贴。其次，分馆与街道各具特色，并行联动。在业务方面，分馆（街道文化中心）与街道相互独立，分馆直接归属于总馆领导，由总馆对其进行业务安排与指导。但是从"属地"上来说，分馆（街道文化中心）是在街道的管辖范围内，街道具有行政权力，分馆缺少行政权力，为了让文化服务工作顺利开展，区文委赋予街道部分权力，比如对文化志愿者的考核认定，以及文化活动成果共享，实现权力平衡与政绩捆绑。而社区文化中心既对接分馆，又对接街道，为分馆与街道的联动起到衔接作用。最后，文化志愿者与社区专干是相互合作、相辅相成的关系。文化志愿者是由分馆（文化中心）直接领导，由分馆根据总馆的指示下派文化任务，社区文化专干是由街道行政领导，完成其下达的行政任务。两者本来是相互独立的，但是都是在共同的"属地"——社区进行公共文化服务，因而可以合作完成共同的任务，实现资源整合。"相当于我们是和街道这边对接，归街道管，文化志愿者是归文化中心管，我们是分属于不同的部门。如果有什么活动的话，（文化中心）主要还是先通知文化志愿者，然后我们就一起举办，就这种形式，我们肯定也是在一起举办文化活动。"（XDYZ 社区文化专干 L001）通过总分馆制，将不同层级上的治理主体进行融合，实现了从顶层到基层"纵向到底"的层级互动。

从纵向总体来看，区文旅委对文图总馆进行行政指导，文图总馆对文化中心、文化志愿者进行垂直管理。纵向的治理体系通过垂直管理，从上至下纵深渗透，保证了治理的行政化与规范化。并且在现代型的公共文化空间治理模式下，政府与其他各个主体不是简单的上下级命令—服从关系，而是呈现出良好互动的联动局面，在这样的模式中，居民公共事务参与意识大大提高，参与渠道被大大拓宽。

（二）城市书房：政企合作模式

从横向看，文化企业与区文旅委、文图总馆进行合作拓展，同时区文旅委还链接市级资源，形成"文化企业—区文旅委—市级资源"与"文化企业—文图总馆"两条市级层面的横向干道。横向体系中各主体主要与其平行的主体进行合作，资源整合，拓宽服务的半径，实现公共文化服务的专业化，快速把握居民需求，提供多样化的公共文化产品。

现代型城市公共文化空间治理中，城市书房是典型的政企合作模式。渝中区图书馆在打造"10分钟公共文化服务圈"背景下，与企业合作共建了两个城市书房，一是与位于网红景点鹅岭二厂"的米民宿"合作共建城市书房，二是牵头重庆靶点影视文化传媒有限公司，在重庆市历史文化街区——渝中区中山四路曾家岩19号的百年历史建筑曾家岩书院合作运营城市书房。与工程类政企合作相比，这种新型政企合作具有以下特征：一是"轻资产"运营，打破了以往政企合作是一种融资方式的固态，使公共资源与商业服务相结合，公共部门提供公共资源与相关的管理制度，商业业态的企业只需在原有的经营状态下提供场地与商业服务，双方均不需要投入大量的资金，很好地实现了资源协同；二是共担风险小，公共部门与商业公司的投入均较小，合作的商业店面照常经营，分担了公私合作模式下的"不盈利"风险，使其具有可持续性；三是互利共赢成效明显。在减少风险的同时，由于资源聚集带来的优势，使合作单位既保证了营利性，又提供了优质的公共服务。在政企合作中，政府负责统筹、筛选企业，并与之签订合约，将公共文化服务的生产职能委托给企业，双方形成委托—代理的契约关系。政府负责监管企业在制度框架内为居民提供公共文化服务，并向企业支付一定服务费用。企业代理政府执行生产职能，为居民提供优质公共服务[①]。为克服委托代理关系中出现道德风险，双方在公共文化服务价值目标统合下，建立责任—利益关系，明确双方责任，制约部门不恰当的利益。在规范性合同文本的基础上，进一步建立管理制度，细化双方责任。在合约规定的权责之下，政府在具体的运营方式、经营管理方面给予企业极大的自由。重庆市渝中区"曾家岩书院"项目是典型的公共文化服务的新型政企合作模式。在选择与企业合作之前，渝中区优中选优，对其资质、业态、经营理念等进行了翔实的考察，多次洽谈，在双方愿意履行责任的基础上进行合作，且以合约明确双方责任。同时将曾家岩书院纳入总分馆体系，将其作为总馆的下属单位，总馆对分馆进行总的指导，分馆提供场地以及相

---

① 贾博：《政府购买公共服务中的主体间关系的理论分析》，《学习论坛》2014年第7期。

应的服务。不仅如此，渝中区政府通过与企业合办一些文化活动，为企业招揽人气；企业利用自己的人脉，请来知名专家、文化名人举办讲座，活跃度很高，举办文化活动的场次远远高于政府规定的场次。2018年政府规定曾家岩书院应举办5次活动，但一年下来，书院举办了高达20多次。

这种纵横交错的网络治理结构，以公私合作为契机，构建网络体系，迅速渗透，实现行政化与专业化的结合，极大地扩大了公共文化空间的治理范围，实现治理专业性、创新性、灵活性。

三 治理机制

（一）多主体联动机制

政社联动治理模式实际上是一种以整合资源为目的的多主体联动机制，公共文化空间不再是由政府作为单一行动者供给，而由多元行动者相互配合，每个行动者基于自己的核心优势承担公共文化空间治理中的某一部分，从而集合各方的专业优势，充分利用现有资源，降低社会成本，来实现公共文化空间的有效治理。政社联动治理模式意味着多元、延伸与非等级，不论是政府还是企业，组织还是公民，都平等享有公共治理的权利，因此对于治理主体来说，其本质内涵就在于平等合作。

重庆市渝中区作为典型代表，事业单位（文化馆、图书馆等）牵头提供覆盖到社区的一整套公共文化服务，政府与企业、社会组织相互配合，同时吸收文艺骨干为事业单位服务，甚至成为其工作人员，使文化服务延伸到社区。这种多主体联动机制的特点主要体现在以下几个方面：

在社会维度上，多主体联动形成了相互间的信任。政企之间主要通过制度规范将不同治理主体的目标进行统合，实现治理主体之间的信任与规范。曾家岩书院作为渝中区图书馆的分馆，总馆对分馆进行总的指导、人员培训、资源设备的提供等，分馆提供场地以及服务的基本管理等，分馆是总馆的下属单位。分馆中具有一名编制人员长期驻扎分馆以便对分馆的各项工作进行管理，其他人员采用服务外包的方式。其在联动过程形成一种体制吸纳，并在合作开始就建立了制度性规范。渝中区图书馆与靶点影视文化传媒有限公司合作，通过规范的合同文本明确了双方的合作关系，并要求靶点影视文化创意园遵循总分馆制中总馆对分馆的具体要求，执行明确的总分馆制度性文件。政社之间主要凭借社会资本，建立政府与社会之间的信任。通过动员居民参与公共文化事务，政府文化职能部门、文化中心、街道、社区之间加强沟通联络，共同完成目标任务，建立较强的关系网络，形成信任与互惠合作。

在结构维度上，政府与社会力量的联动关系体现为双向互动。政企之间的双向互动主要以居民需求为衔接。渝中区图书馆与靶点影视文化创意园联动关系就体现为以居民需求为切入点的双向互动。企业主要展现公共文化空间的历史价值、审美价值，挖掘景观文化内涵，非常注重居民的体验，满足外地居民与本地居民的多元化、个性化需求。政府与注重本土文化特色的企业合作，将公共文化服务纳入本土文化特色的景观空间，也是为了克服公共文化服务统一逻辑与地域差异的矛盾，更好地满足居民需求。企业需要增加人气产生利润，政府需要提高居民参与度以提升公共文化服务效能，因此双方以居民需求为切入点进行互动衔接。双方联合举办文化活动，其中，连续举办的 10 期以重庆母城文化为主题系列讲座，极富本土文化特色，吸引了数千名居民参与。而政府与社会组织之间的双向互动主要以社区精英为联结点。渝中区公共文化空间治理中，主要是以文化志愿者为纽带，社区选拔文化志愿者，由分馆直接管理，文化志愿者同时完成分馆、居委会、街道的任务，以此建立社区、分馆（文化中心）、街道之间的社会网络，多方资源得以整合，各主体之间形成较强的关系网络，形成信任与互惠性合作。

在文化维度上，主要体现在政府与社会力量合作过程中双方的知识互补性。政企合作方面，曾家岩书院的建设过程中，渝中区图书馆提供图书资料与技术，曾家岩书院现有图书 6000 册，以民国文化为主题。其中重庆图书馆提供的馆藏善本已成为特色陈列区，每月固定展出 30 册，每月一换，为曾家岩书院增添了厚重的人文底蕴，突出了地域文化特色，助力企业将此处打造成一个重庆文化地标。区图书馆安装了自动借阅设备，并定期进行维护。同时，靶点影视文化创意园也有自己的文旅、文化作品，例如由靶点影视拍摄制作"88 个重庆人"系列的纪录片与影像展也在书院展出，这些作品经多个平台播出并且点击量突破 6 亿次，许多游客慕名而来，区图书馆也借助靶点影视文化创意园的文旅人气，在曾家岩书院组织举办读书沙龙、文化论坛、主题讲座活动，吸引了大量的外来游客与本地居民参与。因此，靶点影视文化创意园原有的文化底蕴与文化氛围对于区图书馆设立的曾家岩分馆来说，增加了其文化价值与文化内涵，使得其更好地成为一个服务于当地居民与外来游客的公益性图书馆，同时区图书馆也为靶点影视文化创意园带来了丰富的文化资源，因此，在合作过程中形成了高度的知识互补性。政社合作方面，政府为社区社会组织提供制度性支持，制定排练场地轮流使用的制度、志愿服务管理制度、社区文体组织管理制度等，在文艺培训、志愿者培训等方面制度化，比如，渝中区街道文化中心为社区文艺组织提供每周一次的专业培训，社区社工定期为志愿者组织提供培训，提升社会组织的专业素质与服务能力。社会组织方面，以专业化服务对政府职能进行补充，文化志愿者通过"文化云"等网络平台上传视频、简报、活动图片等相关信息，同时，也将居民需求向政府反映。社工机构也发挥重要作用，经过持续的服务开展，社工培育和发掘出数十名文艺团队骨干成员，他们在服务开展、建言献策、组织带领、发动居民等方面发挥着积极的作用，社工对他们进行增能和赋权，发挥他们的主动性和积极性。"我们平时有培训，针对一项活动有一个活动前的培训，还有常规的就是有一些志愿者的活动，也是对他们志愿意识的加强。还有就是在社会工作项目有一个技巧上的培训。比如心理疏导有一个谈话技巧。哪些是要规避的，哪些是不能说的，这是注意事项，志愿者队伍建设这一块我们要让他们学习。还有一个就是骨干志愿者的培训小组。在小组当中，我们要让他们学习一些技能，比如说，活动策划。在我们的活动中，志愿者不是像其他志愿者那样下苦力，而是有技能的。他们要带领队伍搞活动，要有带领能力。一个大型活动下来，我们要给他们分工……"（XDZJY 社工 S001）由此可见，政府以制度性支持与社会组织的专业性知识实现知识互补。

（二）融合型组织重塑机制

融合型组织重塑在于对组织间关系的组合安排，结构上转变单线性组织关系，消解了组织推诿、衔接不畅、作用分散的问题。大数据的技术嵌入要求政府组织结构有所变革，适应新技术下的新的组织运作模式，建立整体性的组织结构以实现组织内部的融合。大数据以信息共享和协作为基础，促进政府内部跨层级、跨部门的沟通，在政府内部建构起扁平化的组织结构。其次，开放的信息平台还将政府外的行动主体整合进来。非政府主体在实践中，需要将其诉求传达给政府，同时也从政府那里获取自身需要的信息和资源，通过这种信息交互实现对公共文化空间的治理，加深了非政府主体的互动，从而推动去中心化权利关系和多维互动机制的形成，达成融合型组织重塑的目的。

公共文化空间大数据包括文化云数据、数字图书数据、地理信息数据、文化旅游数据、物理数据等。除此之外，公共文化空间大数据与其他公共大数据，如健康医疗数据、社会保障数据、教育数据等都有着密切的联系。利用互联网、文化云、移动客户端等平台获取公共文化空间的资源大数据和运营大数据，对所采集的大数据进行存储、加工、算法分析等，实现资源整合与运用，以此突破部门壁垒，解决管理的碎片化，资源整合、数据共享、共融共通的融合型组织得以重塑。在公共文化空间治理中，涉及多元行动者之间的跨领域、跨部门、跨层级融合，渝中区政府利用互联网大数据等技术治理方式强化了多元行动者的互动形式和结构，增进了多主体之间的融合程度，其主要的协作主体包括文化部门、规划部门、文化事业单位、企业以及社会组织等。文化部门负责文化治理的总体规划与制度体系搭建，为了实现公共文化均等化、精细化目标，建设公共文化基础设施，要与国土规划部门协作，进行文化场馆、文化广场等场地的选址与规划；为了推进文化工程数字化，打造全域覆盖文化网络，与三馆（图书馆、文化馆、博物馆）等事业单位进行协同，共享文化资源数据，同时与"三网"（电信网、广电网、互联网）合作，融合新技术实现公共文化资源的优化配置，丰富数字文化资源库建设。为了提供群众喜闻乐见的公共文化活动，政府与文化企业、社会组织等进行合作，通过政府购买、托管等与多元主体共同提供文化服务，并在此过程中以文化云平台、文化服务管理平台等进行文化服务的检测与信息共享（如图4-3所示）。这种治理机制有效地融合信息技术，实现治理主体之间跨部门、跨领域和跨层级的融合，提高治理效能。

第四章 西部城市公共文化空间协同治理模式运行机理分析　　153

图 4-3　渝中云平台公众号内容

图片来源：渝中云平台公众号截图。

（三）精准化资源配置机制

"精准化"思维强调特殊性、类型化逻辑，在现代型公共文化空间治理中，经常基于问题对象的特殊性做针对化处理，以更加贴近治理的实际。重庆市渝中区在对公共文化空间进行数字化程度提升方面，物理空间上打造数字图书馆、数字文化馆，引导领域内优质企业聚集，打造数字文化产业园。在将传统文化与现代文化进行融合时，采用多样化方式推进城市文化的创新打造，既有传统的红色文化符号，也有商业化、国际化的现代性文化，满足了居民对更具特色的公共文化象征空间的需求。

在具体的治理环节上，渝中公共文化空间治理主要包括了"需求调研—产品供给—服务消费—服务反馈"，通过移动端、门户网站等收集了解居民的文化需求，再通过大数据对信息进行分析处理，提供分类组合的公共文化产品，进行精准化资源配置。

"我们能够利用这些技术动态掌握公共文化服务情况，同时，通过技术运用，我们能够建立起一个治理流程的闭环，就是从需求调研、服务配送、过程追踪和服务评价这几个步骤进行把握。就拿我们给每个社区提供的公共文化服务来说，在社区里面有我们的文化志愿者，她可以收集社区里面居民的需求，然后结合居民需求和实际情况，在文化物联网上面进行申请，要举办什么类型的活动，需要哪些支持，我们就根据她的要求去给予她一定的支持，她把活动举办了，就把活动的过程的资料、音频这些传到物联网上面，相当于我们对它进行一个跟踪，最后就是说我们还会在网上进行问卷调查，了解一下居民对这个活动满意不，还有哪些地方有问题。"（XDYZ文化馆工作人员T001）

精准化资源配置机制主要包括以下几个阶段：在需求调研阶段，利用政府部门门户网站、网上平台"菜单"、文化云平台、APP等线上平台，同时结合实地考察，充分收集居民的多样公共文化需求，对收集的数据汇总进行分类整理、数据传输、数据转化，如根据不同类型的需求，将公共文化需求进行分类编码，可以分为硬件设施类需求、软件建设类需求、文化活动类需求、文化精神类需求等，以实现精准定位、靶向瞄准。在产品供给阶段，根据产品需求调研结果进行分类供给，利用互联网、云平台、各类APP开通文化"点单"服务，实现精准供给，同时链接各级各类文化资源，与企业、社会组织等开展合作，实现多样化供给。在服务消费阶段，通过数据追踪、检测与综合管理，对提供的公共文化使用和消费情况进行全动态化、开放式的把控，例如对所提供的公共文化活动进行实时动态跟踪，将其活动音频、数据资料等上传，以了解进程，为后续活动的开展提供基础。在服务反馈阶段，主要是了解服务效果，以更好地进行服务改进。利用网上平台进行问卷调查、服务评分、问题反馈和意见建议等，综合进行分析，发挥信息、数据的分析支持功能，实现"数据—信息—情报"等信息链的构建，提升综合治理效果。

可以看出，精准化资源配置机制能够精准定位居民的公共文化需求，并提供相应的资源和服务，在提升居民公共文化服务满意度的同时，提高治理的效率。

四 治理模式优劣势分析

(一) 治理模式的优势

1. 能够实现资源联动与优势互补,促进供需平衡

首先,政府作为公共文化治理的核心主体,具有强大的社会动员与资源整合能力,建立公共利益价值导向,完善制度保障,充分调动多元主体参与治理,集中公共文化资源建设公共文化空间,促进公共文化供需平衡。其次,企业在公共文化中拥有良好的行动能力和市场导向能力,具有创新性、灵活性等特征,能够充分快速地把握群众的需求,将其纳入到公共文化治理当中。企业不再是单纯以乙方身份出现的产品、设备供应商,也可以是战略合作方、项目资助者、受委托的运营方等,或者基于社会责任而积极参与公共文化空间治理。最后,社会组织可以凭借其专业优势,与政府合作供给公共文化产品或公共文化服务。这其中,互联网技术发挥了极大的资源整合与部门联动作用,通过信息技术,一方面将不同层级的部门进行统筹,使得上下级之间能够相互配合,共同实现治理目标。另一方面将不同领域部门进行统筹,发挥各部门的优势,推动不同部门间的有效沟通与交流,实现治理的及时性与全面性,最终实现跨层级、跨部门的有效沟通,提高整体工作效能。利用现代信息技术,能够拓展公共文化空间的服务范围和半径,通过对线上线下资源的整合,提供综合性的文化服务内容以满足大众多元化需求。

2. 合作治理增强了治理的灵活性和专业性,保障供需匹配

一方面,联动治理具有较强的灵活性。政府在与多元主体进行合作时,其合作方式是灵活的。针对不同的治理环境可以变换联动对象,政府可以根据城市公共文化空间治理的目标选择合适的合作对象。另一方面,联动治理具有较强的专业性。总分馆制在街道设立了独立的文化中心(分馆),并直接对接社区文化志愿者实现文化事务的治理以及人员管理,如每年下拨文化中心专项运行经费,配置正式在编的艺术、管理专业技术人员等,都有文化事业单位进行统筹,保障了其专业性得到充分的发挥。同时,联动治理使得行政体系内的文化主体与行政外的文化企

业、文化社会组织进行共同互动。文化企业与文化社会组织在长期的文化业务和文化活动发展中，有着专业性的技能，在合作治理中充分与专业性集合在一起，实现公共文化空间治理的专业性。在合作治理灵活性和专业性的保障下，使居民对公共文化的需求得以满足。

（二）治理模式的不足

1. 公共利益与多元利益诉求之间难以平衡无法保证供给质量

治理主体多元化的社会治理模式，无论是政府还是市场、社会组织，都能发挥其在公共文化治理中的作用，但是作为不同的能动主体，其本质上有着不同的运作模式与利益追求，如何建立有效合作模式促进治理主体之间实现优势互补便成为一个问题。西部城市现代型公共文化空间治理主体有政府、企业、社会组织，各主体的利益不一致就会产生冲突。比如，城市公共文化空间的公益性目标与企业的营利性目标冲突明显。重庆市渝中区图书馆与"的米"民宿合作成立的24小时城市书房，虽然政府与企业通过合作拓展了公共文化空间，居民可以在一个环境典雅、休闲舒适的地方免费阅读，但是由于企业是以营利为目的，对于进去阅读的居民，企业倾向于居民消费需求的刺激，长此以往，居民自然把公益性的城市书房当做消费场所，公共文化空间的公益性与企业营利性的目标难以协调。

2. 其他治理主体的自主性仍然较弱，无法充分满足居民需求

在该治理模式中，政府主导是其纵向的运行逻辑，而社会协作是其横向的运行逻辑。在政府主导下形成的政社联动，要求社会协作的相对独立性实则很难。政社联动治理中，纵向与横向的运行往往出现不对称现象而使得其运行错位混乱，难以形成清晰的治理运行逻辑。一方面，容易出现政府纵向的权力运行逻辑过重，"头重脚轻"，形成行政有余、合作不足。另一方面，社会组织横向的权利运行不足，导致两者不对称。政社联动治理模式中，社会作为相对独立的力量存在，承担了政府退场后形成的职能空缺，但是在实际的运行过程中，社会的自主性和独立性不足，没有充分发挥其权利产生社会的内在秩序。现代型公共文化空间治理中，虽然实现了政社联动，但多是依靠行政力量的推动，社会组织自身没有在制度牵引下形成自主力量。在其他治理主体的自主性仍然较

弱的情况下，政社联动治理不能发挥好其应有的作用，无法充分响应和满足居民对公共文化空间的多元化需求。

第三节　过渡型公共文化空间——复合型治理模式

过渡型公共文化空间供给数量上总体不足，类型与功能较为单一，不同类型空间中居民的需求差异较大，政府的主导方式与社会力量的参与方式各异，呈现复合型治理模式。其中 A 类过渡型（公租房社区）公共文化空间形成了纵向垂直治理、横向多主体合作的治理结构，治理机制上综合体现了政策杠杆撬动、项目管理以及社会组织参与的运作机制（其治理模式类似传统型与现代型的综合），图 4-4 反映了 A 类过渡型公共文化空间复合型协同治理模式机理；B 类过渡型（村改居社区）公共文化空间形成了政府扮演"元治理"角色、多主体共同参与治理的治理结构，治理机制上体现为元治理、精英带动、居民协商的治理机制，图 4-5 反映了 B 类过渡型公共文化空间复合型协同治理模式机理。

一　治理主体

（一）政府全面（强势）主导公共文化空间治理

由于过渡型公共文化空间的"过渡"特性，政府在统筹、规划、建设和具体实施等方面表现为全方位全过程的主导作用。

公租房社区是根据国家住房保障政策及相关规定的引导，由政府统一规划设计，享有一定政策优惠及建设标准，向城市中低收入群体提供带有保障性质的住房所形成的社区[①]。由于公租房（廉租房）带有福利性质，包括财政投入、提供建设用地、融资、建设、制定标准、申报分配、审批入住资格、后期物业运营等环节，都由政府统一负责，并提供租金和税收补贴。在公共文化空间治理上，也由政府主导。而村改居社区是"在我国长期实行城乡二元政策背景下，对城中村或经济较发达的城郊农

[①] 武田艳、何芳：《保障性社区公共服务设施供给研究——以上海市宝山"四高"小区为例》，《生态经济》2011 年第 9 期。

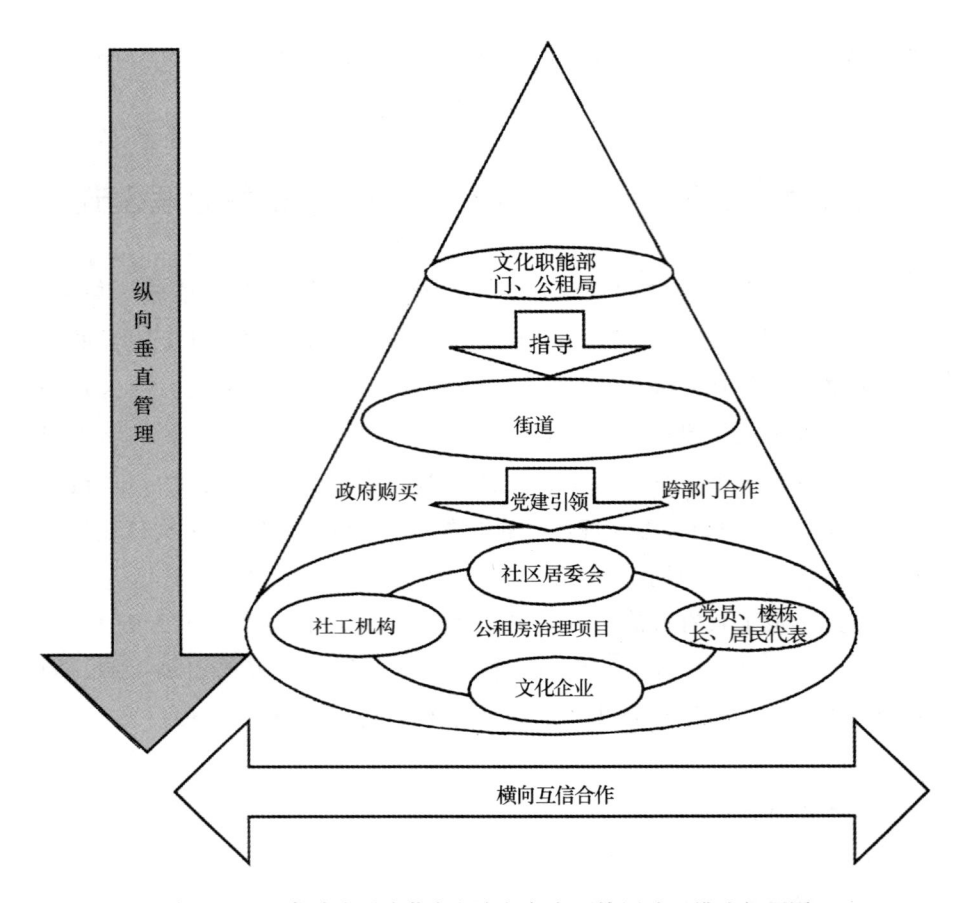

图 4-4　A 类过渡型公共文化空间复合型协同治理模式机理图

村进行城市化改造的必经过程"①。政府主要起到推动的作用，在公共文化空间的治理上，过渡型公共文化空间的治理主体以政府为主，依赖行政力量推动，政府的主导作用主要体现在以下几个方面：（1）政府是过渡型公共文化空间的财政、人事投入主体。由于过渡型公共文化空间的交叉性、过渡性等特征，过渡型公共文化空间常常分布在城市郊区，该区域人流量较少，人群的消费水平低，从收益来讲，鲜有企业参与过渡型公共文化空间的开发和治理。因此，政府常常作为主导者，通过政府

---

①　郑风田、赵淑芳：《城市化过程中"农转居"与农村集体资产改制问题研究》，《中州学刊》2005 年第 6 期。

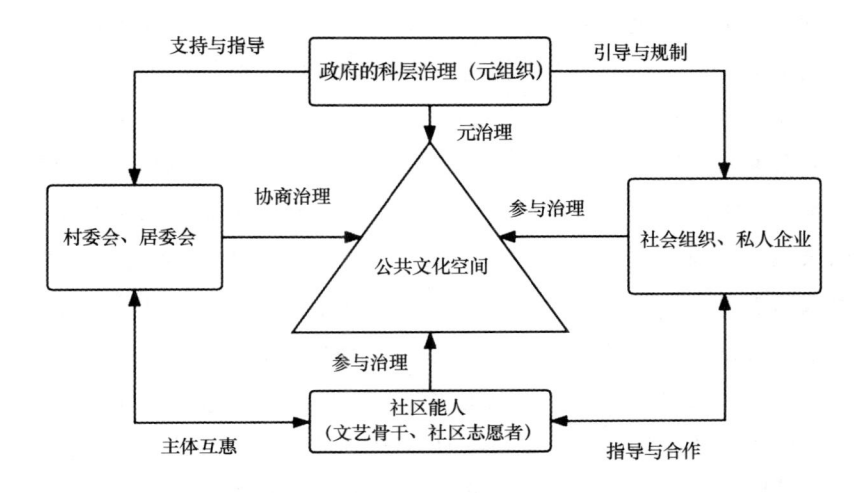

第四章　西部城市公共文化空间协同治理模式运行机理分析　　159

图 4-5　B 类过渡型公共文化空间复合型协同治理模式机理图
资料来源：根据文献资料整理制作。

购买服务、政策财政支持等手段开展过渡型公共文化空间的治理。在公租房社区内，由政府向社会组织购买公共文化服务；而在村改居社区内，政府多是以财政支持和政策支持来推动公共文化空间的建设。（2）政府是过渡型公共文化空间中基层组织的指导、协调、监督者。由于过渡型公共文化空间的居民大多聚集在公租房、村改居等过渡型社区中，其公共文化空间的治理依托于街道、社区等基层组织，而居委会主要接受街道办事处的指导，街道办事处接受当地政府部门的指导，可见微观层面上过渡社区公共文化空间在很大程度上需依靠政府基层组织。（3）政府是促进过渡型公共文化空间治理转型的重要力量。过渡型公共文化空间中的居民大多数文化水平较低，经济地位较低、自治意愿不强、自治能力不足，因此，政府作为社会治理的主体，政府有意识地通过政策支持、资源整合、主导社会建设等途径建立起过渡型公共文化空间系统性的治理机制，培育过渡社区居民良好的自治能力。

（二）居民圈层化参与公共文化空间治理

过渡型公共文化空间的居民参与圈层化特征突出。社区居委会作为居民自治的重要载体是圈层的核心，而与该核心贴近的社区能人、社区精英带动关系紧密的居民参与到公共文化空间治理中。就 A 类过渡型公共文化空间而言，文艺骨干多由老干部、老教师、退伍军人等组成，年龄集中在 50 岁到 70 岁，这部分群体是公共文化空间治理的重要力量。例如，城南家园公租房社区共有 24 个文艺团队，主要包括舞蹈、太极拳、柔力球、坝坝舞等。文艺骨干基于自身的社会网络关系，动员有文艺爱好的亲戚、朋友，通过自编自导，写诗创作，丰富公共文化空间供给。就 B 类过渡型公共文化空间而言，"村改居"社区的居民代表主要是原来的村干部或是村里德高望重的民间权威，他们对居住地的认同感较强，参与社区公共文化事务治理的意愿强烈，也能够运用其社会地位，利用传统社会中的情义、礼俗等去推动社区中的新居民参与社区文化公共事务。与社区能人、精英相比，过渡型公共文化空间的其他居民参与公共文化空间治理的意愿与能力较低，且功利性较强。"社区搞活动，有礼品的就很多人都会去，没有礼品的积极性就不怎么高。之前社区动员居民捡烟头，文艺骨干都是无偿参与其中，而且参与积极性很高，但是普通居民的文化素质、思想觉悟不够，社区发礼品才主动去参加。"（BYLSXJY 社区工作人员 W001）总体而言，过渡性社区的居民参与圈层化特征明显，与圈层内核的关系越近，居民（社区能人、文艺骨干及其关系网络成员等）参与公共文化空间治理的积极性越高，而离核心较远、处于外部圈层的普通居民参与公共文化空间治理的积极性越低。

（三）社会力量补充参与

社会组织、企业等社会力量在过渡型公共文化空间治理中也是不可缺少的主体，他们在过渡型公共文化空间治理中主要起补充参与的作用。社会组织通过发挥自身优势，吸引社会资金投入，带动社工和志愿者队伍，满足人们参与社会公共事务的需求，对于公民责任意识的养成具有潜移默化的熏陶功能。以政府资助为引导、社会捐赠为主体、居民出资为补充的民泰基金会，为城南家园公租房社区公益站项目及活动的开展提供了资金保障，同时支持服务类、公益类、互助类社区社会组织的培育和发展；舞蹈协会、书法、摄影协会等为社区文艺骨干提供培训，提升文艺团队的专业水平。除了基金会的资金支持，民办非企业单位也积极参与过渡型公共文化空间治理，2018年7月，香炉山街道购买的"文明进康城·三社在行动"社会工作服务项目由重庆兴民社会工作服务中心在康居西城社区正式实施。通过联动社区、推动社团、发动居民，组织开展有利于社区提升文明意识、促进邻里融合、发展社区教育、丰富社区文化的四类活动。让社区居民能够逐渐关注身边事、关心身边人，努力形成"公益大社区"的文明互助氛围，从而实现共建共治共享的文明和谐社区。此外，兼具营利性与公益性双重性质的企业作为社会力量的重要构成也助力过渡型公共文化空间治理。公租房社区城南家园、村改居社区骊山新家园周边的企业都为社区公共文化活动的开展提供资金、礼品的支持，激发了居民参与公共文化活动的热情。

二 A类过渡型公共文化空间的治理结构与机制

（一）A类过渡型公共文化空间的治理结构

公租房社区公共文化空间，因服务对象大多为外来务工者，需有效解决外来文化如何融入本地文化的问题，一方面需政府机构强势主导，另一方面通过与社会组织、社会工作者横向合作，由此形成"垂直管理＋互信合作"式复合治理模式。

1. 纵向垂直治理

在纵向治理体系中，A类过渡型公共文化空间呈现为"文化职能部门、公租局—街道—社区"的三级治理结构，在行政管理体系内部，各级治理主体的关系主要是以科层条块关系为主。条块关系的本质是强调条条之上的权力集中、监督、管理和控制。依靠社区工作者的"上传下达"，上级政府的工作能够自上而下层层传递最终到达基层。街道办事处作为政府在基层的派出机构，以居委会为"信息中转站"保证公共文化空间治理工作在基层群众当中的落实。社区党组织是社区治理的领导核心，接受街道办事处党委的领导；社区居委会在完成多个政府部门通过街道下派的任务的同时，还需要回应居民需求。这既满足了街道办事处"行政控制"的需要，同时又保留给社区一定的自主空间。街道和社区居委会还需要接受公租房的指导和监督，公租局每年通过项目管理的形式来推动公租房社区公共文化空间的治理，公租局牵头，联合市委宣传部、市文明办提供经费支持，制订考核标准，推进公租房社区常规性的传统文化节日活动以及特色的邻里节的开展。

2. 横向跨部门合作治理

正如克罗齐耶指出："任何一个社会，无论它多么富有，都不可能运用官僚主义的方式来解决所有问题。"[1] 仅仅依靠政府科层制无法有效治理公共文化空间，需要政府与社会组织、企业等主体的横向跨部门合作以提升公共文化空间的治理绩效。

跨部门合作是指"两个或者两个以上的不同部门，通过共同活动而非独立行事来增加公共价值"，运作过程中不同部门协调调配人力、物力、财力等资源，制定有效的组织运作系统规范组织运营，平衡主要目标和多种次要目标以实现共识并维持共识，并创造良好的合作文化或互动关系准则，以实现共同目标。例如，重庆市香炉山街道牵头组织的儿童阅读推广联盟项目，由文旅委、街道（第一部门）牵头组织，通过购买服务的方式与第二部门、第三部门开展合作。米兔兔绘本馆及相关绘本供应商（第二部门）提供资源，重庆市兴民社会工作服务中心（第三部门）负责活动的具体实施。项目运行过程中还有妇联、社区居委会、高校、志愿者组织等其他第三部门提供资金、技术和人力支持。支持环境、价值导向以及治理能力是跨部门合作得以顺利进行的关键因素。在支持环境方面，政府通过政策支持为公共文化空间跨部门合作机制营造合法、稳定、有利的社会环境；第二部门以政策、资金支持为基础，积极开展科研创新，为公共文化空间治理提供技术支持，第三部门基于自身特点与专业优势，为公共文化空间治理提供文化服务支持。在价值层面，各部门在政府的引导下，以公共价值为导向，以满足居民基本文化需求、保障基本文化权利为目的，开展公共文化空间治理活动。在治理能力方面，政府通过组织孵化、服务购买等方式，鼓励其他部门参与公共文化空间治理，各部门通过居民考评机制不断优化服务质量，提升治理能力。

---

[1] ［法］米歇尔·克罗齐耶：《法令不能改变社会》，张月译，格致出版社、上海人民出版社 2008 年版。

(二) A 类过渡型公共文化空间的治理机制

1. 党建引领机制

党建引领机制，即在公共文化空间治理中发挥资源凝聚、项目带动以及秩序重构等关键效用。例如，2020 年 11 月，在高新区香炉山街道办事处的支持下，重庆兴民社会工作服务中心入驻香炉山街道康居西城第三社区立项开展党建引领"微治理""三治融合"进社区社会工作服务项目。在此过程中，党建引领机制凸显。首先，党建引领发挥了资源整合与平台建设的凝聚作用，形成"街道党工委—社区党总支—党支部—党小组—党员"的纵向管理模式，通过购买服务的方式为社区治理扩充第三方力量，形成"社区居委会—社工机构"横向合作模式，在项目实施过程中，形成"社工+社区党员+居民楼栋长+文艺骨干"的"1+X"微治理队伍，并通过"担任志愿者—志愿服务—累积积分—兑换奖励"的方式，引导社区居民主动参与到社区志愿服务工作中，综合构建了以资源共享、共建互补为突出特征的公共文化空间治理格局。同时，通过搭建室内室外居民议事平台，社工扮演同行者的角色倾听居民的声音，将其整理为议题开展议事会，提升党建网格及组团楼栋居民骨干的议事协商能力。其次，党建引领发挥了项目牵头的作用。通过项目牵头有机结合党建项目与社区自治项目，强化了自治项目的政治保障，带动了社区内各主体间在共同的目标下参与互动，提升公共文化空间治理的针对性和有序性。同时以党建品牌助推公共文化空间治理品牌，提升公共文化空间治理的影响力。最后，党建引领具有公共文化空间秩序重构效用，康居西城第三社区立项开展党建引领"微治理""三治融合"进社区社会工作服务项目着重解决不文明养犬和高空抛物两个现象，运用社区治理建阵地、建队伍、建制度、建流程、建组织、抓典型六步，激活德治、自治与法治，重构公共文化空间秩序。

2. 政策杠杆撬动机制

政策杠杆撬动机制，即政府运用公共文化服务政策撬动公共文化服务的资源，提高公共文化服务的供给质量，激发居民的参与热情。其中比较典型的措施便是重庆市公租房社区的"2+9"文件，文件包括建设社区公益性文体设施，培育群众文化骨干队伍，加强志愿者服务等方面，将公租房社区建设责任分解落实到有关部门和街镇。以公共文化服务政策拓展公租房社区公共文化服务资源，在政府主导下，各部门形成合力推进公租房社区公共文化建设。采用政策撬动的原因在于过渡型社区需求总量大于供给能力，流动人口总量太大、人群结构分化严重，但社区的资源不足、基层组织缺乏推进社区建设的启动资金，因此需要借助政府的力量，通过公共文化政策加强各级各部门之间的合作，增加公共文化服务供给能力，实现公共文化服务的目标。

政策杠杆撬动机制主要通过公租房社区项目制来展开。公租房社区的项目分为考核型项目与示范性项目，其中，考核型项目是普惠性项目，市级部门就基层党建、文化建设、日常事务等方面最基础的事务向社区提出要求，项目遵循自上而下的运行机制，运作流程为政府发起—实施—考核；示范型项目是竞争性项目，是社区为争取政府部门资源，针对居民需求自主设计的项目，遵循自下而上的运行机制，采取"社区申报—街道审核并提交申报书—主管部门批准和验收"的形式，包括党建、平安社区、志愿服务、全民健身等具有示范意义的项目。

在示范性项目的管理方面，公租局给予 5 万元以下的经费支持，意在撬动项目申报主体向市级、国家级政府部门争取更多资源。"如民安华福的民安学院，两江民居的四点半课堂，家文化建设，都是我们在这四年的项目管理中各自形成的具有特色的品牌。单靠我们这 1 万—5 万元肯定是不够的，但是他们有了启动资金之后，他们去区级市级国家级部门，他就有个说法。否则你娘家都不给你一点支持，你怎么去开口要。"（GD-CQ 公租局工作人员 Z001）在示范性项目的管理过程中，公租局、街道、社区合力向上级争取更多的资源，以推动社区公共文化品牌建设。另外，示范性项目有效促进各社区的品牌竞争。"我们不做盆景，不会把所有鸡蛋都放在一个小区里，我们示范型项目就是要把它全面推广培育成考核型项目。项目申报和考核都有激励机制和竞争性质在里面，老小区不是停滞不前的，新小区更是你追我赶的。"（GDCQ 公租局工作人员 Z001）通过项目管理中的激励与竞争机制带动公租房社区公共文化品牌打造，通过示范性项目推广，以点带面，提升 A 类过渡型公共文化空间治理绩效。

3. 跨部门合作互信治理机制

政社横向合作的关键在于建立组织互信关系，即通过合作，优化互动机制，建立的一种相对稳定的合作结构形态，相互间形成信任、认同。组织可以通过这种方式进行集体决策、联合行动来提供产品或服务，以便更迅速地适应不断变化的环境，提高自身竞争力。横向跨部门的合作互信治理主要体现为以下几个方面。

一是价值统合。主要由政府统合面向居民需求的公共价值。以康居西城公租房社区儿童阅读推广项目为例，该项目是由社区所属街道的文化服务中心于2015年牵头组织、依托街道贝优儿童之家的民生项目。公租房社区居民人员构成复杂，其中流动儿童多，隔代教育问题凸显。针对居民需求特点，由重庆市兴民社会工作服务中心负责具体实施，与街道党工委、妇联、社区居委会等部门合作，联合米兔兔绘本馆、高校教师、志愿者等团体及个人，开展绘本创作、绘本教读、讲解、绘本剧等活动，拓展其视野，开发其智力，为学龄前儿童身心全面发展奠定良好基础。区文旅委秉持"加强组织推进全民阅读活动，大力促进城乡公共服务一体化发展"的政策要求，组织街道开展该项公共文化服务工作，香炉山街道文化服务中心作为儿童阅读推广联盟的组织者、引导者，确立"儿童优先、教育为本"的价值理念，在政策要求与公共价值理念下，与妇联、高校、米兔兔绘本馆等团体及个人开展项目合作，以激发儿童阅读兴趣、培养儿童阅读习惯、提升儿童阅读能力为前提，共同追求公共价值的实现。其中，企业充分发挥其社会责任，为塑造负责任的企业形象将营利目标转化为公共价值，社会组织分担部分社会管理职能，促进社会公平正义，以其灵活性强、服务效率高等优势在服务中取得一定成效，体现公共价值。

二是资源整合机制。组织的资源整合是保证价值目标得以实现的基础。资源包括财力、人力、设施、空间、权力、知识、信息等。首先，香炉山街道文化服务中心是儿童阅读推广的重要力量，将沙坪坝区文化委的年度财政拨款更多地向儿童阅读推广联盟项目的运行倾斜，为该项目提供了坚实的物质基础，用于儿童绘本的购买、图书室的修缮、相关教育专家及绘本教师的聘请以及系列活动的策划开展。其次，米兔兔绘本馆为该项目提供优质的绘本及阅读辅导教师，并着力挖掘居民需求，为该项目投入资源、提供技术支持。最后，社会组织提供技术、资源及人力支持。社工机构提供专业服务，妇联提供部分资金为儿童购买玩具及绘本等相关道具，志愿者组织提供人力支持，居委会则提供场地和信息服务等。

三是共同行动策略。通过多主体行动形成合力，以实现公共价值。在儿童阅读推广项目中，主要体现在兴民社工以其较强的专业力量，形成了具有"顾问+督导+专职社工+专家志愿者+大学生志愿者+社区居民志愿者"的专业服务团队，以社区为平台、高校力量为支持、社会组织为力量的社区社会工作服务模式，集中各主体力量，系统性地为社区儿童提供专业化服务；通过利用知识展架、移动摆台、宣传栏、布告栏、工作人员宣讲等实体方式，街道文化服务中心、米兔兔绘本馆及相关绘本供应商、妇联、社区居委会等各部门形成合力进行推广。

4. 社工参与机制

社工组织参与是 A 类过渡型公共文化空间治理的重要特征。在公共文化空间治理中社工组织以服务促进参与，以参与推动治理。社工组织通过各种活动，为居民提供适当和专业的服务以满足居民的需求。通过整合资源使参与主体多样化；将服务管理集聚在基层，实现基层治理精细化。例如，社工服务中心参与到公租房治理后，与康居西城周边各医院建立了联系，例如陈家桥医院、海吉亚肿瘤医院、好德医院、社区卫生服务中心、眼视光眼科医院等单位合作接洽。另外，社工还与重庆弘双律师事务所、金之华艺术中心、壹笔艺术、白鹿创意工艺社等爱心单位建立了联系，通过凝聚、整合各方服务与资源，在康居西城开展了"康居赶场天"社区活动，活动涉及"义务诊疗、兴趣培养、便民生活、科普宣传、服务宣传"五大服务，丰富了居民的公共文化生活。2018 年 8 月起实施的"康居赶场天"服务项目，在 2019 年 7 月结束，全年共开展"赶场"活动 12 次，还开展了 6 次志愿者培训和 6 次就业培训，培育出可以长期服务于社区居委会的志愿者 5 人，促进 20 人上岗就业。同时，针对康居西城特殊群体（如 1406 户廉租户、101 名残疾人、62 名 70 岁以上的独居老人、进城务工群体、刑满释放人员、精神病人、吸毒人员）

街道办事处购买了帮助感情纠纷突出的公租房家庭正确认识家庭问题、理性解决家庭问题的"美满婚姻我护航"社工项目、为身心障碍者及家庭提供日间照料、人际关系建立等专业服务的"助残扶弱"社工项目、为康居西城隔代家庭提供合理育子技能培训的"成长加油站"社工项目和促进居民交流、拉近邻里距离、增强居民归属感与凝聚力的"暖阳相伴"社工项目。社工组织参与 A 类过渡型公共文化空间治理，为各类资源整合与应用提供平台，为各类群体提供了专业化、个性化的服务，同时也培养了一批具有公共精神的志愿者，促进社区居民参与公共文化空间治理，有效提升公共文化空间治理效能。

三　B 类过渡型公共文化空间的治理结构与机制

（一）B 类过渡型公共文化空间的治理结构

村改居社区公共文化空间，需要解决乡村文化与城市文化融合的问题。一方面政府不仅仅是治理的规划者与主要实施者，也扮演着统合行政科层组织与市场、社会网络的角色，形成"元治理"格局；另一方面，"村自治"与"居统筹"并存，形成协商治理格局。由此形成"元治理+协商"型治理模式，通过规划、规则、互惠、协商多种方式促进乡村文化与城市文化的融合。

1. 政府"元治理"主体地位凸显

地方政府的"元治理"指地方政府在村改居公共文化空间治理过程中，通过政策引领、规则约束，较大程度地影响着社区自组织、社会组织、企业等多元主体参与公共文化空间的进程，体现了政府在治理中的引导、协调与规制作用。具体而言，文化职能部门、民政局在公共文化空间治理中发挥政策引导、资金支持以及文化空间资源供给的作用。在公共文化空间供给中，西安市文旅局设有专项经费，用于村改居社区的健身器材、文化广场等公共文化物理空间建设，同时也开展形式多样的品牌性活动如阅读文化节、"广场舞大赛"等。街道和文化中心主要负责社区的居委会的政策指导、资金配置与人员安排。省、市、区财政每年拨款 25 万用于街道所辖社区的工作、活动开展。街道则每年对社区公共文化活动开展情况进行考核，并根据实际情况进行资源配置。地方政府拥有一套完整的组织体系，横向有众多各司其职的部门，纵向上科层制的行政体系渗入到社区，这样一个纵横严密的组织体系，加之拥有丰富的制度、组织、经济、文化资源，是政府主导村改居公共文化空间治理的前提和基础。

2. 政策、规则引领下的多主体治理结构形态初步形成

一方面，国家力量在村改居社区公共文化空间治理中起主导性作用，另一方面，参与村改居社区公共文化空间治理的主体日益多元化。就当前村改居社区公共文化空间治理体系而言，虽然治理主体之间因拥有资源的不同而地位差异较大，相互之间协商合作的机制和平台也没有得到完全确立，但多元治理主体之间互动交流频率却在显著提高。西安市民政局通过孵化培育、典型示范、政策支持等方式，旨在发展一批有影响、有规模、规范化的社会组织，引导他们服务民生、服务社会。由于村改居社区的社会组织发展滞后，在公共文化空间治理中，专业性较强的登记注册类社会组织为社区文艺自组织提供培训，通过挖掘社区能人、搭建组织架构、规范组织制度和提升组织能力等手段培育孵化社区社会组织。市场也是村改居社区公共文化空间治理的补充性力量，文艺自组织通过与企业开展商业合作，一方面丰富了公共文化空间的文化活动供给，另一方面，通过商业演出所获得的收入成为文艺自组织的生存与发展的物质基础。

3. 治理主体转换的复杂性凸显

过渡型社区治理主体的复杂程度远高于传统农村社区和一般城市社区，具体包括：负责原村庄治理的村委会；或村改居后，承担村民福利以及发挥治理功能的集体经济组织；新建城市社区的居委会，以及自下而上参与公共文化空间治理的新兴治理主体，如物业公司、社会组织以及居民自组织等。在传统—现代的研究范式中，从结构分化与转变的角度，认为从乡村到城市的发展是一种"结构的转型"，从滕尼斯关于"礼俗社会"与"法理社会"、韦伯关于"前现代社会"与"现代社会"、雷德菲尔德关于"俗民社会"与"都市社会"等突出城与乡二元

关系的对立。① 村改居社区在村庄治理模式向社区治理模式转型中，仍保留"村民自治"这一村庄治理的核心治理规则，因而"村民自治"和发挥村级党组织作用存在一定的合理性和必要性。② 也往往存在着原村庄治理主体（全部或部分）与新建社区治理主体并行的地方性制度安排。例如芷阳社区村居两委并行，村委会只管村民，居委会既管村民，又管居民，村委会是平衡与协调村民社会事务与经济利益的重要主体，社区居委会提供文化体育活动促进村民的城市融入。村居并行，体现出治理的复杂性，一是组织建设的复杂性。城市社区治理的组织网络建设中，掺杂着原有的熟人关系网络，建立"1（党组织）+2（居委会、社区工作站）+N（其他组织）"体系，由党组织牵头抓总，居委会司职整合各类资源力量，积极吸纳和利用乡村精英（包括老党员、文艺骨干、以前的村干部等），组建社区文体和艺术类的社会组织来共同参与社区治理。二是运作规则的复杂性。正式制度与非正式制度交织。首先体现为组建网格制，社区工作人员负责管理一片小网格，并将街坊、邻里、楼栋整合进网格，辅之以数字化治理技术，并建立网格绩效管理制度，以便精准解决问题，服务到户，服务到人。这是运用正式制度的精细化治理。其次体现为地方权力网络运用到网格制之中，运用文化这一黏合剂，加强网格稳固性。从传统乡村到"村改居"社区，其空间特征发生了剧烈变化，但熟人关系网络却依然维持，网格式管理与乡村原有的治理网络遗产相结合，迅速在"村改居"社区中获得接受。对于网格员的选拔，更多考虑其原有的群众基础，利用其熟人间原有的信任关系来推进社区工作，并收到了良好的效果。

"大部分的社区居民仍沿用原有的熟人关系网络生活，尽管不住在一栋楼或者一个社区，但他们的社会关系网络还在，亲戚、家人和朋友们都住在附近，人与人之间仍旧有紧密的联系。熟人关系是我们展开社区工作的优势，口耳相传，借助一人就能联系到一群人。"（GDZY 村改居

---

① 郑杭生：《农民市民化：当代中国社会学的重要研究主题》，《甘肃社会科学》2005 年第 4 期。

② 李昌平、马士娟、曹雅思：《对"撤村并居"、"农民上楼"的系统思考》，《中国党政干部论坛》2011 年第 3 期。

社区居委工作人员 Z001）

乡村礼俗文化交织在正式制度之中，居委会工作开展依赖人情、面子以及互惠机制。每个人尽力"给予"，在人情关系中保持道德优势地位和良好形象。社区管理者利用"口碑"威信来宣传政策、落实社区文明等相关的规章制度，大力宣传乡规民约中的优秀传统部分如孝老爱亲、睦邻友好等内容，提升居民的认同感。

对于村居并行的村改居社区，撤村并居是其发展的方向。在这个过程中，党建引领村居共建进行制度性整合，通过统筹公共资源拆解捆绑式集体依赖关系，激活传统治理主体保障治理秩序，提供差异化社区参与渠道成为推动从村委会为主体过渡到以居委会为主体的治理模式的重要举措。

（二）B类过渡型公共文化空间的治理机制

1. 复合逻辑下的元治理机制

元治理（Meta governance）是以鲍勃·杰索普（Bob Jessop）为代表的英国学者提出，它指的是"为了克服治理失灵而进行的对自我管理的管理和对自我组织的组织，追求科层制、市场和网络三种治理的协调"[①]。当前B类过渡型公共文化空间治理是科层治理、市场治理以及网络治理三者统合形成的元治理模式。第一，以政府为主导的科层制治理模式是B类过渡型公共文化空间治理模式的主流，其遵循"政治动员"的逻辑，以文化职能部门—街道—社区居委会为核心，自上而下开展纵向科层治理。第二，以市场为主导的治理模式。这种治理模式遵循的是"资本动员"逻辑，即强调社区治理的企业参与，利用市场机制调节治理主体关系，利用法规约束治理主体，增强社区自治的能力。以西安未央区三桥街道和平村为例，该社区实行公司化管理，内部成立投资公司、贷款公司，在政府引导下，出资修建了敬仰阁，满足了居民追思悼念亲人的情感需求，同时也保证了社区公共空间的有序性。市场机制，一是强调规则，明晰政府、市场、社会各主体权责，各司其职，各负其

[①] Jessop B, The Rise of Governance and the Risk of Failure: the Case of Economic Development, England: International Social Science Journal, 1998, pp. 29–45.

责，规范各主体行为，以契约精神强化公共规则；二是关注居民需求，有效传达居民利益诉求，实现资源灵活配置，有针对性地提供公共文化服务与公共文化产品；三是具有便捷的信息传输渠道与畅通的沟通方式，不但能为各治理主体及时提供全面客观的信息，以减少环境的不确定性，提高公共文化产品供给的效率和效益，同时促进各主体平等交流与互动，激发过渡型空间弱势群体参与积极性。第三，是以网络治理为主导的治理模式。该治理模式遵循的是"对话协商"逻辑。村改居社区的基层党组织是社区公共文化空间治理体系的元治理主体，通过发挥其主导和制定社区治理规则的作用来推动其他治理主体，尤其是社区自治组织的发展。

2. 精英互惠式治理机制

人情是维系乡村人际交往的重要机制，人们在人情给予与人情归还之间建立了一种互惠关系，其核心是"给予—亏欠"。互惠分为经济互惠与非经济互惠，经济互惠是指通过经济救助与回馈实现资源的再分配与优化；非经济互惠义务性的互助与合作，是传统熟人社会的社会秩序再生产机制[①]。

草根组织精英与社区体制精英基于互惠关系的治理机制是 B 类过渡型公共文化空间的治理重要特征。村改居社区成立后，拥有丰富社会资本以及文艺才能的精英，通过广泛动员，整合吸纳以前的乡村文化精英以及具有特定才艺的普通居民，形成文艺性社区草根组织。社区居委会作为四级管理结构的末梢，既具有基层群众自治组织的性质，同时亦依托其公共管理职能具有一定的"准政府"性质。因此，与社区草根组织相比，社区居委会获取政治资源支持的能力更强，而这亦驱使草根组织精英不断向社区居委会靠拢。骊山新家园社区的秦腔自乐班、太极拳、舞蹈队等自组织骨干同时也是清洁卫生、治安管理的志愿者。"我们除了组织文艺活动，还同时是社区各种活动的志愿者，比如之前捡烟头，我们都是无偿参与，社区每次活动我们都会去。"（GDLSXJY 社区居民 L001）草根组织精英通过向社区靠拢，在物资性资源上获得了支配权，

---

① 余练：《互惠到交换：理解农村人情变迁的视角》，《人口与社会》2014 年第 1 期。

包括社区的活动场地、比赛任务及其后勤支持的分配等，为自身发展营造了良好的外部环境，同时也减轻居委会工作负担，节约社区治理成本。在草根组织精英与社区体制精英互利互信、互惠互动中公共文化空间治理效能得以提高。

社区居委会在资源有限的情况下，与社区精英建立互惠机制，即居委会向社区精英赋予一定的利益，社区精英承接这部分利益，再偿还给居委会作为回报，居委会也会向趣缘组织进一步赋予利益，"你帮我做点事，我给你提供一些方便"。这种互惠机制，一是体现为经济互惠，即居委会为社区精英开展文化活动提供表演服装、道具、用餐等方面的经费支助，社区精英以参与社区公共事务进行回报。骊山新家园社区居委会为舞蹈队在排练厅安装镜子，舞蹈队队长认为居委会为她们考虑得十分周到，这份人情必须还，居委会有什么事情，自己一定会帮忙。在这份回报心理驱使之下，舞蹈队不仅参与社区文艺演出活动，还参加垃圾清理、治安巡逻、照顾独居老人等志愿活动。二是体现为非经济互惠。居委会开展评选道德模范、好媳妇、好婆婆等评优活动，社区精英因此获得声望、尊敬、赞誉，也得到更多的社会认可与满足感；双方在"给予—亏欠"的循环往复中建立起良好的合作信任关系，公共文化空间互惠式治理机制得以形成。

3. 居民协商治理机制

随着村改居建制的完善，行政主导逐渐向行政引导过渡，国家力量的直接干预弱化，社区自主空间增大，社区居委会组织与动员，居民代表积极参与，协商机制不断创新与完善，社区自治活力凸显。从村改居公共文化空间治理过程来看，在活动参与方面，通过举办"邻里文化节""忙罢节"等活动，消除人际关系的冷淡、隔膜，营造邻里关怀互助的氛围。这类活动由政府、社区搭台，组织者、参与者、评委都是居民。在需求表达方面，骊山新家园社区的"院坝板凳会"、芷阳社区的楼长、居民代表联系会、和平社区的由村两委会班子成员开会（若干次会议）拟出分配方案—村民代表开会协商讨论 —全体党员和村民代表开会—全体村民会议的四轮会议"四轮民主"机制一定程度上为居民提供了文化诉求的表达渠道。通过公众的参与和对话，一方面，文化主体间形成了价值"互识"和"共识",这意味着公共文化空间中公共精神的形成；另一方面,通过相互联系和协作,多样化的价值形态得到统一。这些过程和功能所确定的社会发展过程中的价值、规则和秩序,能有效地弥合多元社会中不同主体的观念分歧,维系社会群体的整合和社会的融合。换言之,文化不仅是公众参与对话与协商的基础,也是对话与协商的结果。在此过程中,出于对不同文化背景的不同群体的需求的响应,公共文化服务和产品被有效提供,公共文化空间治理的合法性和合理性得到有效保障。

四 治理模式优劣势分析

（一）治理模式的优势

1. 魅力型权威与法理型权威并济

社区治理魅力型权威与法理型权威与的结合,既保证了社区公共文化空间供给的制度化运转、规范化流程,又发挥了社区管理者与社区精英的人格魅力,处理纷繁复杂的社区事务,促进过渡型公共文化空间供给的软硬互补。魅力型权威表现为政治领袖引导和召唤追随者的能力。在过渡型公共文化空间供给上,社区管理者的个人能力与领导才能起到了重要作用。过渡型公共文化空间大多沿用了乡村治理留下的社会关系网络,原本的村支书、村长、生产队长、乡贤等成为了社区精英,发挥其魅力型权威,引导居民参与公共文化活动,实现公共文化空间的软供给。但魅力型权威往往属于过渡性权威,难以塑造长久持续的治理模式。法理型权威是根据法规确立和依据理性运作的权威,法理型权威是建立在一系列清晰而明确的规则和制度的基础上。过渡型公共文化物理空间的供给呈现制度化,公共文化空间供给具有规范的制度流程,比如社区建立办公用房、广场、设施等,可以向民政部门申请专项项目,建设用地由民政局联系国土部门申请,场地设施的面积、经费、资金拨付都在项目申请与项目实施中体现。依托在规则、程序和制度之上的法理型权威保证了公共文化空间的硬供给。

2. 精英协同增强公共文化空间活力

以社区党政精英价值构建为引导,平衡社区利益矛盾,发挥党员带头作用，激发社区居民主动性，以社区草根组织精英为补充，丰富社区文化活动，承托社区基础，内外精英联合，增强公共文化空间活力。过渡型公共文化空间的打造，由于政府强资源供给，以及城市中心公共文化空间资源的辐射功能较强，能够保证公共文化空间的基础供应，但缺少社区内在动力。精英协同的模式，一方面补充了政府强资源供给下公共文化空间打造无法契合社区居民需求的部分，另一方面也催发了社区内生动力，增强了过渡型公共文化空间的活力。骊山新家园社区不断强化社区党组织领导核心地位；逐步探索建立完善注册登记、时长记录、志愿者培训、奖励激励等制度，推进志愿服务规范化；成立"小喇叭"政策宣传队、"老娘舅"纠纷协调服务队等 8 支各有特长的志愿者服务队伍；策划实施"四点半课堂""花样夕阳红""天使在行动""邻里守望"等 9 个常态化志愿服务项目，通过内外社区精英带动，最大限度地发动其他社区居民和社会群体参与志愿服务，为社区公共文化空间增添活力。

3. 复合治理逻辑增进多元主体互动

"复合"是对一种动态情形的形容，描述事物内部各要素之间或事物之间具有紧密的联系、交叉、重叠，强调在不同条件下发挥主导作用的主体不尽相同，本质是合作、协商和互动。[①] 在复合型治理模式下，不同场景中政府、市场以及社会等多元主体发挥各自的功能，弥补了过渡型公共文化空间治理中政府强管理下供给的不足之处，以满足日渐多元化、个性化的大众文化需求，提高公共文化服务的质量。一方面，在项目制运转中，各主体均在项目制牵动的联合治理中发挥作用，党组织和社区居委会进行调查，了解居民需求，设计项目，通过自主承担或购买服务的形式，使治理行动起来，形成合力效应，实现公共文化空间治理目标。另一方面，由社会主体的参与行为所引发和牵动的治理亦呈现出复合治理的特点。"社工组织＋义工"的社会服务联动机制在公租房社区形成志愿服务网络，使社区居委会、社区居民以及企业等各种主体围绕社区公共事务展开合作，有效提升了过渡型公共文化空间治理

[①] 李浩：《新时代社区复合型治理的基本形态、运转机制与理想目标》，《求实》2019 年第 1 期。

水平。

（二）治理模式的不足

1. 治理整体性不足，碎片化明显

第一，治理结构碎片化。首先，过渡型复合型的治理结构涉及的治理主体众多，包括地方政府、社区自组织、社会组织以及企业等，各主体治理能力和治理工具参差不齐，很难输出改善过渡型公共文化空间治理的有效能力。其次，该治理模式难以调动公众的参与，治理能力大打折扣。过渡型公共文化空间中主要包括两大类人群，一是原住居民，二是流动人口，这两类人群参与社区治理的积极性都不高，且参与能力不足，参与意愿较低。在实地调研中发现，大部分原住居民认为生活压力过大，不愿意参与公共文化事务的治理，而流动居民对社区的归属感较低，参与社区治理的积极性也较低。同时大多数居民认为社区治理是政府的事，除非涉及拆迁补偿、集体经济权益分享、安置房质量等强烈的利益诉求，否则居民对社区公共事务的参与意愿并不强烈，这导致治理主体陷入孤立无援的境地。

第二，治理理念碎片化。过渡型公共文化空间虽然已出现各主体价值理念的统合，但总体上仍处于分散治理、局部协作的状态，分散治理是指多元主体在参与目标上缺乏一致性，在参与行动中缺乏协调性，未能有效形成合力。主要体现在各主体对社区公共文化空间治理的参与意图的差异性较大，比如公共部门与私营部门一个是以公共利益为目标，另一个是以营利为目标。各治理主体在治理理念方面的不统一，会导致在资源投放上缺乏整合，供给效率低下，只有各主体统一治理理念，才能有效进行社区治理。

第三，公共文化服务供给碎片化。过渡性公共文化空间虽然供给主体丰富，但是在内容上却存在着交叉。如物业管理公司承担公租房小区的公共设施维护、公共环境管理、公共安全秩序维护、小区居民租住行为规范等职责，社区自治组织同样有维护社区环境整洁、保障社区安全等公共职责，而住户委员会需要对辖区范围内的房屋、公共设施、公共景观、公共环境和安全等进行自治，三者的治理内容在维护公共设施、保障公共安全、规范居民租住行为等方面交叉较多。另外，住户委员会与社区居民委员会治理的范围、工作职责基本一致，即住户大会的全体成员也就是社区居民委员会的全体成员，而且二者性质相同，都属于自治组织。公共文化服务供给应该是多方主体互动的过程，在良性互动中弥补彼此不足，而不是只有一方提供或是多头提供相同的内容，这样混乱又碎片的提供方式针对性不强，也造成了资源浪费。

2. 强精英治理、弱居民参与问题明显

以党建引领为纽带，有助于完善基层的组织建设，有利于维护组织资源，整合治理力量，通过自上而下的行政主导与自下而上的社区自治，可以有效提高社区居民的认同感与满意度。过渡型社区一般规模较大，居民结构复杂，利益需求多样，而居委会往往资源有限，形成居民多样化的服务需求与薄弱的社区力量之间的矛盾，因此更需要发挥党组织的核心引领作用，在此过程中社区党政精英包括社区居委会干部、社区居民中的在职党员、社区居民代表及业委会成员中的党员等发挥着重要的作用；另外，从居民自治层面看，民间精英的出现也很大程度上改变了过渡型公共文化空间内公共物品供给的困境，少数关键性人物挺身而出主动奉献，力所能及地为社区内的居民办实事，通过精英的作用走出公共物品提供中的困境、打破资源制约进行体制创新。

虽然社区精英积极参与治理，但大部分居民参与冷漠，过渡型公共文化空间中的弱居民参与明显。一方面是由于居民自身特质。社区居民大多是被迫适应城市生活的失地农民，城镇化的居住模式限制了他们的社会交往，与周围的人难以形成亲密的关系，乡土亲情的丧失、社区生活难以融入，导致了他们对社区的"认同危机"，社区居民的参与热情和参与水平都处于较低水平。就地农转非人口中，很多居民没有工作，许多家庭靠征地补偿款维持日常生计，加上由于文化和技能低、资金少，往往被阻挡在现代工业的大门之外，成为了处于过渡状态的"过渡人"，经济地位决定一个人的社会地位，由于后继生活无保障，他们专注于解决自身的经济问题，既无心也无力参与社区治理，对公共文化空间的治理保持一种事不关己冷淡应对的态度。另一方面，居民利益表达渠道有限，并非都能参与到社区治理程序中来，一部分弱势群体的需求易被排斥在外，他们需要拥有适当的与决策相关的信息，才能参与到社区管理的决策程序中。因而政府需要制定激励机制去提升他们的参与意愿，拓宽表达利益诉求的渠道。

3. 对外部资源依赖性强，自身造血功能不足

过渡型公共文化空间治理是以政府为主导的，地方政府拥有丰富的经济资源、信息资源、组织资源以及政策资源，加上严密的组织体系，足以为社区治理提供力量，加之社区党政精英与草根精英也发挥了强大的作用，社区的公共文化资源看似供给充足，但实际上对外部资源依赖性极强，无法依靠自身力量打破资源限制。

民间性资源是有限的，尤其是向社区提供的福利服务效能和输送的福利资源极其有限，虽然有一定数量的政府经费作保障，但在大量事务下移而人财力不配套甚至严重脱节的情况下，社区领袖的作用发挥严重受制于资源和体制双重因素，其服务效能也大大降低，自主性严重缺失。社区组织无法解决资金、人员等问题，为了发展必然要依赖于政府的资助和外界的捐赠。一些在政府指导下创建的行政化社区组织因在资金上依赖政府的财政拨款或社区经济的收入，导致自主能力较弱。还有一些民间社区组织基本上没有经费来源，其所能提供的公共物品也就受到了制约。比如一些社区的文艺自组织，在自发组织大型晚会、娱乐赛事时，必须要依靠社区或街道下拨资金，或者获取企业的赞助，活动才能顺利举办，这不但导致其提供高质量的公共文化产品受到制约，而且在自身发展上造血功能不足，致使其发展受限。

第四节　民族型城市公共文化空间
——协商自治型治理模式

民族型公共文化空间在少数民族区域自治政策下，由政府发挥引导作用，民间文艺团体、非遗传承人、企业、居民等作为公共文化空间治理的重要参与力量，形成了由政府主导、社会力量参与的协商自治的治理结构，其治理机制体现为调试合作机制、赋权机制和民间自治机制。

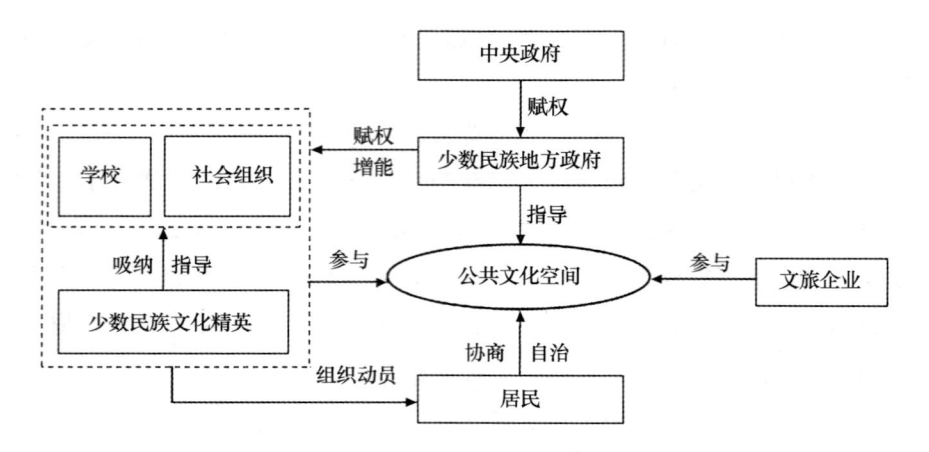

图 4-6　民族型城市公共文化空间协商自治型协同治理模式机理图

一　治理主体

城市公共文化空间治理聚焦于空间内部各主体互动合作的治理模式，探究公共文化空间的治理主体是分析其治理模式的基础。民族型公共文化空间的治理主体包括政府、文旅企业、民间艺术团体和居民。在治理过程中，文旅局、民宗局等政府职能部门发挥引导作用，企业、民间艺术团体、非遗传承人等主体成为公共文化空间治理的重要力量。

（一）政府引导公共文化空间治理

在民族型公共文化空间中，政府引导公共文化空间治理，主要体现在以下几个方面：一是政府为供给主体。凯里市公共文化空间主要由政府规划投资建设，民族体育馆、民族文化文物馆、民族文化风情园等地标性建筑均由政府规划投资建成，体育馆与文物馆已成为文物。文旅局在街道设置综合文化中心并进行管理，实现公共文化服务全覆盖。二是各部门协作。纵向上，地方政府执行中央、省、州政府对民族地区城市公共文化空间治理的宏观指导和政策要求。凯里市政府根据上级政府《关于推进基层综合性文化服务中心建设的指导意见》《关于推动公共文化服务高质量发展的意见》《关于进一步繁荣发展少数民族文化事业的若干意见》等文件精神，制定和执行凯里市关于公共文化和民族文化建设的实施方案：《凯里市加快构建现代公共文化服务体系实施意见（2018—

2020）》《凯里市文化馆图书馆总分馆制建设实施方案》等。横向上，地方政府需要统筹公共文化空间治理的相关部门职能，建立协同机制，整合优化各方资源，发挥整体优势，提升综合效益。凯里市政府厘清各个部门的职责，下发文件《凯里市基本公共文化服务实施标准及责任单位》，整合相关部门资源，推动凯里市公共文化空间的治理。在治理过程中，由凯里市文体广电旅游局牵头、市民宗局指导，整合市文联、街道、市教育局和科技局等资源，推动公共文化空间的治理。凯里市文旅局主要依托"三馆一站"的建设、管理和服务，向居民提供读书看报、送地方戏、设施开发、公益活动等公共文化活动。凯里市民宗局协调指导民族文化与旅游发展相结合工作、管理少数民族语言文字工作等，具体而言包括设立民族文化传承和发展的专项资金、指导民族特色的公共文化空间的打造和治理等。文联提供文化艺术专业服务，包括音乐、舞蹈、摄影等方面的专业培训，以及对其他部门开展文化活动的专业协助，提供活动策划等。

（二）文旅企业建设运营民族特色文化空间

在民族型公共文化空间治理过程中，企业也是不容忽视的补充力量。首先，它可以通过市场途径提供部分公共文化产品或服务，灵活性强，效率高。其次，能够补充政府的资金投入，弥补政府及其附属机构直接提供公共文化服务或产品的单一化、效率低下等不足；政企合作，对政府而言，能够更高效地提供公共文化服务，从管理职能转变为服务职能；对企业而言，通过对民族文化资源的开发利用，塑造品牌，获得利润；对居民而言，能够满足其多元化、个性化、高层次需求。

凯里市民族传统文化资源十分丰富，汇集苗侗歌舞、服饰饮食、非物质文化遗产，大小节日多达 400 多个，为文旅企业的开发利用提供了良好条件，而民族传统文化资源的保护传承，也需要市场来推动。文旅企业在民族型公共文化空间的生产和治理中扮演着重要的角色，其主要的职能是作为政府供给系统的补充力量，规划、建设、运营具有地方民族特色与体验项目的文化空间，并提供相应的管理和服务，实现文化消费空间与服务空间的融合发展。贵州省凯里市政府为了弥补自身供给公共文化空间的不足，通过政企统合治理的方式，积极引导凯里市下司清江旅游开发有限公司、贵州慧康开发运营有限责任公司等文旅企业规划、建设、运营下司古镇和苗侗风情园等具有民族特色的文化空间。

在文化空间管理和服务过程中，依托苗侗民族文化资源，借助本土非物质文化遗产要素，免费向居民和游客提供民族工艺品展示、艺术表演、文化体验等活动，营造出丰富的民族文化氛围，满足居民多样化的公共文化空间需求。

（三）社会组织参与公共文化空间治理

社会组织是参与民族型公共文化空间治理的重要力量。凯里市参与公共文化空间治理的社会组织主要有文联下辖的协会，民宗局管理的研究型社会组织苗学会，民族特色型社会组织以及民间文艺自组织。

凯里市文联下辖9个协会，包括作家协会、美术家协会、音乐家协会、书法家协会、摄影家协会、舞蹈家协会、民间文艺家协会、影视戏剧家协会等，主要提供民族特色浓郁的文学作品、服饰文化、音乐、绘画、摄影等。协会的参与主要有如下三个方面：一是配合宣传部开展文化三下乡活动，各协会送演出、送图书、送春联等，为城乡社区居民提供公共文化服务；二是参加重要的节庆活动，提供活动策划，进行民族服饰展演的指导以及活动宣传；三是办书报杂志，展示苗侗文化，提升民族传统文化的影响力；四是为社区居民、学校师生提供芦笙、苗语等民族文化的培训，进行民族文化的保护与传承。

苗学会属于研究型社会组织，其主要职能为开展民族优秀文化抢救、保护和传承工作，承担相关部门的苗学科研任务；协助有关部门和单位开展苗学对外学术与文化交流活动以及协助有关部门开展民族地区物质（非物质）文化遗产保护。对公共文化空间治理的参与主要有如下两个方面：一是汇集精通苗语、苗族古歌的民族文化传承精英，致力于民歌、苗族古歌的收集、整理、保护，打造民族文化传承的公共文化空间。二是在凯里市民宗局的支持下，苗学会主办了《苗学研究》等期刊，多次举办苗歌进校园、社区苗歌学习等文化活动。三是链接政府、市场的资源助力民族文化传承。苗学会在打造"'苗族古歌'碑林主题公园"时，一方面申请到了政府的资金支持和权威认可，另一方面，也积极吸纳社会捐赠，包括居民提供的免费场地和社会其他主体的资金支持。

民族特色型社会组织包括苗歌协会、斗牛协会等，其在民族特色公共文化空间治理中发挥了重要作用，也带动了地方旅游业的发展。凯里市苗歌协会的主要职责是：收集、整理苗族歌谣，保护传承苗歌，促进苗歌文化进校园、进社区；创新演唱体系和方法，结合传统的演唱形式，根据时代的需求探索新的演唱体系和演唱方式；促进苗歌资源优势转化为经济优势，让苗歌成为乡村振兴的重要推手，成为凯里市全域旅游的主要力量。斗牛协会的主要职责是继承和发扬斗牛文化特色，打造斗牛文化品牌，促进旅游业的发展，加强民族团结，规范民间斗牛赛事。斗牛是凯里苗族人民最热衷的一项有着丰富文化意义的竞技娱乐活动，一场斗牛比赛通常持续四五天，吸引周边群众数万人前来观看，线上观看人数高达几十万人。斗牛协会在组织规范斗牛赛事、繁荣民间文化活动中发挥了重要作用。

凯里市还有社区文艺自组织参与到城市公共文化空间建设中，其职能主要是承上启下，即协助基层政府、社区和动员居民。比如贵州凯里市的大阁山社区的河韵舞蹈队，既是社区或基层政府文艺活动、宣传活动中的骨干队伍，又是居民休闲跳舞、人际交往的重要平台。文艺自组织成员能歌善舞，苗族歌曲、侗族大歌、苗族舞蹈均能表演，并且融入现代元素，为居民喜闻乐见。成员自备民族服装以供表演时使用，因此，在培训以及服饰方面基本上能够自给自足，不需要政府提供。一些文艺自组织队长本身就是民族传统文化的传承人，除了参与政府与社区的文化活动，提供原汁原味的民族文艺表演，也为居民、学生提供民族传统文化的培训，对民族传统文化的保护传承起到重要作用。

二　治理结构

城市公共文化空间治理是多元治理主体相互合作，以满足居民需求为导向、积极参与城市公共文化空间生产，解决城市公共文化空间问题的过程。[①] 民族型公共文化空间具有鲜明的民族性，在文化方面呈现出多

---

① 王海荣：《空间理论视阈下当代中国城市治理研究》，博士学位论文，吉林大学，2019年，第82页。

元化状态。在少数民族区域自治政策下，少数民族自治机关享有文化自主权，民族型城市公共文化空间的治理结构呈现出由政府主导、市场和社会力量参与所构成的多元化协商自治的治理结构。

（一）政府+研究型社会组织的资源联动协作治理

在民族型公共文化空间治理过程中，政府与研究型社会组织通过资源联动实现公共文化空间的协作治理。政府作为公共文化空间建设的主导力量，其权力涉及人、财、物、立法等各个方面，掌握着城市公共文化空间规划、土地使用的决策权，引导着城市公共文化空间治理的方向。研究型社会组织一方面承担着政府发掘、保护和传承民族文化的职能，另一方面承担着链接群众和社会资源的功能。政府和研究型社会组织在民族型公共文化空间治理中实现资源互补，由政府输出合法性权力、资金、场地等，研究型社会组织提供民族特色公共文化空间建设的专业性支持等，二者协作治理民族型公共文化空间。

凯里市政府为满足居民多样化的民族特色公共文化需求，与苗学会进行资源联动。一方面政府提供专项资金支持其开展"苗歌入校"等民族文化保护传承活动。民宗局为苗学会的主管单位，以专项式方式支持苗学会。苗学会向民宗局提供活动方案，民宗局审核通过以后下拨专项资金，并对苗学会进行指导，促进苗学会的活动顺利开展。在一些大型文化活动方面，除民宗局以外，文旅局等政府部门也向苗学会提供经费支持。苗学会下设9个分会，分会由街道主管，并参与街道、社区的民族文化活动。街道对苗学会的支持有三方面，一是审核其活动方案，提供指导与资金支持；二是提供活动场地，比如苗语、苗族歌舞的培训室；三是购买苗学会的公共文化服务，为居民提供民族文化培训以及文艺汇演。来自政府的财政支持与身份认可，使得苗学会具有了合法性权威，参与公共文化空间治理时，更容易获得居民认同。例如，在修建古歌碑林园时，不但得到社会各界捐助，也得到碑林园所在地的居民的支持，村委会为其免费提供修建碑林园的土地。另一方面，苗学会提供专业知识，协作治理民族型公共文化空间。一是利用专业知识进行苗文化的收集、整理、记录。收集苗族古歌，不但涉及对苗族语言的理解，还要熟悉古歌传承的规则风俗，需要得到祭司的同意才能得到古歌的传承。对古歌的整理，也需要熟悉歌词及音律。利用专业力量打造了《苗学研究》等文化刊物，保护传承民族优秀传统文化。二是凭借民族文化方面的专业知识推动民族文化进校园等活动，为师生提供苗语、民族歌舞、吹芦笙等培训；进行州级市级苗歌传承人的培训；为社区文艺自组织提供民族特色文艺表演方面的指导；参加政府部门举办的苗歌大赛、庆祝中国共产党成立100周年文艺汇演等文化活动等。三是链接社会资源，与政府联动协作公共文化空间治理。苗学会具有合法性权威与专业性权威，在专业领域具有较大的影响力与较高的认可度，成员主要由热爱民族文化的退休干部或相关专业的教师、学生组成，虽然数量不多，但因其专业影响力，与其他社会节点进行联系的过程中起到中心角色的作用，并与同专业者或爱好者联系频繁，形成聚焦效应，影响力越大的节点与其他社会节点连接的概率越大，会获得与其他社会节点连接的优先权，表现出链接社会资源的较强能力。例如，在打造"'苗族古歌'碑林主题公园"时，苗学会链接到退休干部、教师、企业、学校、社会团体的资源，获得社会捐助。

政府与研究型社会组织资源联动协作治理民族型公共文化空间，政府节省了治理成本，提高了服务效率，研究型社会组织获得了政府的资金支持与合法性认可，得到良好的发展，提供专业性资源，将民族特色的文化活动融入公共文化空间，满足居民多元化的文化需求。

（二）政府+学校的民族文化空间传承拓展治理

相较于其他类型的城市公共文化空间，民族型公共文化空间的特殊性在于其民族特色公共文化空间的保护、传承和发展。学校作为整个社会教化系统的一部分，是民族文化传承与创新的重要场域。在西部民族型城市公共文化空间治理过程中，政府主导下的学校既是民族文化传承的场域，又是民族文化发展创新的基地，进而实现民族文化空间的传承拓展治理。以贵州凯里市为例，首先，凯里市政府积极主办"民族文化进校园培训活动""非物质文化遗产进校园""苗族武术进校园"等文化活动，既满足未成年人的文化活动需求，又构建了民族文化传承空间，有利于实现民族文化的传承。其次，在政府引导下，凯里学院增设民族文化创意等专业，让青年学生的创意赋予了非遗文化新的生命力。同时凯里学院作为"国家非物质文化遗产传承人群研修研习培训学校"之一，积极开办银饰、蜡染、刺绣等非物质文化遗产传承人培训班，构建了非遗文化传承和创新的文化空间。最后，引导学校研发刺绣、蜡染等非物质文化遗产，并与企业合作，成为民族特色文化产品产业链上的重要一环，实现民族文化的传承与创新。

（三）政府+合作社的民族文化空间产业化创新治理

政府+合作社的民族文化空间产业化创新治理模式是指政府引导下，少数民族居民自愿组织起来成立互助性经济组织即合作社，政府部门从政策、资金等方面积极扶持合作社的发展，一方面为合作社联系市场、提供市场需求等信息，另一方面为合作社提供技术培训及小额资金。合作社对于民族文化传承和易地扶贫搬迁安置社区建设起着极为重要的作用。比如位于凯里上马石易地扶贫搬迁安置小区的妹旺刺绣农民专业合作社便是在杭州市钱塘新区对口帮扶100万元和凯里市扶贫生态移民局的支持下成立的。该合作社一方面从事少数民族服饰加工、搬迁妇女手工刺绣技能培训，另一方面进行经营管理知识的培训，培养会经营、善管理、素质高的复合型人才。发展至今，其占地面积2000平方米，共有100余台缝纫机、绣花架12个、社员115人。在合作社的带领下，既为居民带来经济效益，使得居民"搬得出，稳得住，能致富"，又为居民打造了苗绣文化传承和科学文化素质培训的文化空间，有利于民族刺绣工艺的保护与传承。

（四）政府+企业的互利共赢合作治理

政府规划产业发展。民族型公共文化空间依托其丰富的民族文化资源，成为民族文化旅游产业的重要场域，文旅融合发展背景下，政府+企业的互利共赢合作治理结构应运而生。一方面政府鼓励企业参与城市准公共文化空间建设，实现补充政府资金投入、发展文旅产业、提升地方经济水平、满足居民多样化文化需求等目标；另一方面企业可以借助政府提供土地、文化、政策等资源建构文化空间、打造文创产品，发展文旅产业获得经济收益。贵州凯里市下司古镇便是政府+企业互利共赢合作治理下的公共文化空间。政府在宏观指导的基础上将下司古镇的区域打包给清江旅游开发有限公司进行具体规划、建设、运营，清江公司则对下司古镇按照一心十街区的规划，打造成为以多民族文化为核心，集合餐饮、研学、休闲、体育、演出等为一体的公共文化空间。

凯里市下司古镇属于清水江畔的一个古镇，1808年设立了商埠码头，除了良好的山水资源，也一直保留着民族风情的建筑、民族风俗。政社合作进行民族特色文化空间的建设分为如下步骤：

首先，是物理空间的生产。古镇空间包括原住居民在内，建筑保持其原初风貌，以苗族的花桥、侗族的鼓楼为主，由于历史上商贸兴盛，各地商贩往来，古镇兼有徽派的马头墙、广东的粤系建筑等。古镇居住着苗、仡佬、侗、汉等民族的居民，保留着民俗节庆活动，如独竹漂、苗年、走外婆等，地缘、血缘为主的族群关系是主要的社会联系纽带，形成一个集体活动、邻里互动的生活共同体。政府意识到历史文化资源对经济发展的价值，决定以开发促保护，传承与创新并行，对下司古镇进行整体规划与开发，并引入清江旅游开发有限公司进行具体建设、经营。企业根据政府制定的传统村落保护办法，将原住居民在内的下司古镇整体规划为一心十街区，保留原生态物理空间以及民族文化风俗，打造康养、休闲空间。

其次，是消费空间的生产。原生态物理空间以及民族文化风俗因其地方性的空间凝视而具有被观看、被关注的价值，迎合游客的旅游需求。资本可以进入空间生产与商品流通领域，实现空间增值。公司对古镇进行业态布置，原住居民大部分转化为商贩，公司将原住居民以零散的日常生活用品为主的业态进行统一规划，突出蜡染、刺绣、银饰、苗药等民族特色的业态，并通过引入非遗传承人，开发研学游项目，使民族特色的产业集聚化。目前，下司古镇已成为凯里市中医药示范基地。通过对民族特色文化符号的提炼、建构，使得物理空间加速了传播力，吸引更多的游客，企业以此实现资本循环再生产。但在消费空间的生产中，也存在民族文化符号的商品化、消费性特征，即使是具有传统文化的外形，内涵也逐渐商业化。比如古镇随处可见的苗族服饰换装业态，是为了满足旅客的猎奇心理，赚取更多利润，对服饰的文化内涵，大多数人并不清楚。这就需要进行民族传统文化资源开发利用与保护传承之间的平衡。

最后，是公共文化空间的生产。为了促进旅游业的发展，政府进行基础设施的建设、优化，并举办公益性文化活动。企业的参与，不但可以补充政府财政的不足，也丰富了文化活动，公司开展少数民族歌舞与民俗文化的主题展示，如各民族群众的婚俗、礼俗等。另有古镇居民自发开展民俗活动，如歌舞、体育运动等。古镇针对黔东南州居民实行免门票制，居民可以便捷地享受文化资源。在民族传统文化资源开发基础上，平等性、普惠性、宽覆盖的公共文化服务网络构建起来，公共文化空间得以形成，除经济效益之外，社会效益也得以彰显。

（五）民族文化精英主导下的民间自治

民族文化精英是西部民族型公共文化空间内公共意识强烈、行动能力突出、拥有更多的话语权和社会资本优势，在公共文化空间中享有一定权威的人。民族文化精英发挥能动性带领居民采取集体行动是公共文化空间自治发展的重要途径。在西部民族型城市公共文化空间中形成了民族文化精英主导下的民间自治结构。作为凯里市老年大学凯棠古歌合唱队队长、凯棠苗学分会副会长顾彪便是其中之一，他在民族型公共文化空间治理中发挥了重要作用：一是领导居民开展保护性文化活动。积极响应国家保护少数民族文化的号召，领导和组织居民整理、学习面临失传的《凯棠苗族大歌》，并参加"天下西江贵州省首届老年人银球茶杯苗歌侗歌大赛"，荣获金奖；参加由中共贵州省委老干部局、省老年大学以及贵州2频道、贵州一小步文化传播有限公司共同主办的2020年第三届退休好春晚，参演节目荣获"第三届退休好春晚优秀节目"称号。二是开展传承性文化活动。一方面在其所在的清江社区和老年大学开办苗歌培训会，出席苗歌进学校的讲座活动；另一方面，积极组织节庆活动，传承苗族文化。"（民族文化）活动一般是在凯棠镇凯棠村搞，比如吃新节、春节等这些苗歌晚会都是我组织的……那都是上万人（参加）。"（MZ2QJ社区苗歌队队长G）

非遗传承人作为专业型民族文化精英，其参与在民族型公共文化空间治理中发挥着重要作用。民族自治地区拥有丰富的非物质文化遗产资源，非遗传承人在参与民族非物质文化遗产的保护与传承中主要形成了两种模式。一是非遗产业化传承。即对于具有一定商业价值与产业化特质的非遗项目，如凯里市苗族"酸汤""苗绣""银饰"等非遗项目，逐渐形成政府引导、市场运作、社会参与的合作传承模式。在"苗绣"非遗项目传承中，参与传承合作的主体包括政府、企业、合作社、绣娘（非遗传承人），通过"公司+农户""合作社+农户"的模式传承发展苗绣。"公司跟好几个村寨签的有这个协议，那么这些绣娘的数量都是可以作为公司的一个后备力量，有大的订单就可以分配到村寨里面去做。第二个我们是把村寨里边的绣娘组织起来成立合作社，然后合作社的这些绣娘基本上就是村里面的绣娘，当然还有其他村的可能她想参加进来也可以。合作社有订单来的时候，把订单分给绣娘去做，做完了以后得到这个钱付给合作社一部分，保证合作社正常的运转。"（MZKL宣传部工作人员L001）通过这两种模式不仅能够保护传承"苗绣"，非遗传承人的收入也得到了增加，激励其更加积极地参与非遗传承发展。二是非遗保护性传承。即对于苗语、侗语、苗族古歌等面临失传困境的非遗项目，形成了政府主导、非遗传承人参与、学校配合的抢救保护模式。凯里市政府向市级非遗传承人每年发放传承补助费3000元，要求他们积极采取收徒、办学、建立基地等方式，开展传承保护工作，无保留地传授技艺，培养后继人才，并定期向当地文化行政部门提交项目传承保护情况报告。同时政府也积极开展非遗文化进校园，鼓励非遗传承人进学校教学，在学校开设苗语、民族歌舞、苗族武术等课程，非遗文化苗族古歌进校园，让中小学生从小就学习民族文化。

三 治理机制

（一）调适合作机制

调适合作机制是政府与企业、社会组织、民族精英等社会主体基于资源相互依赖而展开的协商过程。资源依赖理论认为组织通过双方都需要的互补性资源建立彼此的联合关系。在民族型公共文化空间治理过程中，政府治理能力有限，需要借助社会组织的文化资源与社会资本，以及文旅企业的市场敏感度和运营管理能力，而企业和社会组织需要政府的行政合法性资源实现自身发展。因此，政府与企业、社会组织通过调适合作机制形成合作治理关系。调适合作机制包含两个方面的含义：一是政府主动调适自我角色，将管理职能转变为服务职能，并与社会组织、企业合作推进公共文化空间供给；"最大的困难可能有些群众不需要我们提供的服务……所以我们要把办文化变成管文化就是这样，目的也是在他们喜欢的这个范围内我们进行一个指导和激励，就尽量把协会培育大，他们自己来做"（MZKL 文旅局工作人员 P001）。二是企业、社会组织为了获取国家赋予的合法性与行政资源，采取策略性行动推动与政府合作。"也有企业、社会组织主动找我们合作，他们想办一个文化活动，然后想以政府的名义，他们会觉得这种公信力会大一点，活动影响大一点。"（MZKL 文化馆工作人员 F001）因此，"调适合作机制"具有政府主动调适与企业、社会组织策略性能动的双重逻辑：政府通过制度构建和政策引导与社会组织开展合作实践，而企业、社会组织也在合作实践中影响政府行动。[①] 在贵州凯里市，政府对民族型公共文化空间的治理经历了从"办文化"到"管文化"的转变。在建设公共文化空间初期，政府主办凯里国际芦笙节，财政负担与行政压力倍增，因而积极转变政府职能，逐渐从"芦笙节"的主办方转变为进行政策引导、提供行政合法性资源的服务性角色。而苗学会、苗歌协会、斗牛会、清江公司等由被动参与者转变为各类民族文化活动的主要力量，链接各方社会资源。政府找到合适的角色定位，在民族型公共文化空间治理中与企业、社会组织建立了良性合作关系。

（二）赋权机制

赋权是协商自治的基础，在民族型公共文化空间治理中主要包括中央政府对民族自治地方政府的赋权，以及民族自治地方政府对社会组织、文旅企业、民族精英的赋权。一方面，中央政府对地方政府的赋权以民族区域自治制度为核心，中央给予民族自治地方政府文化自治权：一是民族自治地方自主地发展具有民族形式和民族特点的民族文化事业；二是组织、支持有关单位和部门收集、整理、翻译和出版民族历史文化书籍，保护民族的名胜古迹、珍贵文物和其他重要历史文化遗产，继承和发展优秀的民族传统文化。另一方面，民族自治地区政府构建协商合作

[①] 郁建兴、沈永东：《调适性合作：十八大以来中国政府与社会组织关系的策略性变革》，《政治学研究》2017 年第 3 期，第 34—41 页、126 页。

平台，赋予社会组织、文旅企业、民族精英民主决策权、治理参与权，通过赋权能够拓展其行动边界、提升其参与能力。一是政府搭台，社会组织、文旅企业参与。"我们刚刚举办的苗歌比赛，就是政府出资，协会协办，我们出一部分资金去撬动一下，他们自己组织爱好者参赛。还有我们元宵节在下司古镇和汉服协会一起做了一个上元佳节汉服灯会，他们赞助我们服装、造型、道具还有节目编排……汉文化结合苗侗文化做同台演出，在景区里面还有提灯夜游啊这些活动、放河灯。还有芦笙节，我们给资金补助，维护现场秩序，保护安全问题，主要资金靠他们自己。"（MZKL 文旅局工作人员 P001）由此可见，政府赋权协会、企业参与民族特色公共文化空间治理，民间社会组织负责节目编排表演，文旅企业营造民族特色文化场景，政府只做宏观引导与秩序维护，多元主体合作供给民族特色公共文化空间。二是给予民族文化精英合法性身份，使其具备进入公共文化空间治理的权力。凯里市政府颁布《凯里市非物质文化遗产项目代表性传承人认定与管理办法》给予了非遗传承人合法性身份认证。三是政府为社会组织和民族文化精英提供资金、场地、培训等资源支持，增强其参与治理的能力。比如凯里学院定期举办非物质文化遗产传承人群研修研习培训活动，以提升民族传统文化非遗传承人的文化素质和技能技艺水平。

（三）民间自治机制

自治是协商自治的结果。民间自治是极具中国文化特质的社会传统，以其礼俗互动的姿态成为新时期构建国家与地方关系最可借用的传统资源[1]。少数民族自治地区相对其他城市而言，具有更多民间自治传统资源。民间自治机制是指依托民间自治组织和民族文化精英进行社会动员与公共文化空间治理。一方面，民间自治组织、民族精英具有较强的民间权威和社会资本优势，在民族公共事务中，能够发挥强大的治理能力。比如凯里市苗族"议榔制"传统，是苗族基层社会治理的传统机制，议榔组织所制定的榔规榔约，一经群众通过，就成了不成文的法律，上至

---

[1] 朱振华：《乡民艺术与民间自治传统》，博士学位论文，山东大学，2017年，第15—30页。

榔头,下至群众,人人必须遵守①。另一方面,民族文化习俗的传统驱动着居民响应民间自治组织、民族精英的号召,积极参加公共空间治理。在民间自治组织、民族文化精英的领导、组织下,居民实现自我供给、自我管理民族特色公共文化空间。凯里市清江小区顾老师作为凯里市苗歌市级传承人、凯塘苗学会分会副会长,经常组织民族特色文化活动,如组织居民举办吃新节、凯塘二月二燃桥、三月三爬坡等民族文化活动。居民在民俗传统和民族信仰下都会以自发的筹款、参与形成上万参与的盛况。"一般是在凯塘镇搞吃新节啊,凯塘二月二燃桥,三月三爬坡,还有苗歌晚会都是我组织的……民间办就是各家拿钱……古老的时候都有了,凯塘镇是中心,像苗歌比赛我们也搞三天到五天才能唱完,来报名的队很多,评委都是每一个寨子出两个人,还要邀请其他村的老歌师来参与。"(MZQJ 社区苗歌队成员 G001)由此可见这种民族传统习俗已经由来已久,并且保持着蓬勃的生命力。

民族型公共文化空间在政府引导下,依靠民间力量组织丰富多样的民族节日,逐步形成了较为完善的民间自治机制。比如"芦笙节"是凯里市最盛大的节日之一,主要由民间力量和社会组织承办。"芦笙节是他们老百姓自己搞的一个活动,每年都搞得有,然后它有赛马、有斗牛、有吹芦笙、有唱歌跳舞……这一系列的活动有时候高达 5 万人。"(MZKL 非遗中心工作人员 Z001)芦笙节活动从每年的正月十五持续到正月二十一,由当地的权威人士寨老、活动骨干组成芦笙节组委会,下设多个活动小组,比如芦笙组、斗牛组、游行组、篮球组、晚会组等,由各项目爱好者和中青年人组成。活动资金的主要来源是当地居民自筹,活动组织者对芦笙节活动资金的收取使用收据证明制度,每一次采购各村都派代表参加。同时活动结束后,组委会通过微信、QQ、张贴栏公示等方式公开活动收支明细,提高了资金使用透明度,居民也更愿意参与自筹活动资金。在芦笙节这样的民族节日中,政府主要负责审核活动方案,以及活动现场维持安全秩序。

---

① 陈华森、韦正富、陈江涛:《我国少数民族基层社会治理的文化传统论析——以苗族议榔制为例》,《贵州师范大学学报》(社会科学版)2015 年第 1 期。

四 治理模式优劣势分析

（一）治理模式的优势

1. 管办分离，发挥民间主体自主性促进供需匹配

协商自治的治理模式有利于充分发挥民间主体的自主性，实现政社联动治理民族型公共文化空间，满足居民民族特色公共文化空间需求。长期以来，民族型公共文化空间的供给都是依靠一体化行政命令建立起的科层式供给体系，呈现出相对封闭的特征，与居民的文化需求错位。而在协商自治模式下，从办文化到管文化的文化活动举办主体的转变，体现的是政府由"管理者"向"服务者"的职能转变，一方面，降低了政府的行政成本，政府不需要事无巨细地包揽民族公共文化空间治理的各个方面，而主要专注于指导与质量提升。"我们以前就是属于办文化，整个文旅局很累，需要协调各个方面的东西。但是我们从办文化到这种管文化，我们就是主要在提升水平和指导和管理这方面了。"（MZKL 文旅局工作人员 P001）由"办"到"管"，体现了政府职能升级，使得对公共文化空间的治理更加能够精准发力。另一方面，通过调动民间主体的自主性以实现供需匹配，在政府引导与资金支持下，文旅企业、社会组织、民间文艺团体、民族文化精英能够供给居民喜闻乐见的民族特色文化空间。

2. 政社合作，激活民族地区文化资源，促进供需匹配

协商自治的治理模式有利于将企业、社会组织、学校等社会力量纳入治理体系，实现政社合作，进而盘活存量、创造增量，满足居民对民族特色文化场所和文化活动的需求。一是政府与协会资源联动，盘活已有的民族文化空间资源。政府提供资金等实体资源和合法性认证等虚拟资源与苗学会的人力和专业资源相结合，深入挖掘苗族文化资源，出版了《苗学研究》等文化期刊，打造了"'苗族古歌'碑林主题公园"等文化场所，举办了"民族文化进校园"等文化活动，满足居民对民族特色物理空间和交往空间的需求。"一个是苗学会，一个是苗歌协会。苗协会下面乡政府都有分会，苗歌协会乡镇有两个分会。这两个学会都是助推我们的民族文化传承，因为这个协会里面的人，他们非常热爱这个民

族文化，他们是无偿来做的，并不是政府花钱给到他们工资。所以我们的协会这个平台只要运用得好，我们的民族文化的传承就非常有起色。"（MZKL 民宗局工作人员 Z001）二是政府与企业、学校互利共赢，创造新的民族文化空间。一方面，政府引导学校开设文创专业、非遗培训活动，构建苗绣、蜡染等非遗创新发展活动空间，满足居民民族特色文化交往空间需求。另一方面，政府与文旅企业互利合作，打造集民族文化场所、设施、活动、符号于一体的文化场景，满足居民多样化的民族文化物理空间和交往空间的需求。

3. 文化精英作为联结纽带，促进民族特色文化与公共文化有效衔接

协商自治的治理模式有利于发挥民族文化精英的链接作用，促进民族特色文化与公共文化有机衔接。其一，文化精英收集、保护、传承民族特色文化，为民族自治地区城市公共文化空间的发展提供不竭的动力。民族特色文化是公共文化的根基和源泉，能够丰富公共文化的内容和形式，是对公共文化的有益补充。"我们与社会组织的合作，有苗学会，还有我们一些非遗传承人的一些合作，那民族文化特色就是围绕比如说民宗局这边我们有斗牛协会，我们定期开展一些斗牛活动，还有昨天刚结束一个苗族古歌的一个歌唱大赛。"（MZKL 文旅局工作人员 P001）可见凯里市政府依托民族文化精英开展了一系列具有民族特色的公共文化活动，丰富公共文化的内容和形式。其二，民族文化精英参与公共文化事务，为民族文化注入公共文化的价值理念。"在苗歌传承这方面我们主要是经常培训青年一代，让他们走上这个民族传承了这种方面，这几年也我们也推送了好几个州级市级苗歌传承人培训。……有时候配合政府开展工作给他们宣传，我们三棵树政府就会让我们开展文化活动为脱贫攻坚做宣传。"（MZKL 苗学会成员 Y001）"今年建党节，我们唱没有共产党就没有新中国，唱红歌，用苗语唱。"（MZKL 苗族古歌市级非遗传承人 L001）可见文化精英协助政府开展民族非遗传承人培训、非遗文化进校园工作；组织文化活动宣传脱贫攻坚、在建党节公共文化活动中用民族特色文化形式宣传社会主义核心价值观，实现了民族文化与公共文化的有机融合。其三，民族文化精英凭借其专业技能和社会资本，通过链接其他精英，组织民族文化的挖掘和保护，为民族型公共文化空间的活

动开展奠定基础，满足居民需求。民族文化精英链接社区和学校资源，开展民族文化培训活动，满足居民对民族文化传承的需求。据调查，居民有强烈的传承民族文化的需求，85.29%的居民认为传承民族文化非常重要。作为凯里市苗歌市级传承人的顾彪，链接学校和社区，举办苗歌培训活动，满足居民传承民族文化的需求。民族文化精英链接居民，自组织开展民族特色文化活动，满足居民文化需求。民族文化精英植根于居民，了解居民的需求，进而精准化供给其需求的民族文化活动，满足其需求。顾彪自筹资、自组织吃新节等民族特色文化活动，达上万人参加。

（二）治理模式的不足

1. 政府标准化供给无法满足居民差异化需求

协商自治模式虽然有效调动了企业、民间团体等社会力量参与民族型公共文化空间治理，但是在基础性公共文化空间仍然以标准化供给为主，与民众日益丰富多样的公共文化空间需求相错位脱节。一方面，政府单一标准化供给不能满足多民族居民特色化公共文化空间需求。"居民不一定想看你让他看的书，他可能想看别的书，还有基层文化惠民活动也是比较困难，送的文化活动他不一定喜欢看，可能你还不如多组织他们自己开展一些什么篮球比赛，他们自己爱好的那个东西。"（MZKL文旅局工作人员P001）。另一方面，社区公共文化空间供给单一，不能满足居民差异化需求。在实地调研中发现，凯里市大多数社区就只有小广场、活动室等基础性文化设施，难以满足居民休闲文化需求。同时不同年龄段的居民的需求趋于差异化：青少年和青年人对文化空间的需求趋于知识类和体育类，中年人和老年人的需求趋于公共休闲类、民族类的公共文化空间，而社区公共文化空间主要针对空闲时间较多的老年人。

2. 社会力量培育不足无法有效满足居民需求

民族型公共文化空间治理涉及多元主体，虽然政府正在探索政社协同的治理模式，但是由于社会力量的内在约束和外在培育环境的限制，还存在力量薄弱、资源分散的问题，从而影响其有效参与公共文化空间治理。具体而言，一是有影响力的社会组织与文化企业较少，限制了社会力量参与的广度和深度。在调研中发现，居民对于文化符号创新性发展具有强烈的需求，78.82%的居民认为应该创新发展民族文化符号。企业、社会组织等是赋予创新发展的主要力量，但由于力量薄弱，无法有效参与公共文化空间治理。"所有的文化类企业都是偏散小弱，个体户占大多数，大的企业比较少。"（MZKL 文旅局工作人员 Y001）二是多元激励政策、平台协调机制、准入与考核机制等外在环境不健全，挤压了企业、文艺自组织、居民的参与空间。外部的环境是社会力量成长的重要推动力，但是现阶段民族地区经济发展较为落后，财政不足，对社会组织没有固定的财政拨款，社会组织普遍存在经费不足，开展大型活动需要自筹经费；缺乏办公场地；没有编制，无固定人员，组织机构较为松散。由于受经济环境的影响，存在市场理性化，年轻人更多地追求经济利益，导致传承人不足。缺乏系统的培育机制，社会力量成长不足，参与程度较低。

3. 企业主体经济利益的诉求与居民公共性需求协调不足

企业参与民族型公共文化空间治理的目的是以实现经济利益为主，与居民的公共性需求存在冲突。一是企业主体集中于高经济效益的空间供给，会挤压一部分公益性文化空间。例如，社区物业公司出于经济效益，将社区文化广场占用为停车场，造成社区居民的公共文化需求得不到满足。"我们这么大的一个小区，哪怕一个设施都没有。1300多户，一个体育场所都没有。我们的娱乐场所，他们物业强行作为停车场，这肯定不行，我们心里肯定不满意。"（MZDQL 社区居民 W001）二是企业供给的大多为准公共文化空间，具有一定的排他性。下司古镇在清江公司运营管理下，实行门票制。虽然针对本地户籍的居民免费开放，但是城市中还有部分非本地户籍的居民被排除在外，不能满足这部分人的公共文化空间的需求。三是企业过于追求经济效益，使得公共文化空间异变，不能满足居民对文化性的需求。凯里市苗侗风情园起初规划是作为满足居民需求的民族特色文化空间，但迫于经济压力，50%的门面出租给各类公司作为办公场地，文化要素流失，难以满足居民的文化需求。"50%已经变成了公司在运营，作为办公场地在用……从我们运营的角度来说，其实你不管租给谁，最终还是收租的问题，谁生存得下去就租给谁，之前倒是有那么一个规划，比如说这条街做餐饮，但是未运营起来。"

(MZHK 公司经理 P001)

4. 民族特色文化品牌凝练不足

多民族聚居造就了民族自治城市多样化的文化品牌，比如凯里市具有代表性的文化品牌包括"芦笙文化""斗牛文化""银饰文化""苗绣文化""酸汤文化"等，但是政府对多民族文化品牌的凝练不足，没有形成城市民族特色文化品牌，从而不利于提升城市文化影响力。究其原因主要有以下几个方面：首先，政府财政资金投入不足。"现在凯里市这个财政状况目前来说还是比较艰难的，现在我们的财政主要集中力量去解决民生方面的东西、运转方面的东西，文化类的东西是往后面靠的，所以我们现在工作推动起来还是很被动。"（MZKL8 文联成员 L001）民族自治地区政府财力有限，财政投入向经济民生领域倾斜，对于民族特色文化品牌打造的财政投入不足。其次，大型文化企业引入困难，缺少大型演艺公司。囿于民族自治地区经济社会发展局限，难以引入大型文化企业，制约了民族特色演艺节目的创造与打造。最后，政府由"办文化"转为"管文化"，由民间自办民族特色文化活动，但民间力量"散弱小"，不利于文化品牌的打造与宣传。比如凯里市"芦笙节"转为乡镇举办后，虽然减轻了政府的财政负担，但"芦笙节"的影响力大大减弱。"芦笙节原来是凯里政府主办，中国凯里国际芦笙节，后来慢慢到乡镇举办了。"（MZKL 民宗局工作人员 Z001）"以前我们的芦笙节是国际性的，还有其他的人，甚至有美国人来参加，那个时候影响力确实算很大。但是人力、物力、财力消耗也非常大。"（MZKL 文旅局工作人员 P001）

5. 反馈监督机制不畅无法及时响应居民需求

居民反馈监督机制不畅以致不能及时响应和满足居民的需求。一方面，居民需求表达机制不畅，造成公共文化空间供给存在"剪刀差"。即政府供给的未必是居民想要的；民众想要的，政府未必能供给。实地访谈中发现居民虽然有较强的参与意愿，但大多数不清楚应该向谁表达需求，有的居民甚至认为表达了需求也没有用。"他们（居委会）不找我们，我们都不知道哪个是社区的，反映了也没有用。"（MZQJ 小区居民 Q001）另一方面，监督反馈机制的不健全，居民对公共文化空间的供给的满意度不高。现阶段凯里市对社区的公共文化空间建设的考核标准多流于形式，考核效果不佳。而作为直接受益群体的居民也缺乏对供给的过程、质量、效率进行监督的渠道，发现问题或者感到不满意也缺少反映的渠道。访谈中发现，大多数的居民对于公共场所被占用、公共空间供给不足的意见都是私下讨论，没有正式的监督渠道，进而导致居民的公共场所和设施的需求得不到满足。

第五章

西部城市公共文化空间协同治理模式优化与重构

我国是统一的多民族国家，西部城市具有较强的异质性特点，突出表现在民族多样性、文化多元化，经济发展水平高低不一等方面，由此带来的城市公共文化空间差别明显、形态各异。如何科学识别西部城市公共文化空间特点，在尊重西部城市公共文化空间人文和地理风貌的基础上，吸取国内外优秀治理经验，发挥西部城市典型公共文化空间治理的优势，优化其不足，重构西部城市公共文化空间资源供给与需求匹配度高、治理主体多元协同、治理机制协同运转、满足不同需要的公共文化空间治理模式显得尤为重要。本章分为以下两个部分推进：第一节为西部城市公共文化空间协同治理模式优化与重构的基本原则及思路；第二节至第五节分别基于西部城市治理资源特点、治理主体特征对西部传统型、现代型、过渡型和民族型公共文化空间的协同治理模式进行优化与重构。

第一节 西部城市公共文化空间协同治理模式优化与重构的原则及思路

一 坚持以人民文化需求为中心的治理导向

文化是一个民族、一个地区乃至一个国家对自身能够被传承和传播的思维方式、价值观念、行为规范、科学技术等的概括性认知和经验升华，它是人类相互间彼此交流、普遍认可的一种意识形态。对中国这样一个历史悠久、人口众多、疆土辽阔，正在进行中国特色社会主义现代化建设，正在迈向中华民族伟大复兴宏伟目标的国家来说，文化自信起着重要支柱和精神基因的作用[①]。因此，推动城市公共文化空间协同治理应该坚持满足"以人民文化需求为中心"的价值目标，满足市民多元化、差异化的文化需求，弘扬社会主义核心价值观，增强文化自信。

西部城市历史悠久、文化异质性强。在西部城市公共文化空间协同治理中应坚持以满足民众多元化文化需求为出发点，尊重地域特色、民族特色，尊重民族信仰、宗教信仰，坚持历史与现代的统一、人文与地理的统一，以实现文化治理的目标。首先，在公共文化空间治理的交往形态上，坚持历史与现代的共存。城市本身是现代化的产物，西部城市公共文化空间承担着历史传承的功能，应注重保护民族文化遗产。其次，在公共文化空间的物理形态上，坚持地域特色和人文统一。西部城市人文和地理特征区别较大，形成了各具特色的公共文化空间物理形态，在协同治理中要充分尊重并保持地域和人文特色。如：云南西双版纳形成了独特干栏式竹楼民居建筑，具有鲜明的民族特色。贵州西江千户苗寨的苗族建筑以木质的吊脚楼为主，为穿斗式歇山顶结构，是苗族建筑的一大特色。而西藏城市建筑多采用三种颜色来装饰，分别为白、红、黑三色，取材于当地的白土、红土、黑土，分别象征天上、地面、地下的三位神灵。成都、重庆等现代型城市有极具现代风格的城市公共文化空间形态，充分彰显了不同城市的地域特色，同时承载着人文要素。在公共文化空间的象征意义上，尊重城市文脉传承和特色。甘肃的石窟文化、西藏的藏文化、重庆的抗战文化等，都是城市文化的象征或符号，有利于彰显城市特点，构建城市居民认同感。

二 坚持共建共治共享的治理理念

党的十九大报告提出"打造共建共治共享的社会治理格局"，为加强

---

① 董国政：《坚定我们的文化自信》2018 年，http：//81.cn/jfjb map/content/2018 – 10/27/content_219152.htm，2018 年 10 月 27 日。

和创新社会治理指明了方向。公共文化空间治理作为社会治理的重要组成部分，坚持"共建共治共享"的治理理念就是要实现公共文化空间"建—治—享"的统一和平衡。

充分调动城市公共文化空间主体参与公共文化空间建设。公共文化空间作为社会公共物品，既要发挥地方政府对城市公共文化空间建设的总体负责职能，又要充分调动多重治理主体（如社会组织、市场主体、居民）参与到公共文化空间的建设中来。在共建治理理论下，任何一方都不再是公共文化空间治理的独立建设者，政府、市场、社会组织与公民等都应积极参与公共文化空间建设，做到公私部门协作、跨部门协同建设，在组织架构层面打破传统的彼此分割、独立的组织壁垒，通过有效协调整合政府行政力量、现代社会组织、公众力量以及社会资源，构筑信息共享、治理资源整合、协调有序的共建治理结构。

充分调动城市公共文化空间主体参与公共文化空间治理。政府主导下的公共文化空间治理意味着一个权威、稳定、正式的运作体系，体系内部的运转由主管文化的纵向"条条"系统与横向"块块"部门组成，包揽公共文化空间治理的规划、内容、运转、评估等方方面面。科层化的运作方式通过整合自上而下的行政内部资源，实现"集中力量办大事"，短期成效显著，但却忽视了文化的异质性和差异性，难免导致"水土不服"。共治下的公共文化空间协同治理，注重发挥政府、社会组织、市场主体与人民群众在公共文化空间治理中的协同作用，形成差异化、多元化的协同治理格局。

实现公共文化空间治理的全民共享，满足不同地区、不同层次居民公共文化需求，让城市公共文化空间惠及更多市民，扩大享受和使用群体规模，提高公共文化空间使用效率是西部公共文化空间治理的最终落脚点。从物理空间打造标准化载体，推进城乡基本公共文化服务均等化，满足人民基本的文化公共服务需要；再到促进市民共享的交往空间，提供交流平台与机会，构建温馨舒适畅通的公共文化交往空间；最后到象征空间的提升，促进全民认同支持，构建民众心灵家园归属，真正实现公共文化空间共建、共治、共享的治理格局。

三 坚持公共文化空间技术治理的革新创新

以"互联网+"为代表的移动互联技术正推动社会治理理念和技术的创新革新,极大地改变了人类经济文化的认知和水平,也深刻改变着人们对公共文化空间的认知、利用和治理。在推进西部公共文化空间治理中,也应坚持公共文化空间治理的技术创新和革新,实现公共文化空间治理的拓展与升华。

首先,移动互联技术正改变着传统公共文化空间的物理距离,让文化空间不再具有严格意义上的时空限制。互联网技术的普及与加快应用,打破了传统的公共文化空间认知,让互联网承载公共文化空间的功能成为可能,不再局限于公共文化的物理空间距离。通过大数据、云技术以及网络沟通技术等媒介,让市民可进行跨文化空间消费和使用。尤其是新生代群体,对新移动互联网技术的使用正悄然改变着他们的公共文化空间认知模式。而西部现代型城市正处于加快现代化、科技化等技术革新时代,重视移动互联技术的使用,必将有力提升现代城市公共文化空间治理效率。

其次,移动互联技术进一步拓宽了传统公共文化空间的范围,使公共文化空间数字化、虚拟化、项目化成为可能。移动互联技术在公共文化中的普及和使用拓宽了传统意义上的公共文化空间范围,让缩小不同类型城市公共文化空间的资源供给成为可能。传统意义上的公共文化空间受制于时空的限制,在传统型、民族型乃至边缘型地区,存在着公共文化空间设施供给不足、标准化程度不够、市民公共文化空间享受局限等固有问题,移动互联技术的加快使用,让公共文化空间不再局限于传统意义的资源供给,而是通过虚拟、数字化将以崭新的方式满足市民不同类型需求。

最后,移动互联技术催生着新的公共文化空间交流和治理平台。互联网不仅是人们加快公共文化跨时空消费和使用的媒介,更催生了新的公共文化空间交流和治理平台。各种知识推介网站、视频平台,如知乎、抖音等成为许多市民进行知识更新和娱乐消遣的重要去处,而对于这些交流平台的使用颠覆着原有的咖啡馆、科技馆、大剧院、美术馆等承载公众精神家园的功能。因此，对如何保持西部城市公共文化空间的特色与功能传承，做好线上与线下融合发展也是协同治理需要考虑的要素。

四 坚持差异化的公共文化空间协同治理模式

公共文化空间承载着满足公众公共文化服务需求的准公共产品职能，如何调动多元治理主体参与到公共文化空间治理，提供更加高效、多元的公共文化产品，满足不同类型、不同层次居民的文化需求是公共文化空间治理的核心。协同治理模式使公共文化空间治理模式朝着多元化发展，为城市居民提供更加专业、多元的公共文化服务，成为未来西部城市公共文化空间治理的必然选择。同时，西部城市形态发展不均衡、人文地理风貌各异，决定了西部城市公共文化空间要坚持差异化的协同治理模式。

西部城市现代型公共文化空间协同治理模式中，注重发挥政府引领、社会组织专业化、市场主体推动、公民需求拉动功能。通过政府购买服务等方式与社会组织、企业进行合作，让社会组织在举办公共文化活动，城市公共文化空间规划、建设、维护等方面提供专业咨询和服务；积极引入和利用移动互联技术，提升公共文化空间和服务的专业化供给能力，推动西部城市现代型公共文化空间形成多元参与、活力迸发的多中心协同治理格局。

西部城市传统型公共文化空间的构建，应通过丰富的地方文化资源，凝聚力量，打造有影响力的文化品牌。坚持公共性与市场化结合，充分发挥传统公共文化空间"半熟人"特征，引导、吸引社会精英参与到公共文化空间的建设与治理中来，形成"政府主导+社会补缺"的协同治理模式。过渡型公共文化空间的构建，要尊重治理主体的多重性和复杂性特征，尊重居民结构的异质性特点。注重村改居、公租房等不同类别的边缘型公共文化空间治理主体与其居民的共建共治共享。因地制宜，构建包容型协同治理模式。民族型公共文化空间具有典型的民族特色，享有民族区域自治等政策，在推进西部民族型公共文化空间协同治理模式中，要充分发挥民族区域自治政策的引领作用，用好用足民族区域自治政策，积极调动社会主体参与到公共文化空间治理中来，坚持民族地区的协商自治原则，充分发挥少数民族区域自治的优势和特点，构建"政策—自治耦合型"协同治理格局。

综上所述，在推进西部城市公共文化空间协同治理模式中，通过树立坚持以人民文化需求为中心的治理内核、突出共建共治共享的治理理念、坚持移动互联技术等治理技术的创新应用、坚持多元协同治理模式。政府主动迎接城市公共文化空间治理主体多元化的挑战，不断优化完善自身内部组织机构，积极发展与非政府组织的合作关系，培育发展社会多元主体，在制度安排上畅通社会组织和企业的参与渠道，积极挖掘和引导公众参与公共文化空间治理，制定合作规则，构建价值正确、优质高效、各尽所能、各取所需的协同治理格局。

五　西部城市公共文化空间协同治理模式优化与重构的总体思路

西部城市各种类型公共文化空间的治理，基本依照国家的要求、自身的经济条件和资源禀赋，构建了各有特色的协同治理模式，但也存在明显的不足，需要进行优化，重构其治理模式，通过有效协同达到多元共治。

首先，协同治理应遵循人民文化需求为导向。西部城市公共文化空间协同治理应以满足居民文化需求为治理起点，尊重人民群众主体地位是政府职能转变的必然要求，服务型政府强调政府作为服务供给者，一切工作必须着眼于满足人民群众的需要，各治理主体必须保持总体价值目标一致，即公共文化服务应落实于满足民众的公共文化需求，切实尊重人民群众主体地位。在协同治理中立足于居民对于不同服务内容的喜爱度，可以实现精准匹配，提供更加丰富的服务，满足居民日渐增长的多元文化需求，提升供给效率，提高供需匹配度。

其次，在治理中要坚持多元共治，形成主体协同。依据经典治理理论，治理是纵向与横向交错的互动过程，治理主体在互动网络中通过协商、合作以及伙伴关系等方式实现对公共事务的管理，需要治理主体建立一种彼此信任和基于规则的互动模式，倡导基层政府、企业、民众等多元主体合作来共同治理区域公共事务，可以使用协议、兼并和契约等方式与社会建立灵活的互动合作网络。协同治理是指在公共生活过程中，政府、非政府组织、企业、公民个人等子系统构成开放性整体系统，无序的子系统及诸要素之间在同一目标、内在动力作用下相互协作、共同作用，形成有序功能结构的自组织状态，最终达到最大限度地维护和增进公共利益的目的。协同治理主要特征包括治理主体的多元化、子系统的协同性、自组织的协调性、系统的动态性、规则制定的参与性。西部城市公共文化空间协同治理是相对于传统社会治理模式提出的，主要是描述多元主体间的协同治理关系，旨在充分发挥政府与社会的治理衔接，发挥政府、社会组织、企业、社区之间的合作与竞争，改善传统政府的单一治理模式，提升主体间的协同治理。

最后，应该以资源差异化为协同治理的基础，形成过程协同和资源协同。西部城市公共文化空间治理离不开行动主体的有效参与，政府、居民和文化组织等主体拥有各自的客观位置、行动意图和行为要素，掌握的资源也不同，因而在资源供给方面有各自的优势领域，不同主体在资源投入、文化特色上拥有不同的优势，多元主体协同合作更有利于促进公共文化空间协同治理的内涵挖掘和效能提升。在现有体系中，政府既拥有强有力的宏观调控能力，能够为基础设施、产品服务等提供公共财力支持，又能够通过政策指引文化发展的正确方向。社会组织是提供专业力量的重要主体，在活跃群众文化生活方面起到重要作用。市场主体为公共文化空间治理注入活力，助力公共文化空间建设。居民既是公共文化空间的享受者，也是公共文化空间治理的参与者，居民满意既是公共文化空间治理的根本目标，也是重要建设手段。在协同治理视角下，多元主体合作通过政府供给、市场供给和志愿供给等不同形式提供多样化的资源，有利于优化资源配置，提高公共文化空间治理效能。在公共文化空间协同治理中，多个主体共同努力，在单一主体作用受限、无法达到有效治理的情况下实现信息共享、资源共补、责任共担。政府、市场与社会主体三者不缺位，但在各环节的参与情况会因西部公共文化空间特点的不同因地制宜，从而有效发挥各主体优势。

西部城市公共文化空间协同治理优化与重构的总体框架如图5-1所示。

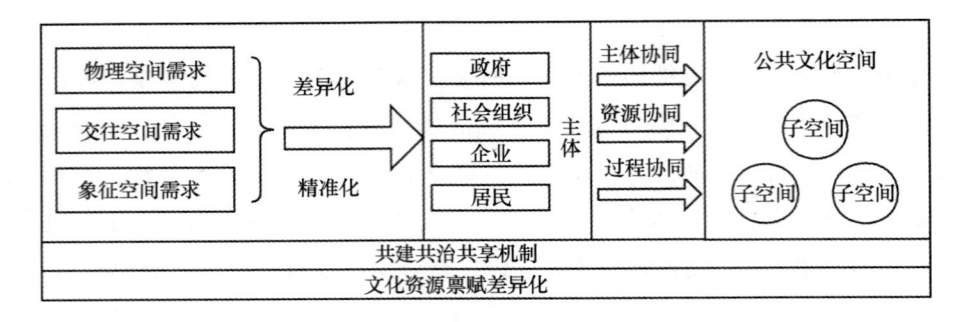

图 5-1　西部城市公共文化空间协同治理优化总体框架

资料来源：根据文献资料整理制作。

第二节　西部城市传统型公共文化空间"政府主导内生型"协同治理模式构建

西部城市传统型公共文化空间在资源约束、治理主体发育、市场机制运转方面都存在相对不足，但传统型的人文习俗丰富，"半熟人"的社会关系特点明显，居民的文化认同感相对更强。基于此，剖析治理各相关利益主体功能发挥，最后提出传统型公共文化空间协同治理模式。

一　传统型公共文化空间协同治理主体功能优化

在社会组织发育程度滞后、功能发挥不足、市场主体推动能力不足的情况下，传统型的公共文化空间治理应从居民需求出发，依靠政府进行项目推动式的协同治理，积极引导民众参与到传统型公共文化空间协同治理中来，形成在政府主导下激发内生力量，促进自身造血功能的政府主导内生型协同治理格局。

（一）政府发挥主导能力，保留制度优势

传统型城市在社会组织发育、市场主体参与等方面尚有差距，公共文化空间的建设和治理推动，主要依赖于政府的有效推动，因此要发挥政府强大的社会动员和集中资源的能力促进供需平衡。在推进西部传统型公共文化空间协同治理的过程中，政府应发挥主导能力，表现为政府需具备相应的领导能力、组织协调能力、资源调动能力。

在领导能力层面，政府与地方力量呈现出权利命令关系与业务协作关系。政府的领导作用体现在通过立项、规划、运维、评价等全过程方面，要做好传统型公共文化空间发展规划，争取资金和项目的支持，必要时发挥制度权威优势调整协同主体的权责和规范，以确保各主体权责统一，积极落实公共文化空间治理目标。在组织协调层面，分为横向协同和纵向协同。纵向协同体现在中央政府对地方政府的领导与监督，地方政府执行中央政府的任务与标准，反馈工作成效。双方确保组织流程规范，最大程度发挥人财物力的价值。同时，在项目推动过程中，为提高服务效率与质量，同级政府之间或政社之间需要进行合作与分工，产生横向协同机制。保留制度约束优势，在遵循政府规划目标的基础上，实现共享资源、通力合作的模式。在资源投入层面上，利用政府拨款的政策资金，积极撬动社会资金参与，拓宽文化建设资金渠道，避免过分依赖财政支持的老路。地方政府根据自身力量选择社会组织或企业等参与主体，并协调参与主体之间的行为。政府扮演公共文化空间规划的抉择者角色，在不同参与主体意见不合或发生利益冲突时，通过统筹地方资源与发展需求或制度权威，兼顾各方需求，平衡各方力量，同时承担公共文化服务项目协议履行的政府监管职能，确保其他参与主体有序参与到公共文化空间治理中来。

（二）社会组织发挥专业推动能力，激发治理活力

相较于政府强有力的主导作用，传统型公共文化空间协同治理的其他主体力量较弱且分散，造成了治理主体单一导致治理活力不足的问题。其中社会组织发育程度不高，在公共文化空间协同治理中在场缺失的情况突出，功能发挥不足，在供给的数量、质量方面都无法达到居民的期望。因此要注重培育和发展社会组织，吸纳社会力量参与助推公共文化空间建设，激发多元治理活力。

首先，确保社会组织数量与规模满足参与治理的需要。应大力培育发展各类社会组织，通过政府授权、社群组织孵化、民间自发等多种形式，培育和发展各类社会组织，满足多样性需求，以发挥其专业、灵活、

自主等特点，实现其作为承接政府职能转移的有效载体和参与公共文化空间治理的重要主体之作用。其次，提高社会组织的专业性与服务力，增强参与治理能力。在组织培育、发展与转型过程中给予专业的引导与支持，发挥专业人才引领作用与志愿者协助作用，建立完善的监督机制与奖惩机制。如通过立法、审查和评估等手段，形成"民政部门登记、行业部门联系指导、街道社区日常管理"的社会组织管理新模式，使其发展正规化和专业化，从根本上实现量到质的飞跃，提高社会组织的专业服务能力。最后，为社会组织参与文化空间治理提供平台与契机，激发参与活力。既可以通过地方政府授权的形式，也可以通过枢纽型社会组织的支持，或以项目制的形式，为社会组织提供"出场"机会，还可以通过提供一定的政策性倾斜，扶持社会组织发展，通过组织带动组织、组织间宣传扩大文化服务项目的号召力，激发社会组织参与热情，促使大量社会组织进入社区，利用其所掌握的社会资源和自身的功能特性，发挥其专业优势，以最大可能实现社区内公共文化空间治理的协同性参与。

（三）市场主体发挥项目承接能力，打破制度路径依赖

传统型公共文化空间治理过程中，政府主导的项目制是主流，遵循"自上而下、以产供需"的送餐式文化服务多，"自下而上、以需定供"的点餐式文化服务少。[①] 同时标准化、同质化的项目制也无法提高和培育市场主体承接丰富多元的公共文化空间治理项目的能力，容易使市场主体陷入发展固化的境遇。政府根据相关规定，采用公开招标、邀请招标、竞争性谈判、单一来源、询价等方式确定承接的市场主体。因此，在西部传统型城市中，市场组织的作用主要发挥在公共文化空间实施建设与开展文化活动层面，而在公共文化空间的规划、评价的参与能力与治理能力较弱。应打破传统的被动模式与制度路径依赖，利用项目承接，发挥市场主体承接城市公共文化空间治理的作用。

首先，促进市场主体分工的精细化，提高市场主体的项目承接能力。

---

① 朱瑞兴：《互联网+背景下北京美丽乡村公共文化广场营造的研究》，硕士学位论文，北京建筑大学，2019年，第38—39页。

市场主体作为城市公共文化空间治理的重要主体，不同企业承接的项目维度也不同，一些企业可以负责公共文化空间硬件设施的建设与维护，一些企业可以通过为城市社区提供具体的公共文化服务活动，以提升社区居民的生活服务品质。针对传统型城市市场力量薄弱的情况，可借鉴现代型城市中城市书房的政企之间轻资产合作模式，由公共部门提供设备、图书、技术与相关的管理制度，企业保持已有的经营状态，提供公共文化服务的场地、管理与服务，双方均不需要投入大量的资金，分担了公私合作模式下的"不盈利"风险，合作具有可持续性。企业也可以利用政府搭建的平台，打造企业品牌，扩大影响力，凭借优质公共服务，树立良好形象，取得公众信任，有利于自身发展。其次，突破市场主体的承接项目模式。传统模式的"等靠要"特征明显，主要体现在被动承接项目，这会削减市场主体的参与动力，降低服务的质量。以多元化项目激发市场主体活力，深化"放管服"机制，下放权力，明确规则，给予其发挥空间，形成主动寻找项目的新模式，同时也要塑造透明开放、适度竞争的公共文化项目承接环境，帮助和促进市场主体提升水平、创建品牌、发展壮大。承接项目的市场主体也要抓住机会，积极参与，在执行时创新思维，努力契合居民真正的文化需求。企业可以凭借其灵活性及服务本土化的优势贴近公众的文化期待，根据自身的能力，在服务的内容、供给的具体方式以及文化的生产等议题参与公共文化空间治理，在增加治理活力的同时减少项目的同质化。

（四）居民主体发挥协同参与能力，增强治理活力

西部城市传统型公共文化空间治理中，公众主体发挥协同参与的能力。传统型城市人口流动率较低，公众居民之间熟悉程度高，交往频率高，同时工作和生活节奏较为缓慢，公众参与文化活动时间较多，可以借助主客观条件优势，充分发挥居民主体力量，增强传统型公共文化空间治理活力。

首先，积极挖掘居民自组织能力，提供参与机会。公众自组织参与能力强，群策群力，能够自发组织多样化文化活动，丰富公共文化空间协同治理的内容，如巴中居民自发组成广场舞团队、太极拳团队、武术团队等多个团体并自费聘请相关老师，专业水平得以提升。在参与文化

空间治理中存在一定的群众基础与团队优势，为其提供参与平台能发挥其协同参与能力。

其次，要提升居民参与公共文化空间的自主性，增加治理活力。通过被赋予权力、机会、资源和技能，使居民重新认识自身所拥有的力量，感受自己对某些社区公共事务的影响，可以有效增强他们在公共文化空间治理中的协同参与能力与意愿。也可通过针对居民需求，吸引多数居民踊跃参与到具体公共文化空间治理事务和活动中，积极献言献策，以共同推动公共问题解决，并在此过程中逐渐培养其参与意识和公共精神。此外，依靠宣传引导、典型示范，发挥社区领袖作用，建立起居民之间彼此尊重、相互友爱、合作信任的邻里互助关系，从整体上提升社区凝聚力和向心力，造就公共精神生成和发展的社会土壤。政府也应重视居民与社会在空间规划中的话语权，以进一步提高公共文化空间规划决策的科学性。

最后，可通过政策吸引，促使回乡社会精英积极参与公共文化空间的建设与治理。

二 传统型公共文化空间政府主导内生型协同治理结构

政府主导内生型协同治理模式以自上而下的政府关系为核心，政府通过以行政主导方式吸纳社会组织、市场主体、居民等其他治理主体参与到公共文化空间治理中来，提供文化服务，打造文化品牌。这种治理模式发育尚未完善，主要依靠政府推动，其他主体与政府之间呈现单一维度互动关系。同时，通过着力于文化品牌的打造，激活社会组织与居民的文化认同，逐步向内生型治理转变（如图5-2所示）。

首先，政府的主导行为主要表现在中央政府（项目发包方）、地方政府（项目承包方）两大行动主体，通过项目输送与承接的方式形成政府核心主导结构。政府主导内生型协同治理以自上而下的行政力量为主，以中央政府—省级政府—市级政府的央—地层层行政指令为主。中央通过自上而下的财政转移支付和二次分配，进行文化建设或文化扶贫项目，通过提供公共文化服务评比等，调动地方政府按照上级政府的意志参与到公共文化空间的建设中，积极提供职能服务。一方面，项目制运作将

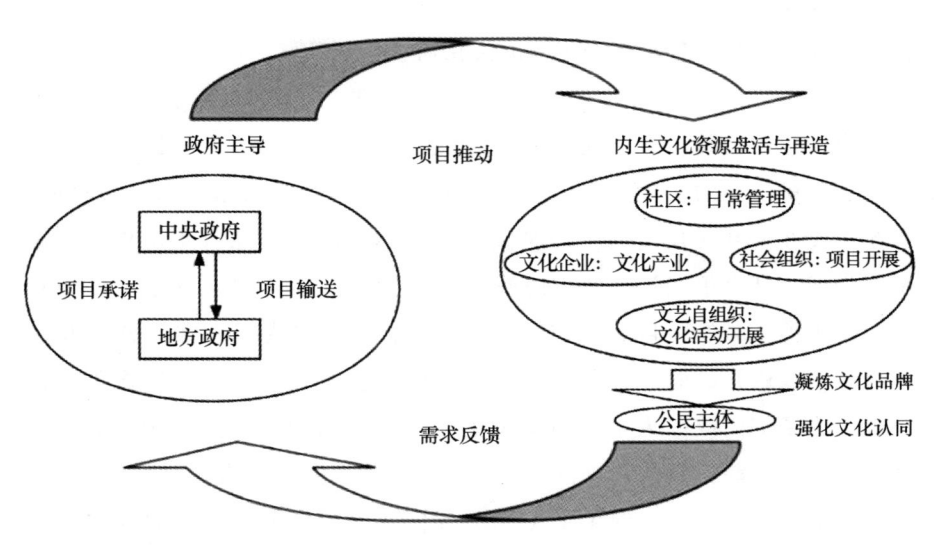

图 5-2　传统型公共文化空间的政府主导内生型协同治理模式

国家意志和中央权威有效结合，通过科层体系的结构化模式和强有力的权力体系将国家价值层层输入基层，运用项目制方法加强政策执行与动员，提升基层政府行动力。另一方面，地方通过项目获取，推动中央公共文化服务政策的落地执行，完成上级指示，履行促进区域文化空间治理发展的职责。同时，通过项目建设提高地方公共文化服务水平，塑造政绩，从而赢得晋升资本，促进自身实力提升。

其次，在传统型公共文化空间协同治理中，政府与社会组织、市场主体之间是一种市场化雇佣关系。政府以项目招标的方式对社会组织、市场主体进行吸纳、管理，社会组织、市场主体在人力资源、项目和资金等方面几乎完全依赖于政府的扶持。并且传统型公共文化空间社会组织与市场参与不足，竞争性不高。在现行的公共文化项目模式下，政府通过项目激励与政策倾斜等方式，激发市场参与活力。政府应通过筛选和精简项目，凝聚于当地社会认同感更强的文化项目，集中项目资金规模。高利益诱惑下，市场主体形成"饥饿"意识，不同企业或单位踊跃竞争，迸发参与活力，激活社会资源。另外，为更好地发挥社会组织和社团力量，政府不断扩大购买服务规模，使其提供有偿服务，增进社会组织专业能力与服务意识，打造"四社联动"模式，促进公共文化空间治理主体多元化，满足居民丰富的文化需求。

最后，积极引导居民在公共文化空间治理中的协同参与，注重发挥其需求的导向功能。在文化品牌与文化认同基础上，引入居民参与，充分尊重人民群众的文化主体地位，并进一步拓展其参与基础和参与动能。一是居民在公共文化空间治理时候积极参与政府的民意收集工作，居民依托社区、社会组织等，积极向政府建言献策、表达文化诉求，使项目扎根于土地，激发项目的实用性与可获得性。二是居民积极行使自身的监督权，无论是政府、企业还是社会组织，在公共文化项目运作当中都可能会为了部门或个人私利而损害集体和居民的利益，只有充分的居民参与和监督才能保障公共权益，提升公共文化空间治理能力。

综上，在政府主导内生型协同治理模式中，自上而下的政府力量是推动传统型公共文化空间治理的核心力量，应积极培育社会组织力量，逐渐重视其专业能力的发挥，通过项目招标等方式调动市场主体参与进来，引导居民参与，促进需求带动发展，最终形成以政府主导推动社会力量发展，传统型公共文化空间逐渐减少对政府的过度依赖，增强自身造血功能，形成政府主导内生型协同治理格局。

三 传统型公共文化空间政府主导内生型协同治理机制

根据前文治理模型图，不难发现，政府主导内生型协同治理机制大致可分为两个方面进行描述：一是政府系统内部的运作机制；二是政府与其他主体间的协同机制。为更好地发挥传统型公共文化空间的优势，应该在原基础之上提升优势力量，弥补劣势问题，构建有效治理机制。

（一）自上而下的权威扶持机制，培育内生力量

依靠中央到地方政府自上而下的权威机制，扶持、培育传统型公共文化空间治理本土的内生力量。借鉴日本政府主导模式，日本中央政府设立社会文部科学省，统筹全国文化事业发展。在地方基层的文化行政机构，主要负责为基层居民提供公共文化活动和服务，并且拥有较多管理公共文化事务的权力和职责。充分发挥政府的权威支持作用，充分调动地方力量，输送文化服务，打造文化品牌。结合传统型公共文化空间

的实际情况，政府系统内部的运作可概括为自上而下的政策推动机制，依靠权威力量统领地方发展。一方面体现在政策目标的推进。中央政府制定全国公共文化服务的总体规划，制定公共文化服务的政策标准和政策目标。地方政府的配合表现在政策细化、资金配套、项目激励等方面。地方政府根据中央规划的相关要求，编制本地区城市公共文化空间项目的建设规划，同时制定具体项目建设方案以及各项政策实施细则和实施措施。这种自上而下的政策细则确保了项目与中央政策一致，也能保证能够因地制宜，使得公共文化空间治理政策能够更符合实际。另一方面体现在政策资金扶持。党中央、国务院和中央部委自上而下制定统一的政策标准和目标，体现公共文化空间中公益性，并利用国家权威和政策权威进行项目动员并提供充足的项目资金推动政策的执行。将中央政府的专项资金与地方的配套资金（包括省级政府财政专项资金和地方自筹资金）进行组合，为文化服务与文化空间建设提供充足的经济保障。应注重利用政府集权优势，整合社会资源与信息，集中智慧制定差异化政策，为传统型公共文化空间发展提供合适的政策指导与财政支持。中央政府的权威保障提高公共文化服务的公信力，促进和扶持地方积聚社会力量，发挥自主性，积极参与到文化空间建设中。

（二）外源动力+内生资源的政社协同机制

传统型公共文化空间的资源短缺特征，导致其仅依靠政府无法支持公共文化服务满足居民需求，需要有效链接社会资源，形成政社协同机制，拓宽资源，提高服务质量。积极利用项目制，以项目制为外源动力激活内生资源，推动多元主体的协同机制，能够减少制度路径依赖。项目推动成为传统型公共文化空间政府与社会、市场主体间的有效推动方式。以满足居民对公共文化空间的实际需求为出发点，项目制的供给方式显然要优于科层制供给。国家、省、市、县（区）层面关注点不同，国家更注重基本公共文化空间达标和标准化，具有普惠性质；地方则注重回应地方居民的差异化需求，可以结合不同传统型空间的资源禀赋特点、居民需求程度设置项目专项，比如，充分挖掘优秀传统文化，围绕优秀传统文化形成特色文化项目，满足居民不同层次的公共文化空间需求。这种分层分级的公共文化空间建设和治理特点，在满足标准化的前提下，也能最大程度地避免同质化。可借鉴四川成都市双流区一镇一特色的公共文化服务项目，该项目是在成都市积极推进"世界文化名城"和"国际音乐之都"建设背景下，双流区将中华民族器乐艺术与公共文化服务创新、打造特色镇街有机融合，一个镇（街道）对应一门民族器乐艺术，12个基层综合文化中心选择了10种传统民族器乐艺术和2种西洋器乐艺术，结合历史文化、民俗风情，针对居民需求，进行特色文化品牌打造。具体做法如下：一是培养一支常态化艺术队伍，对普通居民进行专业化培训，并组建艺术团队。二是建立一套艺术孵化机制，各镇街道为促进特色艺术发展，围绕发展规划、团队建设、制度规范、活动开展与展示平台等方面，建立运行管理机制。三是打造一部（台）代表性艺术作品。集中优势资源打造具有地域文化特色、满足新时代人民群众美好生活需要的代表作，扩大其市场效应。该项目在运作管理上为文旅局、镇街、艺术专业机构和培训学员"四位一体"的共生共管机制。政府公开招标采购引进专业艺术机构，各主体各负其责、各司其职，文旅局负责总体规划、统筹安排、资源调配，各镇街、社区负责场地提供、活动组织、群众艺术团队日常管理，艺术专业机构负责项目开展、质量管理、品牌塑造，居民参加群众艺术团队的活动与队伍建设。在政府的总体规划与强力推动下，围绕特色文化品牌的打造，促进了镇街文化发展，壮大了群众艺术团队，艺术专业机构也获得经济效益与社会效益并促进了自身的发展，形成了地方公共文化的自我造血机制。[1] 总之，在政府政策以及项目的引导下，赋予各主体运作的权能，即在上级政策前提下，针对居民需求，各地方主体结合实际发挥主观能动性，自主发展与开设文化服务项目，积极利用本地区优势促进社会文化资源融合。政社+政企+社区合力打造地域文化品牌，形成文化服务与文化产业互促共治，促进传统型公共文化空间由点到面地发展。此外，协同治理机制通过社企共建、社会融资与募捐等手段有效拓宽资金渠道，打破依赖政府财政运转局面，探索社会力量参与建设新模式，打造文化空间治理新

---

[1] 廖勇：《基于艺术融入的公共文化服务创新研究——以成都市双流区"一镇一艺术特色"项目为例》，《美育》2021年第4期。

格局。

（三）项目带动的社会组织培育机制

政府通过项目带动和培育的社会组织及市场主体在发展，培养其自身的核心竞争能力和专业推动能力，丰富治理主体，提升治理活力。美国的社会运作型治理模式具有一定的借鉴意义，通过规范政府购买项目的流程和制度，提高项目运作的效率与公平；有限地利用税收减免、间接资助等形式，培育和带动社会组织发展。政府通过国家艺术基金会、国家人文基金会和国家博物馆图书馆学会等中介组织对非营利性质的民间文化机构进行资助，实现对公共文化空间治理社会组织的资助。结合研究实际情况，在发展初期，注重发展形成多样性的项目，在数量上和类型上满足绝大多数社会组织的要求，依靠财政支持吸引社会组织参与。社会组织通过项目资助或政府购买服务等依赖政府的培育日益壮大，逐渐发挥其在公共文化空间治理的协同作用。市场主体则在项目承建中发展壮大，夯实其项目承载能力，让社会主体共享文化项目"蛋糕"，并结合控制机制调动其参与热情与竞争意识。在发展中期，精简项目类型，升级项目内容与项目支持，提供政策+资金的双向通道，为优质的社会组织提供更多的资源帮助，进一步提升其服务能力与影响力。大力培育专项社会组织"典范"，通过梳理项目过程与服务经验，为其他社会组织及团体提供指导与帮助，带动一大批高质量的社会组织涌现，有能力参与和承接大规模文化项目，促进文化空间建设与发展。发展后期则需要通过完善项目监督与评价等机制，加快市场体系建设，增强社会组织市场拓展能力，优化社会组织参与路径，避免形成路径依赖，开发新的市场机遇。政府通过赋权增能提高社会组织的地位与声望，注重提升社会组织的社会责任意识，令其主动参与到公共文化空间建设与服务中，丰富文化空间治理主体，强化多元主体治理力量。

（四）促进居民参与的德法并举机制，发挥文化主体功能

基层社区是社会治理的重要基地，社区居民是文化空间建设的直接受益体。无论是政府主导文化项目还是社会组织与市场协同参与的文化项目，不同的文化治理模式其实质都是为了满足居民文化需求，保障其文化权益。因此，只有带动居民参与文化治理，洞察居民动态需求，才

能保证文化服务的有效性与实用性。传统型文化空间内具有丰富的风土人情、传统习俗资源，对居民行为具有较强的规范作用，其中睦邻友善、互帮互助等传统习俗可以用来促进居民参与；传统文化也易形成居民的集体记忆，增强社区认同，应进行充分挖掘，以调动当地居民的参与积极性。而传统型公共文化空间的"半熟人"特征，传统的乡土烙印与现代化理性特征交织，基于传统价值理念、风俗习惯的非正式制度与基于法律规章契约的正式制度并行，应建立德法并举机制，将政治、法治、德治、自治、智治的"五治"融入公共文化空间治理体系，促进公民从形式参与到实质参与，发挥传统型公共文化空间治理的文化主体功能。

一是利用社区行政力量如规章制度、社区动员等，引导居民参与文化空间治理，设立居民代表工作站，成立居民议事会，增强其主体意识与责任意识，将法律规章与传统习俗相结合，制定社区公约等公共规则，塑造居民公共精神。结合传统公共文化空间的"半熟人"社会特点，挖掘社区精英潜能，赋权增能，发挥其主观能动性，以少数带动多数、精英带动草根。社区精英熟悉社区文化生态，具有丰富的社会资本，拥有居民的信任，有利于带动居民参与公共文化事务，培养居民的文化主体性。二是培育社区文艺自组织，进行文化主体的内生性重构。组建传统民俗文艺团队，如唢呐队、广场舞队、腰鼓队、太极拳队、舞龙队等，针对居民需求，利用传统节假日开展民俗文化活动，不但能满足居民需求，还能激发居民参与热情。文化部门加强对社区文艺自组织的指导，提升文艺自组织的规范性、专业性，挖掘、培育文化人才，促进文化主体的内生性重构。鼓励社区居民自发参与文化活动，形成多种类型的居民自组织开展文化服务，如歌舞、书法、手工艺术团等，打造社区文化氛围，提升居民社区文化认同感，完善基层公共文化空间。三是利用传统文化中的见贤思齐、崇德向善，立标杆、树模范，发挥榜样引领作用，同时结合网络信息化技术，打造智慧社区平台，让能人志士为居民参与公共文化空间治理提供"线上+线下"的实践指导，促进居民的社区归属感，提升居民参与热情与参与活力。四是应以优势视角看待基层力量，建立健全政治、法治、德治、自治、智治的"五治"融合基层文化空间治理体系，以政治强引领，以法治强保障，以德治强教化，以自治强活力，以智治强支撑，积极探索传统型公共文化空间治理新路径，打造共建共治共享的文化空间治理新格局，为推进公共文化服务工作夯实根基。

第三节 西部城市现代型公共文化空间"多中心协同型"治理模式构建

西部现代型公共文化空间经济发展水平相对较高，基础设施配备较好，社会力量发育较为充分，有利于形成多方共治的多中心协同治理模式。在这种治理模式中，政府组织、社会组织、市场组织、公民等治理主体通过对话协商、集体决策、集体行动，达成共同的治理目标，并形成资源互用、彼此依赖互惠和相互合作的机制与组织结构，以智慧信息平台为依托，建立共同目标的纵向、横向的协作组织网络。

一 现代型公共文化空间协同治理主体功能优化

西部城市现代型公共文化空间协同治理的主体主要包括地方政府、社会组织、企业以及居民，形成多元主体协同的公共文化空间治理格局。多主体协同合作有利于构建优势互补的有效合作模式，各主体发挥自己长处的同时，多元利益诉求也能兼顾平衡。

（一）政府发挥协同治理的引领能力

在西部现代型公共文化空间中，社会组织、企业主体及居民主体发育较为成熟，同时，政府积极推进简政放权，向服务型政府转变，因此在公共文化协同治理过程中，政府主要是发挥引领作用。

首先，制定完善科学的公共文化政策体系，引领社会力量有序参与公共文化空间治理。通过制定政策有效引导各级政府文化主管部门、非政府组织、企业和社区居民充分有序地参与公共文化空间的协同治理。一是明确政府内部各级各部门、文化类非政府组织之间的责、权、义、利，形成多部门协同行动机制。通过建立健全各个协同治理主体的负面清单、建立监督和考核制度，实现资源的联动与优势互补，促进供需平衡。例如上海市立足于经济社会发展实际和人民群众基本公共文化服务需求水平，制定出台了《基本公共文化服务实施标准（2015—2020

年)》,并结合实际对《上海市基本公共文化服务项目清单》进行动态调整。同时,规范文化馆、公共图书馆、社区文化活动中心、村居综合文化活动室、公共数字文化服务等公共文化机构和平台的服务标准与流程,建立全国首个数字文化服务的地方标准《公共数字文化平台服务规范》[①],为各主体有序进行协同治理提供了有力的政策支持。二是通过制定政策为社会力量参与公共文化空间治理提供制度保障。完善社会组织参与公共文化服务的主体资格法律,完善针对社会力量参与公共文化服务的税收优惠政策,鼓励、引导、监督社会力量参与公共文化空间的建造、经营、管理,鼓励社会组织、企业、公民个人自筹资金建立图书馆、博物馆等公共文化空间并给予政策扶持,政府主要通过颁布政策法规确定公共文化空间治理的原则与治理目标,给予社会力量自主性,激发社会力量的创新性与活力。加大对社会组织的培育、扶持力度,简化登记手续,明确划分民政部门与社会组织主管部门之间的职责,民政部门主要承担审批、监督职责,主管部门承担指导、帮扶职责。设立社会组织孵化基地,为社会组织的发展提供政策支持、资金支持,链接社会资源促进社会组织发展,并通过以奖代补、政府购买服务、公益创投等方式,支持社区社会组织参与公共文化空间治理。

其次,建立科学合理的激励机制,引领社会力量长效参与公共文化空间治理。一是政策激励。对积极参与公共文化空间治理并取得良好成效的社会力量在各类政策方面提供一定的优惠,在政府采购、项目招标等方面,同等条件优先选择参与公共文化空间治理的企业或社会组织。2019年9月,合肥市财政、民政、人社局多部门联合印发《合肥市关于通过政府购买服务支持社会组织健康有序发展的实施方案》,明确提出放宽准入门槛、支持优先购买、激发社会组织活力等14项具体措施,为广泛激励社会力量参与政府购买服务提供了坚实的政策保障。二是物质激励与精神激励等多种激励方式相结合,针对不同的参与群体,建立符合实际情况的激励机制。新加坡给予志愿者物质、精神方面多种奖励,如

---

① 中国经济网:《上海市公共文化服务保障与促进条例》2020年,https://baijiahao.baidu.com/s?id=1685645952789646711&wfr=spider&for=pc,2020年12月10日。

志愿者的子女在入学时享有优先择校权，在他们所服务的社区享有免费停车的权利。对志愿者也可提供一定的补贴，对成绩突出者进行表彰，并通过报纸、微信公众号平台等向全社会进行公布。通过良好的激励手段，可以让社会力量感受到自身的社会价值，形成以政府为主、社会力量积极参与的公共文化空间治理机制。

最后，引领社会力量进行创新。一是为创新提供基础条件。为其他治理主体提供更加多元化、多层次的资金来源支持，逐步修复社会力量在公共文化服务中的创新活力。与此同时，积极引导具有创新活力的文化机构广泛参与城市公共文化空间的投资建设，在重点保障城市公共文化空间公益属性不变的前提下，参与主体独立投资建设、项目自负盈亏，政府则以政策扶持或项目孵化引导的方式对其运营成效进行相应的奖励和补偿。充分发挥市场经济优胜劣汰法则，提高创新型社会力量参与城市公共文化建设的积极性。二是文化内容的创新。政府应培育富有创意、崇尚创新、贴近生活和大众的公共文化精品，引领积极上进的共同精神追求，能够引领协同治理主体聚焦时代主题，创新开发公共数字文化内容，加强对文化热点的引导，多角度展示人民当下生活，多方位表达时代进步，努力构建以大众精神文化需求为导向的西部城市现代型公共文化空间协同治理体系。三是服务方式的创新。在2018年浦东公共文化服务产品采购大会上，浦东新区创新性地推出了公共文化配送产品价格竞拍机制，改变了以往公共文化服务"一刀切"的配送方式，通过导入市场化运作机制，让供需双方面对面对接，文化机构展示自己的文化项目，各街镇、开发区等当面"点单"，由各街镇、开发区集团公司采取比价竞拍的方式采购，调动了供需双方的积极性，进一步丰富公共文化产品和服务供给，提升居民文化获得感、满意度。

（二）社会组织发挥协同治理的专业化能力

相比于传统型和边缘型公共文化空间，西部现代型公共文化空间内的社会组织起步早，更受重视，发育较为成熟，专业化程度高，因此在公共文化空间协同治理过程中，主要发挥其专业化能力。社会组织通过链接不同的社会资源，提供专业化的公共文化服务，为城市居民提供了丰富的文化娱乐活动。其专业化能力具体表现为以下几个方面：

一是提供专业化公共文化服务内容。文化社会组织类型丰富、分工专业，能够满足多样化的公众文化需求，提升了公共文化服务专业化水平，为群众提供了高质量的公共文化产品和服务。重庆市渝中区从2006年就开展"双百双送"服务，向社会组织购买服务，每年送戏剧、送演出等专业高质量文化表演进社区130多场，以市艺术剧院、文化馆为主干力量组织编排节目，面向市民提供优质的舞台艺术演出。与此同时，渝中区还积极引入国家文艺院团来区演出、展演，邀请社区群众、工会代表、驻区部队、农民工等群体观赏，为市民提供高雅的艺术作品，提升群众艺术修养，满足群众日益增长的文化需求。[①]

二是为社区自组织提供专业指导。推动群众文化队伍不断发展，帮助形成完善的群众文化活动人才队伍体系。重庆渝中区华福巷社区文化中心为文艺自组织提供合唱、舞蹈等方面的专业指导，社工机构为文艺自组织提供志愿者服务能力的提升培训，文化部门、街道、居委会不断加大社区治理专业力量的引入对文化联合会公共服务职能进行培训和指导，形成了社区文化专干、文化志愿者、社工、会长多主体治理的格局。

三是以专业化手段涵养城市文化，提升公共文化空间内涵。专业化的社工组织、志愿者组织可以通过不断寻求文化的增长点，利用创造性的方式，不断发掘社区中的文化宝藏。借鉴发源于欧美的文化保育——对历史建筑物、构筑物和其他文化遗迹的保存运动的经验，学习包含保护、修复、重建、翻新和适应性利用等使实体遗存的文化价值得以保存的措施。通过推动文化保育运动更加重视建筑遗存的文化价值、关注建筑遗存，提升公共文化空间内涵。通过专业型社会组织参与城市公共文化空间改造，结合地方性知识，针对居民需求，协调政府、企业、居民等各方利益，扭转将公众排除在外的精英主义观念，能够较大程度维护城市地域风貌，构成独特的城市记忆。例如，以上海社区花园为代表的高密度城市公共空间营造，就是由专业社会组织发起并参与的城市公共文化空间再造，其中位于杨浦区四平路街道鞍山四村第三小区的百草园

---

① 中国文明网：《渝中加大文化惠民力度 60 万居民享公共文化服务》2016 年，http：//cq.wenming.cn/yzwmw/ldtp/201610/t20 161031_3851082.shtml，2016 年 10 月 31 日。

项目由社会组织四叶草堂设计并提供运营管理支持，社会组织与居委会、社区居民进行积极沟通，搭建议事平台，组建社区议事会，充分利用社区自组织花友会，鼓励居民充分参与到社区营造之中，并为居民提供专业指导，展现个性化设计风格，将百草园打造成满足居民休闲活动、亲子互动和自然教育的社区花园，提炼出生态文化，并将上海传统历史文化精神中的开放谦和、兼容并包、个性化与多元化融入其中，提升了城市公共文化空间内涵。2014年至今，四叶草堂团队先后在上海建成超过110个社区花园，在社区空间营造中，初步形成了以社会组织为纽带，链接社区自治组织、志愿组织、企业团体的力量，并与政府职能部门合作的共建共治共享格局。[①]

（三）企业主体发挥协同治理的市场拉动能力

西部现代型公共文化空间经济发展水平、现代化水平较高，相较于传统型和边缘型城市，文化消费市场更加成熟，其企业主体更具有活力。因此，在城市公共文化空间协同治理过程中，企业主体要发挥市场拉动能力，主要体现在：一是提供更加优质便捷的公共文化服务和体验；通过创新公共文化服务供给模式，利用社会化运营的方式激发公共文化活力，北京石景山区八角街道引入第三方专业机构华录出版传媒有限公司开展社会化运营，让原本的综合文化中心的服务更加专业化和品质化。运营团队十分重视每一场活动的内容和质量，以朗诵培训课程为例，除了课前通过场馆微信公众号、微信粉丝群等渠道做好活动内容的宣传和推广，运营团队每节课都会注重观察授课老师备课情况以及对待学员的态度，保证居民能够学有所得并且感受到综合文化中心悉心的服务态度。二是挖掘新的公共文化服务需求增长点，培育新的市场热点。在市场化的运作下，企业主体不仅更能贴合城市居民的现有公共文化需求，其天生的市场敏锐度还能善于发现公共文化空间中新的市场机遇和增长点，刺激城市居民产生新的文化需求，从而进一步扩大文化消费市场，促进公共文化空间升级。通过适度竞争，盘活城市文旅产业，赋予旧文化空

[①] 中国风景园林学会：《微型花园丨上海社区花园实践和参与式营造探索（二）》2021年，https://m.thepaper.cn/baijiahao_11817464，2021年3月21日。

间以新的内涵，塑造新的文化符号。2019 年由新加坡凯德集团在重庆市渝中区投资建立的来福士成为了"成渝十大文旅新地标"之一，不仅继承了"来福士"的品牌基因，还融入重庆和朝天门文化特色，助力区域繁荣。其中探索舱·观景台部分，以"探索"为主题，将城市人文地理、科幻未来融入其中，游客在这里通过观看讲解、互动体验等方式就能感受重庆的城市人文和历史发展[1]，为市民带来了新的文化体验，在扩大文化消费市场的同时，塑造了重庆新的文化符号。

（四）城市居民发挥协同治理的需求带动能力

随着经济水平的提高，居民的文化消费能力也在不断增强，与之相伴的是更高层次的精神文化需求。居民对剧院、电影院、旅游开发地等中高级文化场所的需求不断增加，对现有文化活动的创新程度和文化深度的期待不断提高，居民需求正日益带动着城市公共文化空间治理的升级。

城市居民对现代型城市公共空间提出了更高的要求，以强烈的文化需求倒逼城市社区公共文化空间的升级，指明未来发展规划的方向，发挥着重要的需求带动作用。以城市书房为例，为满足居民对阅读服务更舒适、更便捷、更多元的文化需求，图书馆与文化企业进行合作打造 24 小时城市书屋，采用"城市书房 + 书店""城市书房 + 文化礼堂""城市书房 + 酒店""城市书房 + 咖啡店"等方式，引领阅读空间的提档升级；在便利性上，其选址多为贴近群众生活的核心区、休闲的核心地、公共服务的重点区，或者依托原有的社区书屋、农家书屋、职工书屋等人流量大的茶楼、酒店、民宿、旅游景区等予以改造建设，极大地方便了群众参与。同时大量采用人脸识别、无线射频等新技术使得无人值守、24 小时不打烊成为可能，降低了参与门槛，迎合了上班族的文化需求。为应对居民多元化的文化需求，城市书房还主动融合发展、跨界服务。例如，一些地方的城市书房里不仅有书，而且有文创、有活动，大大增强了吸引力。

---

[1] 杨大川、张坤琨：《"成渝十大文旅新地标"出炉！渝中三大地标强势上榜！》2020 年，https：//www.sohu.com/a/433236537_1 20214174，2020 年 11 月 20 日。

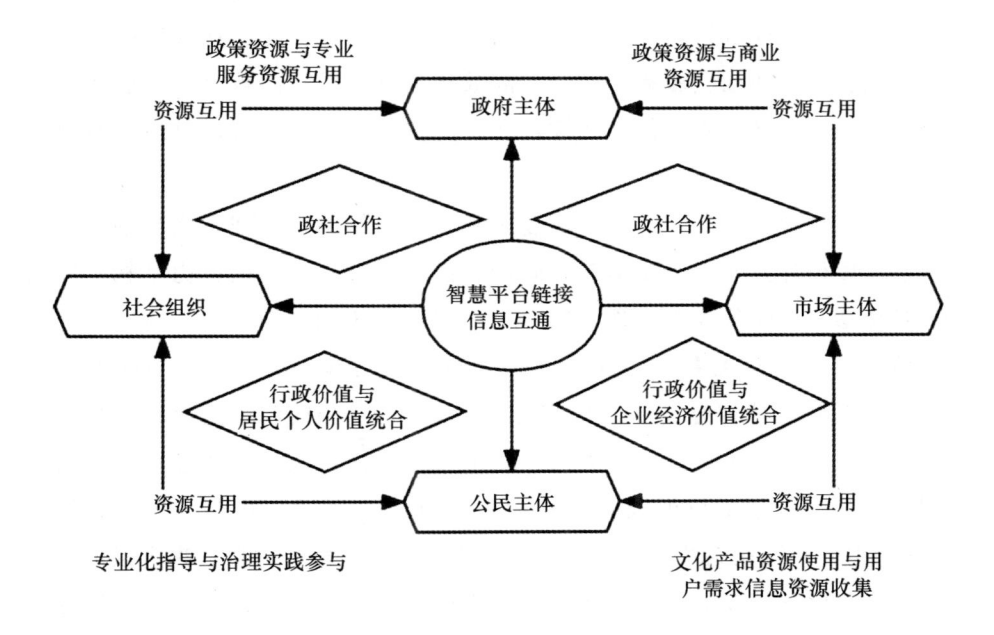

二 现代型公共文化空间多中心协同治理结构

多中心协同治理是指多元主体平等参与到城市公共文化空间治理的全过程，其中主体的参与不是被迫而是主动的；沟通的方式不是命令而是协商的，沟通的方向包括自上而下、自下而上的纵向和横向沟通；合作的目的和成功的标准不是上级部门认定而是以社会公众认可、参与各方共赢、公共利益为目的和标准的。这样的治理结构，可以有效解决公共利益与多元利益诉求之间难以平衡的问题，多中心协同治理结构中，各个主体依托网络信息技术，拓展彼此之间的关系，包括政府与企业、社会组织、媒体、意见领袖之间的关系和彼此之间的关系，形成纵横交错的局面。多中心协同治理模式如图 5-3 所示。

图 5-3 现代型公共文化空间多中心协同治理模式

在多中心治理结构中，社会组织、市场主体、居民能够在保持自身独立性的同时，借助积极的行动策略和巧妙的谈判技巧，与政府保持良好的关系，形成平等合作的市场纽带关系，在保证自身组织目标的基础上有一定灵活处理事务的余地，避免利益不一致导致的冲突。多中心治理结构能有效调和多方利益矛盾，最大限度发挥各自的优势，达成互补。为了实现这种良好的政社关系，政府和社会组织、企业、媒体之间需要建立平等的市场契约关系。即指政府与组织之间处于平等的地位，拥有的治理资源相互依赖程度高，两者能平等地对话、交流、合作与协商。双方根据自己的组织功能优势，在共生过程中通过"政绩互惠"策略，建立"利益共同体"，实现城市公共文化空间的整合与高效治理。

首先，各治理主体清晰定位。政府充分找准自己的定位，实现由全能到服务型政府的转变。从公共文化空间的具体事务治理中解放出来，注重城市公共文化空间的整体性把控，找准公共文化空间的城市特色、发展方向，做好总体规划和方向把控。市场主体发育相对成熟，能独自推动新技术和新方案在公共文化空间治理和建设中的应用，通过平等的市场关系，发挥市场在公共文化空间建设中的配置作用。社会组织则更多从社会公益和社会服务专业化、高效化角度出发，注重自身专业化的能力建设，实现公共文化空间等社会公益和社会服务的高效供给和有效治理。

其次，建立政府、社会、市场之间的权力结构，实现权责均衡。在静态制度设计方面，需要调整好政府、社会、市场之间的权力结构，完善各个参与主体的权力运作空间；在动态运作机制方面，则需要协调好主体之间的利益关系，实现主体间权利责任均衡。重庆市渝中区通过"总分馆制"，建构起权力的下沉机制。首先，总分馆制中文化总馆与分馆、文化志愿者是垂直管理关系，总馆对公共文化服务工作进行统筹与引领。其次，分馆与街道各具特色，实行上下联动。在业务上，分馆（文化中心）与街道相互独立，实现专业性与行政性的分离。这既保证了公共文化服务的专业性，也使得其权力能够自上而下流通，实现了权责的明确与均衡。不仅如此，渝中区在公共文化治理中还建立起考核与评价机制。例如文化志愿者在社区举办文化活动，需要事先通过"文化云"平台进行上报，在活动结束后，需要将相关的资料整理成文字和图片影集等上传至"文化云"平台以供上级部门进行考核和宣传。除此之外，还会通过移动端、网页端平台进行问卷调查和需求反馈，以实现对公共文化服务的评价考核。通过权利下沉和考核评价机制来实现进行治理的权责匹配与均衡。

最后，搭建数字化协同平台，整合治理流程。利用现代信息技术搭建了数字治理平台，利用数字信息技术的平台集成功能，重新构建政府、社会组织、企业与公众多元主体互动的"即时化""一体化"运营机制，将治理的过程、数据、状态等进行公开化处理，并开设专门的沟通渠道，为体制外治理资源进入治理流程提供接口，从而将其整合进整体的治理流程当中。例如，在渝中区的治理实践中，搭建了公共文化服务的群众"文化云"平台。基于大数据、云计算的数字公共文化服务体系能够为全国各级各类公共文化服务机构提供统一的技术支撑平台，成为支持多种传输渠道、服务对象全面覆盖的数字化文化服务综合平台。协同平台的搭建，促进了信息供给，相关部门进行信息开放，使得各个主体能够快捷获取其所需要的信息，多元行动者个体也成为海量信息的供给者。同时凭借大数据信息平台、物联网等简化了以往自上而下的多层级沟通，打破政府与居民间的区隔。最后通过信息平台的计算分析，将信息进行精准投放，社会公众能够通过简单的软件操作找到自身所需的相关信息，实现信息的交互运用，由此实现公共文化空间多中心协同治理模式的治理效能。

三 现代型城市公共文化空间多中心协同治理机制

多中心协同治理模式主要适用于城市资源较好、市场发育程度较高、社会组织成长环境较好、成熟度较高的公共文化空间类型，以现代型公共文化空间为主，强调的是政府与其他组织之间的"服务—治理—反馈"关系，这样的模式可以弥补除政府外的多元治理主体自主性较弱的缺陷，在行政力量的推动下，社会组织及企业等主体都能实现健康发展，充分满足居民对公共文化空间的需求。此类关系中，融合了政府、市场、社会和居民等多方力量，各方在共同对话的基础上形成合力，使城市公共文化空间得到更好的保护和发展。在合作中，涉及的关系包括政府与企业的合作关系、政府与社会组织的合作关系、企业与民众的服务关系，以及民众对政府的反馈关系等。

(一) 多主体间资源互用机制

现代型公共文化空间多中心协同治理是多主体参与的治理模式，在治理中各主体之间的资源多少、地位高低、权力大小均对多中心协同治理模式形成和发展的稳定性、紧密性产生影响。从组织资源的视角看，政府、社会组织、企业、居民这四种治理主体各自掌握着对方不具有但又是对方发展所需要的特殊资源。任何类型的组织主体为了自身的生存与发展必须引进、吸收、转换来自其他主体的资源，也就是他们需要组成资源互用关系网络。公共文化空间实现有效治理不能单靠某个主体的力量，需要通过协同与合作来提升公共文化空间的治理效能。按照协同论的观点，任何复杂系统，当在外来能量的作用下或物质的聚集态达到某种临界值时，子系统之间就会产生协同作用。[①] 依此逻辑，政府、社会组织、企业、居民这四种治理主体作为公共文化空间治理的四个子系统，它们之间可以作为彼此外部能量源，在互动中实现资源的重新聚合，进而产生促进并放大各自以及总体的服务水平的协同效应。而在四类主体间搭建起资源互用关系网络和实现四个子系统发挥协同效应的关键：一是厘清四类主体各自具有的并可以用来交换的特殊资源；二是在四类主体间建立相互依赖性的可持续的关系，而这一关系模式的形成与稳定又取决于彼此间能否有效地交换资源的互用机制。资源互用机制具体应包括如下几个方面：

首先，主体间可持续的付出—回馈机制，较为显著的是政府与企业之间。对于企业而言，政府可以以自身的政策优势、基础建设的资源利用优势，提供可收费服务项目机会和政府性荣誉等方式帮助企业的发展，而企业则可以利用服务网点的分散化、便利性优势为政府服务项目落地提供平台，以便于政府服务项目靠近服务对象，降低政府服务的送达成本，由此企业和政府双方形成了付出—反馈机制。以重庆市渝中区的城市书屋为例，在书院的建设过程中，渝中区图书馆提供图书资料与技术，使其增加了人文底蕴，突出了地域文化特色，助力企业将此处打造成一个重庆文化地标。渝中区图书馆也借助该文化创意园的文旅人气，在书

---

① 白列湖:《协同论与管理协同理论》,《甘肃社会科学》2007年第5期。

院组织举办读书沙龙、文化论坛、主题讲座活动，吸引了大量的外来游客与本地居民的参与，使其更好地成为一个服务于当地居民与外来游客的公益性图书馆，实现了公共文化空间治理效益与效率的提升。

其次，资源对接机制。多元主体各具资源，政府提供基本公共资源，如财政资金、场所设施、人员配备等，企业拥有消费性文旅资源、服务网络、数据平台资源，社会组织拥有专业人才、专业知识、专业能力等专业性资源。应以居民需求为中心节点，以数字空间为载体，进行资源对接。数字空间打破时空限制，利用大数据平台，将政府政策信息、公共图书馆、博物馆、档案馆、文化馆等事业单位的基础数字公共文化服务资源、演艺公司、数据公司、信息服务公司等经营性单位的精细化数字公共文化服务资源，以及行业协会、基金会、民办非企业单位等社会力量和个人的专业性文化资源进行对接，改善文化信息资源的不对称问题，通过数据分析对用户进行精准画像，依据个体偏好为用户精准推送资源，实现资源的直接沟通、实时交互，突破供给主体与需求方之间的屏障。而不同类型的居民通过数据平台提交服务需求，各个供给主体利用自身优势，对居民服务需求进行识别、分析、匹配、反馈，并对需求变更进行动态监测，各主体之间在此过程中进行协同交互，相互间服务资源精准协调、服务内容有效组合、服务职能相互匹配。体制内资源嵌入社会领域，对社会资源起到带动作用；社会资源聚集、整合到公共文化服务体系内，对公共文化资源进行优化提升，在各主体之间建立绿色通道，实现相关数据、信息与知识资源之间的有效衔接，各种资源互通互用，形成良性循环。

（二）以智慧技术为依托的信息共享机制

智慧技术是各主体协同治理的技术保障，通过技术的支持，缩短主体之间的沟通成本，延伸公共文化服务的空间范围，为居民提供更便利的文化服务。要实现公共文化空间多中心协同治理，就需要依托智慧技术打破部门间、行业间的数据壁垒，进一步聚合部门数据、行业数据和需求数据，搭建开放共享的数据信息平台。

一是政府内部的数据信息开放共享。要打破政府部门信息阻隔，促进数据信息的部门流动与协同，最重要的就是建设跨部门的政务云平台，根据"办好一件事"的改革要求重构部门间职能与业务逻辑,梳理整合部门间的共性业务,厘清部门间的权责,打通数据壁垒,促进部门间的有效合作。重庆市渝中区在公共文化空间治理中,采用"一个单位牵头+多部门负责"的方式,形成"一对多"的治理局面。其中,文旅委为主要的牵头单位,负责渝中区公共文化服务的整体把控,文化事业单位、街道文化中心等多部门协同,对各个街道、社区的公共文化服务信息进行收集汇总,通过大数据平台上传,实现信息同步与协同。

二是政府部门数据和行业数据的互通共享,建立与政府数据的关联与互动。政府和企业之间应该确立数据开放共享合作模式,来培育开放数据生态圈。政府作为数据开放的主体,需要考虑政策、法律法规及管理制度的制定,组织机构变革、数据管理和数据开放平台建设等上层建设问题,并将政策法规等信息与企业共享,并搭建行业数据共享平台,帮助企业运用大数据技术对数据资源进行开放及创新。而企业作为中间者,创新开发智能应用软件,将行业最新发展动态、市场研判、消费者需求分析等数据与政府进行互通共享,以方便政府决策、提供优质公共文化服务。为了能充分发挥政府开放数据的价值,政府应与数据研发企业形成合作伙伴关系,使数据的价值落到实处。重庆市渝中区建立的移动图书馆平台和"渝中文化云"平台与超星 APP 合作,通过公共文化服务相关数据的开放,实现政企共赢。

三是需求侧大数据的挖掘与分析。以需求为中心的公共文化服务体系建设必须重视对需求侧数据的挖掘与分析,将需求侧数据纳入数据平台,形成与供给侧数据的良性互动,提高公共文化决策的科学性和公共文化服务供给的精准程度。北京市海淀区田村街道通过聘请专业信息技术公司,建立了田村路街道智慧社区的线上 APP 系统,涵盖了街道服务、居民服务以及 O2O 服务平台的三大基础板块,以手机 APP 与信息智能终端相结合的方式,整合各类与社区居民生活密切相关的信息资源,并且进行社区内部共享,采用新型信息化运营模式,不仅居民能够及时反映自身需求,同时还能参与社区内部公共文化空间管理。

在城市公共文化空间治理中,可以借助"互联网+""云平台""大数据""3D 建模"等智慧技术,及时动态地掌握社会需求,打破主体区隔，实现智慧化服务和智慧化治理。因此完善智慧基础设施的标准化和通用化建设尤为重要，对于公共文化空间治理来说，涉及的治理内容广泛，这就要求在区域内加强信息基础设施建设，如实现区域内的基础网络建设，加快推进"三网"融合；建设公共文化云平台，并建立统一的数据标准，方便区域内公共文化服务的标准化；建立政府公共文化数据库，对区域内的所有公共文化空间信息进行标准化编码，方便不同治理主体的统一理解和运用。

（三）价值统合机制

价值统合是实现公共文化空间多中心协同治理的关键。在公共文化空间治理中，各治理主体存在着价值差异，政府的行政价值、企业的经济价值，以及居民的个人价值不一致，在主体多元、利益分化的复杂环境下，将各主体进行公共价值的统合是多主体联动的关键。

在政企合作方面，以公共价值统合企业的经济价值与政府的行政价值。

一是以居民需求为联结点，将企业的经济价值与政府的行政价值统合在公共价值之下。代表资本逻辑的企业将空间作为消费资源，维持资本循环，企业为进入良性经营，一方面，要与代表合法性权力的政府合作，获得政策支持与公共资源；另一方面，遵循"顾客就是上帝"的市场法则，并在公共文化服务的以人为本、体现公共利益的价值目标的间接要求下，针对居民需求提供文化产品与服务。代表权力逻辑的政府将空间作为政治资源，实现任务绩效，维持行政价值的循环。为推动地方文旅产业融合发展，实现提升公共文化服务效能的政治要求，一方面，与企业合作，利用企业的景观空间与管理技术高效完成任务指标；另一方面，在公共文化服务价值目标的直接要求下，需要满足居民多元化文化需求，获得居民的服务反馈、使居民参与共治。因此，企业与政府以居民需求为联结点，实现公共价值的统合。

二是通过制度和政策法律促进政企合作的价值统合。以英国为例，英国政府购买形成了较为完整的法律政策群，如《英国政府和志愿及社会部门关系的协议》《开放的公共服务白皮书》《公共服务（社会价值）》等，为政府购买公共文化服务提供了坚实的法律保障和规范化的运行框架。不仅如此，英国政府非常注重政府购买的程序规范和监督机制建设，明确了制订购买计划、确定购买负责人及人员、公布购买信息、接受社会咨询、确定购买候选者、招标或直接购买、合同监督、独立审计的八个程序环节，每个环节层层递进、规范、公开，以公共利益为导向，程序公开透明，有效降低购买风险，将政府和社会力量统合在公共价值之中，以提高公共文化服务的质量和水平，提升公众满意度。

在政社合作方面，以公共价值统合政府的行政价值与居民的个人价值，具体做法如下：

在现代型公共文化空间治理中，政府与社区文艺自组织进行较多合作，社区文艺自组织是居民组织化参与公共文化空间治理的方式，组织内部主要是兴趣爱好、社会地位、职业等类似的人群，同质性较强，而组织之间异质性显著，往往追逐组织内部利益而忽视公共利益，以自娱自乐或增加额外经济收入的个人价值为主。而随着治理重心下沉，街道、居委会工作任务日益繁重，指标考核压力较大，以绩效为中心的行政价值凸显，为完成任务指标，将文艺自组织工具化，忽略以服务、公平、民主为核心的公共价值。为实现多主体联动，以公共价值统合政府的行政价值与居民的个人价值十分必要。一是打破小团体壁垒，培养居民公共精神；大多数社区居民依然处于自身为被管理对象的刻板印象中，只愿意在自己的社交圈内活动，居民应当摆脱此种约束，全方位地意识到自身属于社区的一部分，自主投身到社区公共事务的活动中去。公共精神的养成是居民参与的重要保障，要将社区治理目标与个人行为目标进行内化相容，从而将被动参与转向常态化、主动性参与社区治理。重庆市渝中区华福巷社区根据居民需求和志愿者特长，培育了华福情志愿服务队、开心编织志愿服务队等 7 支特色志愿者队伍，通过模范志愿者、身边好人带动居民群众投身志愿服务，通过志愿服务让居民感受到不断增强的认同感和参与感，使得居民逐渐关注社区发展并融入社区集体。二是通过对居民赋权增能，提升参与公共事务的能力。2019 年重庆市渝中区华福巷社区党委健全完善了社区网格化治理模式，吸纳居民小组长、楼栋长等骨干党员力量参与网格化治理，常态化组织开展"治安自巡、环境自管、安全自查、文明自守"等活动，积极听取民意、汇集民智、协商民意，重视居民意见，居民通过单位网格反映到社区网格的意见都得到了有效的处理，以此增强了居民参与的能力和效能，不仅如此，华福巷社区通过三社联动的方式，先后引入了重庆市冬青社会工作服务中心、渝中区惠家社会工作服务中心、渝中区青怀青少年公益发展中心等专业服务机构，并与这些机构建立了联席会议制度、信息共享制度、服务反馈制度等，通过专业力量的帮助，提升居民参与自治的能力。[①] 三是政府积极回应居民需求，突破以组织为中心创建价值的局限性。了解居民的真实偏好，寻找最佳切入点来设计和开发社区服务项目，并根据多方反馈机制，不断调整服务方向，满足社区和居民的动态化需求，才能实现政府行政价值与居民个人价值的真正统合。北京市田村路街道阜四小院为了将符合居民需求的活动引入社区，事务所每月都要与几十个社会组织或企业接触，洽谈活动形式和内容，并通过居民意见调查来实现服务的精准提供，经过筛选和替换，确定最受群众欢迎又最需要的文化项目将其引入。活动的开展还需经过评估，反响最好的活动将被确定并延续下来，这种居民需求对接机制为居民创造了更大的参与空间。[②]

同时，搭建利益协调与资源共享的平台，比如，协调排练场地、培训时间，提供大型演出机会，等等，既促进了文艺自组织的发展，满足了居民文化需求，也完成了政府自身的任务目标。政府突破以组织为中心创建价值的局限性，通过赋权增能，确立居民的主体地位，拓宽参与渠道和方式，增强居民社区认同感，实现以公共价值对政府行政价值与居民个人价值的统合。

第四节　西部城市过渡型公共文化空间"包容型"协同治理模式构建

西部城市过渡型公共文化空间具有城与乡、本地与外地的交融性。

[①] 渝中报：《华福巷社区多措并举激发居民自治"原动力"》2020 年，https://www.cqcb.com/county/yuzhongqu/yuzhongquxinwen/2020-11-06/3230598_pc.html，2020 年 11 月 6 日。

[②] 刘星：《"三社联动"下社区公共文化服务的协同治理——以北京市田村路街道阜四小院为例》，《北京航空航天大学学报》（社会科学版）2019 年第 5 期。

就个体而言,最为明显的特征是从旧角色到新角色的过渡,即空间个体面临着由"农村人"转为"城市人",从"外来人"转为"本地人"的过渡;就物理空间而言,需要打破与其他社会群体的文化区隔,丰富空间设施;就关系空间而言,过渡型公共文化空间治理需要打破由异质身份带来的区隔与排斥,重构活力包容、共融共生的关系空间;就意义空间而言,过渡型公共文化空间治理旨在推进农村文化向城市文化、外来文化向本地文化整合与过渡。在新型城镇化背景下,过渡型公共文化空间治理应当以一体化和创新发展、协同发展、共享发展为原则,探索和建构一种具有包容性的新型治理形式——包容型协同治理,作为过渡型公共文化空间治理创新与转型的目标模式。包容性协同治理旨在推动边缘性治理向兼容性治理转变,从碎片化治理向整合化治理转变,从随意化治理向规范化治理转变。其基本原则包括:(1)基层多元化治理因子有机结合的兼容性治理;(2)党建引领、政府引导、社会参与、居民自治良性互动的共治性治理;(3)物理空间、关系空间以及意义空间相统一的复合性治理。本节将在梳理过渡型城市资源要素特点的基础上,归纳治理主体结构,结合两类过渡型公共文化空间的共性与特性,构建西部城市过渡型公共文化空间包容型协同治理模式。

一 过渡型公共文化空间协同治理主体功能优化

(一)党建引领与政府引导,提升治理整体性

过渡型公共文化空间治理需要党建引领与政府引导有机结合,提升治理整体性。在 A 类过渡型公共文化空间中,存在着居民成分的"复杂性"、价值认同的"扭曲性"、社会矛盾的"集中性"、负面行为的"抱团性"、治理机制的"失衡性"等治理难题。为解决这些治理难题,提高公共文化空间的治理绩效,基层党组织应当强化价值导向,将"以人民为中心"的宗旨和满足"人民群众日益增长的美好生活的需要"的愿景在公共文化空间层面具体化为公共文化空间和谐治理关系的构建,并以此为目标,积极引领、动员多元主体开展治理实践。政府需要嵌入主流文化,强化法律制度规范,整合区域治理资源,进一步完善社区居委会、社会组织、市场力量、社区精英等治理主体网络,形成治理合力。可借

鉴北京阜四小院的"三社联动"模式,在政府的推动下,通过孵化并培育社会组织,撬动"院长+总干事+志愿者"的内部管理运行模式,鼓励社会企业参与,进而最大限度地开发整合社会的各方面资源,形成了一种以政府主导、专业承接、多元参与、整体联动的治理模式。B类公共文化空间中,居委会和集体经济在公共文化治理中有着重要影响,在依靠基层政府发挥主导作用的同时,也应该推动市场化,引入专业的公共文化服务和社会机构,由市场发挥配置作用。同时,对过渡社区领导力量、组织机构、发展方向、实施路径等重大事项进行明确界定,进一步激发各方能力,统一治理理念。过渡型社区资源有限,居民文化需求日益增加,党组织与政府需要改变直接介入的单一形式,通过价值引导、充分赋权和资源配置,促进包括社区成员、社会组织在内的多方力量,共同参与公共文化空间的治理,提升治理整体性,以更好地实现供需对接,促进居民更好地由外地融入本地,由乡村融入城市。

(二)社会组织以需求促融入,提升治理专业性

过渡型城市人员构成复杂、流动性大,在享受城市社区基本公共服务方面处于弱势地位,同时流动性和碎片化特征决定了社区居民参与治理的先天不足。因此,需要寻求社会组织的发展以建立分散的居民和社区之间的有机联系。[①] 就A类公共文化空间而言,公租房聚集着外来务工人员、随迁老人、城市内低收入人群等,这些群体迫切需要参与社区生活、融入城市,因此在推进公共文化空间协同治理过程中,社会组织需紧扣居民需求,通过多样化的文化活动,打破居民间原子化、疏离化、浅表化的人际关系,改善外来人口低归属性,促进过渡型城市社区公共文化空间有序运转和流动人口的城市融入。就B类公共文化空间而言,个体身份由"农村人"转变为"城市人",但是依然缺少参与公共事务的素质和意愿。可打造培育多种文体队伍、志愿服务队伍等社会组织,形成有号召力的文化品牌,以引导居民以不同形式参与文化活动,培育居民主人翁意识与能力。通过搭建过渡型社区居民沟通交流、联络情感的平台,引导居民树立"邻里守望、互帮互助"的意识,促进居民走出小

---

① 金太军、刘培功:《包容性治理:边缘社区的治理创新》,《理论探讨》2017年第2期。

家、融入大家，增进了解、相互融合，形成互爱互助、和谐共居的良好局面。例如，北京阜四小院采取的"三社联动"模式中，社会组织是推动"三社联动"的关键点，政府将满足社会需求的服务事项交由社会组织提供，通过政府购买服务推动政府和社会的事权划分，既给社会组织创造了发展空间，也为居民提供精准的专业化服务。在具体服务过程中，社会组织参与公共文化供给有利于邻里交往、增进邻里情感，同时为居民参与公共文化空间治理提供专业化指导，激发了居民参与公共文化空间治理的热情。此外，现有过渡型公共文化空间的治理还存在"碎片化"治理的问题。基于此，政府应大力培育枢纽型社会组织，枢纽型社会组织可以将相同元素的社会组织连接起来。社会团体的形态内容丰富多样，在管理上往往比较混乱，而枢纽型的社会组织具有同性质或同类别的特征，通过相关性的连接，发挥协同优势。枢纽型社会组织实际上就是一个展示的平台，相同性质的组织可以抱团、协同作业，具有导向性并参与其中，枢纽型社会组织能够激活社会公众参与管理的积极性，也能促进过渡型公共文化空间治理的整体化与包容性。

（三）市场主体发挥市场牵引能力，助力提高公共文化服务质量

在公共文化空间协同治理过程中，通过市场主体发挥其市场化牵引能力，引导公共文化空间规划和优化方向，不仅能满足过渡型城市社区居民多样化的文化需求，还有利于形成独特的文化氛围。利用村改居、公租房社区所在地区特点，因地制宜对周边建筑重新设计改造，实现文创产业功能配套、公共文化服务配套、基本权益保障到位的格局，力求实现经济效益和居民公共文化生活的双提升，为过渡型公共文化空间改造树立样本、找到方向。可通过公开化竞标方式选择社区管理服务公司参与，特别是对于一些专业化公共配套设施，如电气设备、娱乐设施、卫生服务等工作，应交由专业的运维团队负责管理维护，进而有效提升"过渡型"社区服务的专业化水平。此外，还需要进一步发挥市场牵引力量，进一步完善公共文化空间治理体系，提升公共文化空间治理能力。以深圳市桃源居社区为例，桃源居社区建设伊始，公共服务十分不健全，开发商从商业开发和履行社会责任两者出发，提出"打造一个 5 万人生活的幸福社区"，建设一个"治理良好、服务齐全"的幸福社区样板。第

一阶段，开发商大量投入共建设施，主动提供社区公共文化服务。第二阶段，随着社区建设的深入，开发商逐渐认识到，社区治理与服务需要社区居民的参与才能进一步激发治理活力。因此，在地方政府的支持下，开发商资助桃源居社区成立了多个草根性社会组织，这些社会组织在一段时期内，承担了社区治理和社区服务的职能，扩大了社区居民的参与和认同感。开发商以资助社会组织的形式间接提供社区服务。随着社区治理和社区服务的项目化和常规化，在民政部的支持下，桃源居集团捐资1亿元正式注册了"桃源居公益事业发展基金会"，基金会成为社区公益服务的推动者和资源提供者。在市场力量撬动之下，社区基金会"捐赠"社区公益中心，社区公益中心"管理"社区社会组织，社区社会组织"参与"社区治理和服务创新的治理模式逐渐形成，提高了公共文化服务质量，同时也提升了社区居民的参与积极性。

（四）社区居委会发挥凝聚能力，提升治理活力

在西部过渡型公共文化空间中，居民流动率高、异质性强，人际交往以熟人社交圈为主，但居民同时存在交往"破圈"的意向，渴求多样丰富的文化活动形式，希望参与社区举办的文化活动。居委会可借助社区活动的平台，打破居民间的交往隔阂，促进社区居民之间丰富的文化交流，营造和谐融洽的文化氛围。公租房社区通过发展志愿者的方式凝聚居民，发挥居民在公共文化空间治理中的作用，促进居民积极参加社区志愿者队伍，开展各类志愿服务项目，以此带动文化活动。通过以政府搭台、居民唱戏的方式，发挥居民自身能量。吸纳不同层次、不同类型的居民参与到社区文化活动中来，丰富其文化生活，打破相互之间的陌生感和距离感，培养"家文化"氛围。"村改居"社区由之前的行政村演变而来，乡贤在村里具有一定的威望，对发起和倡导公共文化活动具有较强的推动作用。街道可通过财政补贴、荣誉肯定的方式来激励和支持乡贤组织活动。重视非正式制度的作用，传承并巩固村社原有的互助规范和习惯，通过整合社区资源提升居民的自组织意识与能力，进一步增加社区居民的横向参与网络，加强彼此之间的联系，发挥居民融合治理的能力，摒弃社区内的"本地人"与"外地人"、"城里人"与"乡下人"的二元区隔，让社区内的外来人口不断参与到社区治理中，使得本

社区居民和外来人口不断加深联系。

二　过渡型公共文化空间包容型协同治理结构

包容性理论强调人人有责，从弱势群体利益与诉求出发，发挥社会弱势群体的主观能动性，提高他们处理公共事务的能力①。同时，还包括其他社会群体的全面协调。包容性协同，是遵循满足社会弱势群体需求的服务逻辑，创造更多的发展机会，兼顾差异性与公平性、普通公众与社会弱势群体协同、政府管理与多元合作，实现多主体联动；将政府以外的主体及被社会排斥处于边缘化的人包容到治理体系中②，以兼容并包的方式打破空间区隔，实现主体身份和自身价值的平衡。

包容型协同治理模式的治理结构以主体间合作互动的环形关系为主，治理目标指向表现为：空间中的个体从旧的角色向新的角色转变，关系空间从区隔与排斥向融合共生转变，意义空间从农村文化、外来文化向城市文化、本土文化转变，治理模式如图5-4所示。

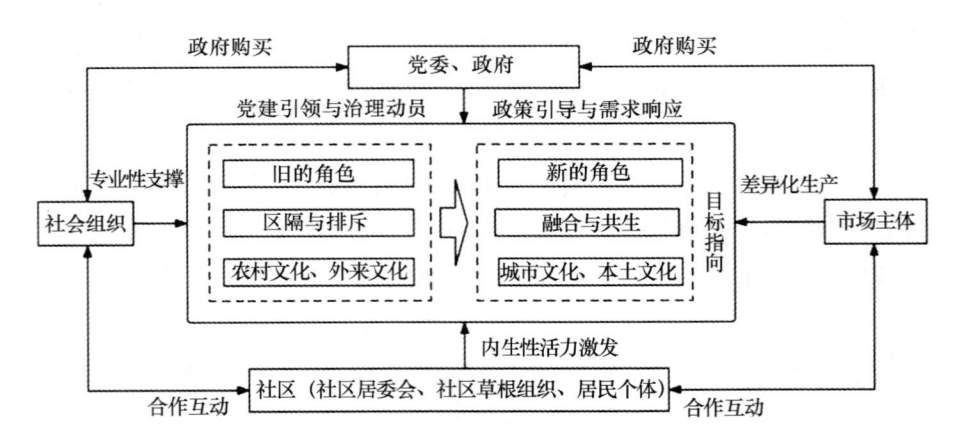

图5-4　过渡型公共文化空间的包容型协同治理模式

---

① ［印度］阿马蒂亚·森：《以自由看待发展》，任赜等译，中国人民大学出版社2002年版，第143页。

② ［美］艾丽斯·M.杨：《包容与民主》，彭斌等译，江苏人民出版社2013年版，第4—16页。

首先，党组织、政府在公共文化空间治理结构中发挥引领与平衡作用。在凝聚多方治理力量的过程中，应发挥政策法规的规范作用，坚定社会主义核心价值观的引导，促进农村文化向城市文化、外来文化向本地文化转变，推进居民新的角色与身份适应，打造融合共生的文化氛围作为过渡型公共文化空间治理出发点。具体而言应做到：（1）坚持党建引领，在过渡型公共文化空间治理中，既要完善基层党组织自身的功能和体制，横向强化区域党建，纵向完善组织体系；又要把握过渡型公共文化空间治理中群众的合理关切，抓住社区居民的核心文化需求，发挥党组织治理动员功能，搭建共建平台，培育志愿组织，发动和组织群众有序参与公共文化空间治理，提升公共文化空间治理效能。（2）明确政府主导，强化社会力量参与。过渡型公共文化空间治理中，政府依然是公共文化服务供给的最终责任主体，需强化政府公共文化服务职责，充分发挥其自身主导性；同时，应重视社会力量的参与，通过政府购买服务的方式吸纳企业与社会组织参与公共文化空间治理，提升公共文化空间治理的社会性与专业性。（3）提供均等公平的服务供给。过渡型公共文化空间汇集了大量弱势群体，由于主观认知与客观环境的排斥，这类群体的边缘化特征明显。因此，政府在购买公共文化服务政策制定中，应重视过程、结果、机会公平，使得这部分群体能平等享受政府所购买的公共文化服务，从而有效缓解社会矛盾，体现社会公平正义。（4）统筹协调，共建共享。应完善多元主体协同合作的公共文化服务网络，并着力培育社会组织与市场企业力量参与网络化治理的能力。

其次，社会组织与市场力量是过渡型公共文化空间治理的有效补充。随着过渡型公共文化空间居民对公共文化空间类型多样化、功能复合性、内容差异化等需求的增加，亟须社会力量参与公共文化空间的治理之中。一方面，通过政府购买的形式，社会组织与市场企业力量成为公共文化空间的生产者，进一步打造公共文化空间的品牌文化活动，完善过渡型公共文化空间的文化设施网络。比如通过市场力量的引入，在过渡型公共文化空间内部创新打造"小而美"的城市书房、文化驿站、文化礼堂、文化广场等高质量公共文化空间。另一方面，通过与社会组织开展合作，激活公共文化空间内生性文化资源，强化居民的文化自信与治理自觉。

最后，过渡型公共文化空间治理落脚点是社区，包括社区居委会、入驻社区的社会组织、草根性社区组织以及居民个体，这些社区治理主体是激发公共文化空间内生性活力的关键。第一，过渡型社区居委会进行异质性居民群体的整合，充分发挥社区精英的作用，调用精英社会关系网络的主导者、社区网络的连接点的优势。第二，解决过渡型社区流动性、异质性强，社区关系网络受冲击的问题，使居民之间、组织之间、干群之间建立相互信任关系，降低公共文化空间的治理成本。第三，社会组织为自组织、居民个体开展公共文化活动提供专业指导，增强社区组织与居民个体参与公共文化活动的意愿，丰富公共文化空间供给，同时加强居民之间的交流，促进其融合。第四，社区精英带动居民参与公共文化空间治理，培育居民公共精神，同时积极反映群众需求，增强公共文化空间治理的回应性。

总之，过渡型公共文化空间治理政府是关键，社会力量是有效补充，社区内各主体是根基。各种力量有效整合，合作互动，建设包容性强、和谐融洽的社区文化，促进社会稳定。

三 过渡型公共文化空间包容型协同治理机制

在包容型协同模式中，主要体现为各主体之间的合作互动。政府通过横向主体之间的合作，引入新的治理主体和管理方法治理过渡型的公共文化空间。企业和社会组织是公共文化空间中涉及的主体，除了利用社区之外的文化资源打造具有独特人文价值和市场价值的文化场所、举办多姿多彩的文化活动，也注重与社区内主体合作，带动社区内弱势群体，激活社区内文化资源，举办居民喜闻乐见的文化活动，促进居民参与，提升居民处理公共事务的主观能力。政府通过政策文件构建与其他治理主体的强关系，并且通过向社会组织购买服务，利用社会组织的专业性，进一步带动社区内各主体，着重打造适合流动人口的"家文化"等文化资源，以此治理城市公共文化空间。包容型协同治理模式的运行机制如下：

（一）党组织与政府：多维吸纳与包容性治理机制

目前，过渡型公共文化空间治理主体已经呈现出多元化、包容性态势,但存在着多元主体角色定位不明、职责不清、作用发挥不足等主体结构离散化、共治合力低效化问题。政府需要通过多维吸纳与包容性治理机制,将治理网络中零散的多元主体凝聚起来,形成治理合力,对公共文化空间开展治理实践。第一,价值理念吸纳,凝聚社区治理力量。城市过渡区域不是一朝一夕形成的,在自发且低成本的城市空间改造过程中,形成了人口集中、建筑密布、公共配套落后的空间形态,尚留存着传统社会聚落空间格局,在建筑坐向、道路走向、建筑功能等物质空间结构方面有着自身的秩序逻辑,居民交往互动中仍有部分农村文化礼俗的印记,具有一些包含着丰富历史内涵的文化符号。在推进公共文化物理空间、交往空间以及意义空间的多层次治理过程中,基层党组织、基层政府应该广泛宣传和树立共建共治共享的治理理念,通过共建共治共享价值理念的吸纳与凝聚,能够统一多元主体思想、规范治理主体行动,以实现农村文化、外来文化向城市文化、本地文化的有序过渡,同时保留优秀传统文化理念,如守望相助、疾病相抚的睦邻友好理念、孝老爱亲的家文化理念、投桃报李的感恩理念等,使其在治理中发挥良好的凝聚功能。第二,制度机制吸纳,激发治理主体性。一方面,制度有利于实现利益的协调与分配,而过渡型公共文化空间多主体协同治理的制度不完善,需要制定良好的制度以有效激励治理主体参与治理活动。另一方面,制度为主体参与公共文化空间治理明确方法途径。"制度作为行为规范,为人们设定了活动程序、步骤、方式、限度和关系。"[1] 同时,容纳并合理利用过渡型社区非正式制度资源,发挥社会资本的作用,建立社会关系网络,以情感动员的柔性治理方式激发社区草根组织、社区居民的主观能动性,使其参与到公共文化空间治理之中,让现代契约精神与传统情感联结在治理中同时发挥作用。第三,组织动员吸纳。基层党组织和基层政府"作为社区政治生活和社会生活的组织者和直接参与者,在动员居民参与社区治理、协调各方利益方面起着重要的作用"[2],

---

[1] 徐斌、陈思:《论制度的功能及实践机制》,《江海学刊》2016 年第 5 期。
[2] 王兴磊:《浅析城市社区党组织动员的策略》,《吉林省社会主义学院学报》2016 年第 4 期。

特别是在治理动力、制度供给和权力赋予等方面都比社会主体更具有优势。因此，在公共文化空间治理实践中，基层党组织、政府要增强"激活"意识，利用协商、民主及激励等制度手段，攻克单打独斗、局部抱团、各自为政的"小圈子"社会，通过吸纳各方主体力量，打造凝心聚力、平等互信的长效管理机制，促进过渡型公共文化空间的整体性、包容性与复合性治理。进一步加强社会组织与政府和社区的功能嵌入性合作，提高其参与公共文化空间治理决策、对接社区文化活动组织等志愿服务的积极性；赋予社区基层文化组织地位与治理职能，鼓励在政府、文化协会指导下定期开展社区内部与社区间文化活动；激励居民、社区与政府的反馈性合作。

（二）企业和社会组织：嵌入式共生与政社互动治理机制

过渡社区虽然处于城市主流文化的辐射范围，但是其内部文化依然处在一种亚文化状态。一般而言，过渡区域存在着多种文化，本地文化与外来文化的融合，农村熟人社会与城市陌生人社会的交融，传统与现代相互碰撞等[1]。总体来讲，城市过渡社区的整体文化氛围不甚浓厚，居民文化感知认同和活动参与还有待提升。同时，城市文化空间的快速变迁，以及社会交往方式引致的人们关系的变化，城中村、公租房等过渡居民很难体会到城市社区家园中的认同和归属情感。因此，为了激发居民对城市公共文化空间的参与热情，增加居民对城市的认同感和归属感，在政府的引导下，需要社会力量通过政府购买、自发参与等形式嵌入过渡型空间治理。就社会组织而言，嵌入式共生机制包含嵌入性与自主性两个方面。社会组织的自主性包括"政治结构上的自主性"和"行动策略与技术层次的自主性"两个层面，前者即国家的结构性制度安排所允许的社会自主性水平；后者即社会组织在日常运作中通过各种策略来创造的自主性[2]。尽管社会组织的自主性是考察组织行为驱动力的基础视角，然而不完全的自主性是现实中社会组织的实然状态，社会组织的行

---

[1] 刘刚、李建华：《空间秩序与城中村治理的实践逻辑》，《齐鲁学刊》2018年第3期。
[2] 黄晓春、嵇欣：《非协同性治理与策略性应对——社会组织自主性研究的一个理论框架》，《社会学研究》2014年第6期。

动力还受到嵌入性因素的影响。嵌入性是考察社会组织行动力的现实性因素。在基层协商治理中，社会组织现实中嵌入到地方治理结构和社会网络之中，其行动受到地方政府和社会关系的影响与制约。在公共文化空间治理中，嵌入式共生机制则要求在强嵌入的行政主导的基础上，逐渐增强社会组织自主性，通过政府行政与社会自治的有效衔接，逐渐向政社互动的协商治理结构过渡。例如，在罗山会馆的治理实践中，一方面，上海基督教青年会参与具有较强的自主性。具体表现为，青年会作为罗山会馆的法定托管机构，全权负责会馆的设施规划、项目开拓和财务收支；另一方面，青年会参与具有较强的嵌入性。其主动分担基层政府在社会治理中的部分职能，通过积极嵌入地方治理结构的方式，弥补当地政府在公共文化空间治理中的缺陷，同时政府在资源输入方面给予青年会支持，进一步推进政社互动[1]。就企业而言，企业在为该区域的经济作出了巨大贡献的同时，也承担了公共文化空间中提供服务的主要责任。企业嵌入社区之中，与社区居委会、社区社会组织进行人、财、物、信息资源整合。关键之处是将居民需求纳入其中，形成"企业—社区居委会—居民"相互联通的组织网络，一方面，在用户至上的经营理念下，企业对居民需求具有较强的敏锐度，能够对居民需求做出迅速反应，提供居民喜闻乐见的文化活动，从而促进居民参与，提升居民参与公共事务的能力。重庆公租房社区康庄美地与属地企业开展共建活动，银行为社区居民提供快板、歌舞、合唱等文化活动，高新企业有针对性地为社区儿童提供航模展览，新世纪超市针对居民普遍遇到的消费维权问题，与社区居委会联合开展了几年"3.15消费日"宣传活动，通过快板、相声等方式为居民宣讲维权与法律知识，除此之外，企业还赞助社区自组织，支持社区自组织参加各类大型比赛，提升了居民素质与能力，过渡型社区居民通过这种方式破除了空间区隔，增强了居民的社区归属感与文化认同感。社区从最开始举办活动的无人参与到现在居民主动参与，承担清洁、秩序维护、活动策划等志愿活动。另一方面，居委会拥有较

---

[1] 杨柯、张长东：《自主与嵌入：社会组织参与基层协商治理的逻辑与模式》，《北京行政学院学报》2021年第5期。

多的社会资本,是用户资源的掌控者,可以凭借信息、情感、信任等资源与企业的人财物资源进行交换,双方形成联通共生关系,利用社区社会网络为企业发展提供土壤。社区居民都是企业的潜在消费者,企业通过开展活动,提升自己的知名度与美誉度。更重要的是,企业被纳入社区社会网络,获得情感与信任的资源。企业与社区居委会以居民需求为联结点,双方都是以满足居民需求、提升居民素质与能力为目标。在此基础之上,企业通过社会网络的拓展,进一步实现经济效益;居委会通过人财物资源的整合,打造和谐文化,凝聚社区文化品牌,增强居民归属感,进一步实现社会效益。

(三) 社区:资源整合与主体互惠机制

过渡型公共文化空间呈现分散性、多点分布的特点,资源不足的问题较为突出,资源整合是协同机制得以运行的实质内容。首先,对政府职能部门资源的整合。治理是以社区为载体,政府的政策及意见经过街道再到社区,社区作为资源的接受者与公共文化服务的提供者,需要为公共文化服务供给进行相关资源的有序有效整合。例如重庆市公租房社区,2个市政府文件规定治理总目标、治理原则,市委组织部、市委宣传部、市公安局等9个市级职能部门,出台了关于公共文化服务供给、公共安全治理、志愿服务、就业创业等多个方面的9个配套文件,向社会注入资源,社区整合各职能部门资源,提供丰富多彩的文化活动,囊括送电影、送演出、送图书进社区的文化惠民工程,宣传党的十九大精神的文艺汇演,治安宣传演出,技能培训讲座,就业信息共享活动等,既满足政府各职能部门的任务绩效,又创新了公共文化服务内容和形式,满足居民需求。其次,对外部主体资源的整合,增加自身造血功能。一是开展共建活动,整合属地企业、事业单位的资源。探索社会众筹、商业资助等多种形式丰富社区财政外部资金供给。二是通过组团式发展,整合周边社区资源。根据社区区位、社区类型、社区发展基础将周边社区纳入"组团式"发展规划当中,以先发带后发,通过优势互补、协同共进,促进社区服务资源在组团内的共享,有效打破社区发展间的不平衡,实现社区资源共享。

社区除了整合政府职能部门资源与外部主体资源,需要通过主体互惠机制不断挖掘社区内部的社会资本，对公共文化空间进行治理。例如，社区为文艺自组织的活动提供服务和平台，如培训活动、排练场地、所需设施等，文艺自组织则更加积极开展公共文化活动，带动社区居民参与公共文化生活，丰富公共文化空间的供给。双方互惠互利，一方面，文艺自组织可以借助居委会更加丰富的政治优势与资源链接能力，获得了自身生存和发展的必要资源；另一方面，居委会可以引导文化精英参与公共文化空间治理，利用社会资本与民间权威进一步提高公共文化空间治理绩效。

第五节　西部城市民族型公共文化空间"政策—自治耦合型"协同治理模式构建

西部少数民族聚居城市是我国极具特色的城市形态，具有较强的民族特色、地域特色和人文特色，同时享受民族区域自治政策，但政府单一标准化供给、社会力量培育不足、公共性与市场性失衡、民族特色文化品牌凝练不足、反馈监督机制不畅等困境制约着西部城市民族型公共文化空间的治理。在推进西部城市民族型公共文化空间协同治理中，应立足于西部民族自治地方的民族文化资源，通过政策引领，建立政府、民间文艺团体、市场主体、民族文化精英、居民等多元主体之间的耦合关系，构建"政策—自治耦合型"协同治理模式。在此种模式下，政府发挥政策引领作用，联合市场、社会力量协同共治，既保持政府主导公共文化空间治理的政策方向，又整合社会力量的资源，推动多元治理主体基于共同的治理目标而协同行动，促使政府引导与社会自治的"双向耦合"，打造民族特色文化品牌，实现民族型公共文化空间治理的社会化与专业化。

一　民族型公共文化空间协同治理主体功能优化

（一）政府发挥政策引领作用，壮大社会力量

首先，在民族型公共文化空间的发展过程中，要突出和坚持政府的政策引导能力，发挥政府政策引导在治理中的核心作用，坚持正确的政治方向和政治立场，确保政治方向和政治立场的坚定正确，确保我国少数民族地区的公共文化空间建设始终沿着正确的方向和道路进行。在民族型公共文化空间建设中，政府政策要做到兜底普惠性与改善差异化供给，确保少数民族居民能充分享受到国家政策带来的成果；在交往空间建设方面，坚持平等协商，促进多民族交往与融合；在象征空间打造方面，要弘扬社会主义核心价值观，尊重民族特色本位，构建和提炼积极向上的民族文化精髓。全面落实中央的民族区域自治政策，坚持政策引导，重点支持。一方面，西部民族型城市地区具有独特的政策优势，可以利用民族区域自治政策向上争取政策优惠和资源，拓宽民族自治地区资源获得能力。另一方面，通过争取重点项目支持，扶持和打造一批独具民族特色的文化项目，提升民族型公共文化空间亮点。

其次，为社会力量的壮大创造良好条件。一是引导社会力量发展。由于民族地区市场经济体制进程缓慢，许多市场运转制度和规则还不完善，政府要加强制度供给，为市场主体创造良好条件，促进市场主体自由发展；可以加大对民贸民品企业、文旅企业的扶持力度，促进民族工艺品市场化运作。加强民贸民品企业、文旅企业优惠政策的宣传和培训，让这类企业享受国家贷款贴息，推动少数民族文化手工艺 + 文旅 + 民贸民品企业融合发展。二是加大对社会组织的培育。目前，民族地区社会组织类型较多，但力量薄弱，存在人力、资金的不足，影响其参与公共文化空间治理的能力，应加大对社会组织的孵化、培育，提供平台，便于社会组织链接各种社会资源，聘请专家对社会组织进行培训，提高专业素质与专业能力。鼓励民族非遗传承人依据不同的非遗传承项目成立各自的联合组织，形成民族非遗保护传承的聚合力量。同时，加强对非遗传承人的培训，提升其治理能力。三是不断降低社会力量参与民族型公共文化空间治理的成本。结合互联网技术，打造更加简便快捷的参与渠道，减少烦琐的办事程序，增强参与治理的获得感、荣誉感。可以借鉴北京海淀区田村街道的做法，以手机 App 与信息智能终端相结合的方式，让居民通过手机就可以获取公共文化空间相关的信息资源，及时反映自身需求，并参与公共文化空间治理。

（二）民间文艺团体发挥参与主体作用

民族自治城市区别于其他城市最大的特点是民族多样性、多民族聚居。在民族型公共文化空间治理中，民间文艺团体、民族文化精英应当发挥主体作用。一方面，培育社会组织，利用好特色型社会组织、研究型社会组织平台打造民族特色公共文化空间。在社会组织培育方面，可以借鉴武汉南湖街道的做法，依托政府购买服务协议，政府向南湖社区文联授权，社区文联对南湖街艺术团、南湖街老年大学以及各个行业协会进行专业指导与管理。南湖区老年大学和南湖艺术团都是民间组织，领导班子和培训教师都是由社区居民、文艺骨干自愿组成，主要负责公共文化产品的生产和提供，在政府的增能赋权机制下，成为所在社区主要的服务生产主体。社区居民则基于自身兴趣和爱好自愿报名参加各种形式的文艺培训活动。同时，处于社区空间之外的经济、社会组织也被动员起来，参与社区公共文化服务供给。比如在南湖艺术团举办文化艺术活动时，也有体育公司加以冠名和赞助，并对文艺比赛活动提供奖励。企业在推广自身产品的同时，也能够为社区居民提供高品质的文化服务。由此可见，政府通过培育社会组织，带动文艺骨干、社区居民、企业参与公共文化空间供给，真正实现社会组织的自我管理、自我服务、自我发展。在民族特色公共文化空间打造方面，发挥研究型社会组织和特色型社会组织如"苗学会""苗歌协会""斗牛协会"等社会组织的文化资源与社会资源优势，开展具有民族民俗特色的公共文化活动。另一方面，调动民间文艺团体参与公共文化空间治理的积极性。通过"政府采购、企业赞助、社团运作、全民共享"的方式，授权民间社会组织、非遗传承精英等主体开展各类群众性文艺活动，鼓励文艺自组织参与。少数民族居民能歌善舞，民族文化传统代代相传，他们既是文化生成者也是文化消费者，充分动员其参与公共文化空间治理的积极性。

（三）市场主体发挥配套参与能力，突破单一的标准化供给

在西部民族型公共文化空间治理中仍然存在政府主导的局面，市场主体发挥能力有限，在推进协同治理路径中，应更加重视市场主体能力发挥。根据西部民族型公共文化空间治理和发展需要，培养和扶持一批专业能力强、服务品质优的公共文化空间建设配套市场主体，形成协同

发展的格局。

民族自治地区居民文化需求多元，且不同年龄群体的居民文化需求差异较大，然而政府供给的公共文化空间相对单一，同时政府对居民需求、市场变化反应较慢，因此有必要引入市场主体参与，发挥其快速响应、灵活应变的组织优势，以突破政府单一标准化供给的局限。一是在公共文化设施方面，企业、个营、合作经营、股份制、合伙制等形式市场主体可积极参与基层公共文化基础设施建设和管理。二是通过政策引导和项目推动，鼓励民间资本参与建设民办图书馆（室）、博物馆、美术馆、文化活动室、文化公园（广场）、球场、舞台等文化设施。三是逐渐探索公共文化设施所有权和管理权分离的机制办法，充分调动市场主体积极性。进一步整合市场主体设备、人才、资源，通过社会化运作打造经营公共文化空间，民族传统文化资源开发利用与保护传承相结合，合理引导企业进入空间生产与商品流通领域，促进企业发展的同时，也为居民提供高质量的公共文化服务，实现公共文化空间治理的社会化与专业化。具体可以借鉴北京市西城区的做法，通过政企合作、民办公助的方式，北京市西城区政府与什刹海皮影文化酒店、繁星戏剧社合作拓展了"书香酒店""繁星书吧"等公共阅读空间[①]。该合作模式中，政府提供政策和资金支持，承担规则制定与监督管理职能，西城区政府负责建立公共图书馆 PPP 项目准入、退出机制，完善监督体系；公共图书馆承担服务职能，制订建设规划、服务标准、实施方案，协助主管部门考察、选择合作方，制定、签署合作协议，承担业务指导、考核评估、对外宣传等职能；比如北京市西城区图书馆为"书香酒店""繁星书吧"这两个公共阅读空间配备了老北京文化、非物质文化遗产等方面的专题文献和书籍，同时还配置了电子借阅机。文化类企业提供场地，并负责公共阅读空间的融资、建设、运营等职能。在民族型公共文化空间治理中同样可以引入市场力量的参与，通过政企合作拓展公共文化空间，既能够提供满足居民差异化需求的公共文化空间，又能够为企业带来客流量，实

---

① 杨松、孟兰：《北京西城区：打造城市公共阅读空间的创新实践》，《国家图书馆学刊》2015 年第 4 期。

现双方互利共赢。

二 民族型公共文化空间"政策—自治耦合型"协同治理模式

"政策—自治耦合型"协同治理模式是在政策引领下,政府与社会组织、市场主体、民族文化精英、居民建立耦合关系,基于共同的目标,协同治理公共文化空间。其治理结构呈现政策引领与社会自治的"双向耦合"形态,涵盖了公共性与民族性的耦合、公共性与市场性的耦合。治理目标指向民族型公共文化空间治理的社会化与专业化(如图5-5所示)。

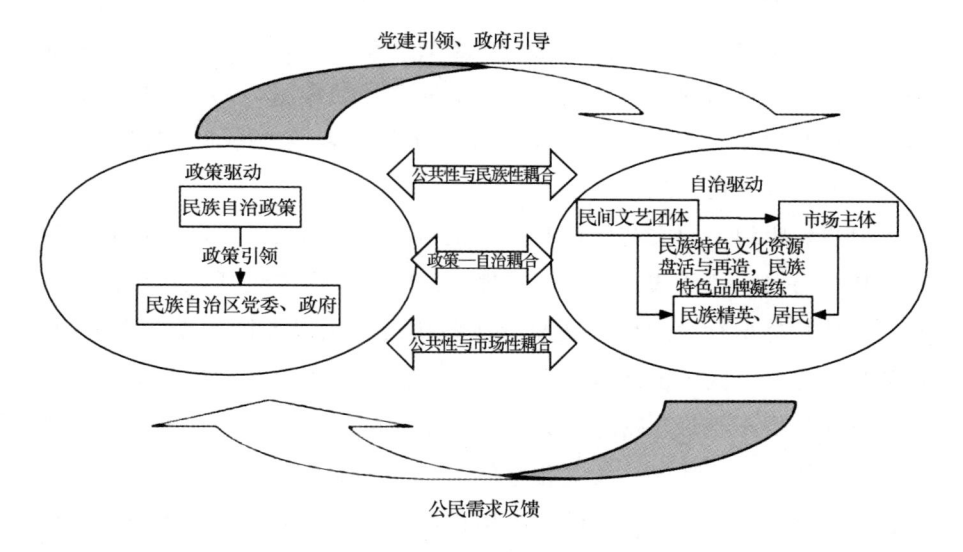

图5-5 民族型公共文化空间"政策—自治耦合型"协同治理模式

"政策—自治耦合型"协同治理模式的主体治理结构中,核心是围绕公共文化空间治理的社会化与专业化目标形成的政策引领与社会自治的耦合关系。公共文化空间治理的社会化与专业化是多元治理主体的共同目标,是指民族传统文化保护传承与开发利用为一体,经济效益与社会效益兼顾,以专业化手段实现公益性,满足民族地区居民多元化文化需求。这就需要党委政府、市场、社会组织、民族文化精英、居民多主体相互协作,良性互动,形成政策引领与社会自治的耦合关系。系统耦合理论认为耦合是两个及以上系统要素的相互作用和相互影响,促使各系统要素在系统内部和系统之间优化组合与有序再生，从而实现协调发展的过程[①]。构建政策引领与社会自治的耦合关系，有利于实现政府与社会进行优势互补、资源整合，克服政府单中心治理的僵化结构与社会自治的松散结构困境，促使公共文化空间治理更加灵活、高效。政策引领与社会自治的耦合关系的建立需要从以下两个方面进行。

首先，民族自治地区具有重要的政治地位，需要党委政府发挥政策引领作用。少数民族聚居城市的地理位置特殊，既是对外沟通交流的窗口，也是保持我国社会稳定的重要一部分。例如，云南、广西等城市是面向东南亚的窗口，也是受外来文化影响最快的城市，能展示我国的民族文化、经济发展。文化作为意识形态的重要一部分，党委政府需要在城市公共文化空间的意识形态工作中发挥主导性作用，一是坚持正确的政治方向与政治立场下，促进民族地区文化发展；二是通过政策支持，促进民族地区文化繁荣。

其次，吸纳民间文艺团体、市场主体、民族精英、居民等多元化治理主体参与民族型公共文化空间治理。民间文艺团体包括研究型社会组织、民族特色型社会组织、文联下属各协会组织以及民间文艺自组织。民族精英包括民族传统部落首领、民族非遗传承人等。政府与企业通过服务外包、委托经营、政府购买等方式结成治理上的耦合关系，实现优势互补，从而有效降低公共文化空间治理的供给成本。同时，通过政策与民族文化专项支持，可以借助市场化运作，打造更具有民族特色的公共文化空间。政府与民间文艺团体、民族精英形成资源对称依赖耦合关系，政府培育扶持民间文艺团体，借助其文化资源、社会资本优势治理公共文化空间，而民间文艺团体协助政府完成公共文化事务，获取行政合法性资源实现自身发展。其中，通过社会精英的影响力，能够有效地将政策的引导性与民族自治的自主性结合起来。通过对社会民间文艺团体的扶持，尤其是研究性社会组织，能够从学理上和具体的文艺活动中，传承民族文化，深化"政策—自治"的耦合。此外，在该模式下，居民

---

① 孙峰、周桂、柏大鹏：《民族地区学校教育与文化传承的系统耦合机制探究》，《民族教育研究》2020年第3期。

能够及时反馈公共文化需求，实现供需对接，并凭借民间自治传统参与公共文化空间治理。最终，实现民族型公共文化空间治理的社会化与专业化。

三 民族型公共文化空间"政策—自治耦合型"协同治理机制

西部城市民族型公共文化空间的治理中，政府的作用已经逐渐从全能管理变成政策引导。纵观西部民族城市的发展，政府在城市公共文化空间的治理主要分为3个发展阶段。第一个阶段为20世纪80年代，民族型公共文化空间由居民自发管理，城市交往空间及象征空间受社会和市场的影响较低。第二阶段为2000年，政府开始介入的初期，政府主要负责旅游基础设施建设项目的宣传、管理等工作。第三个阶段为2008年至今，政府对西部民族型公共文化空间进行了更深层次的开发，并形成了"政府主导+旅游经营企业管理+社区居民参与"的发展模式。政府回归到政策引导和宏观调控的本位，把社会力量能做好的事情交给社会，事实上已经形成了"政策—自治"耦合的雏形。在政策引领与社会自治的耦合机制的统领下，如何可持续发展下去，需要完善相关运行机制。针对这一治理模式，总体而言，应建立和完善党建引领民族自治机制、多元治理主体资源联动机制、民族特色文化品牌共创共享机制、公共性与市场性的平衡机制、居民自治的赋能机制。

（一）政策引领与社会自治的耦合机制

基于"要素—结构—功能"立体的互动关系建立政策引领与社会自治的耦合机制，具体内容如下：

首先是要素耦合，要素是构成并维持系统运行的必要条件，在系统的运行过程中起基础性作用[1]。在民族型公共文化空间治理中，政策引领的核心要素包括政策体系、行政合法性资源、标准化公共文化场所设施与服务等；社会自治的核心要素包括社会组织的民族文化资源与社会资本、市场主体的运营管理能力与资金实力、民族精英的民间权威、居民的差异化需求等。政策引领与社会自治的要素耦合要实现多元主体的资

---

[1] 魏宏森、曾国屏：《系统论的基本规律》，《自然辩证法研究》1995年第4期。

源整合，在公共文化空间治理中，政府发挥政策引领功能，坚持正确的政治方向和政治立场，同时培育扶持社会组织、市场主体，加强政策引导，明确各自的职责分工，发挥各治理主体的资源优势。比如北京市田村路街道"阜四小院"协同治理模式通过政策引领，汇集多元治理主体，实现要素耦合。为满足社区居民文化需求，北京市海淀区社会工委、社会办、民政局、文委等相关部门加强政策引领，以"阜四小院"为政策试点，并配套相应的专项资金，推进社区治理三社联动工作。街道与橡胶研究院、阜四居民代表多次协商，广泛征求居民意见和建议，动员研究院进行场地腾退、职工及家属工作宣传；街道负责房屋装修改造、设备购置、选聘社工机构运维。政府通过政策引领协调各方要素资源，明确各方职责分工，实现优势互补、要素耦合。同时依托"阜四小院"三社联动平台汇聚教育、文艺、体育、家政、育儿及国际性专家等各类人才为小院活动提供智力和技术支持。

其次是结构耦合，结构是系统内部组成要素之间的相对稳定的联系方式和组织秩序，是系统要素到功能发挥的关键。政策引领与社会自治的结构耦合要求政府与企业、社会组织等治理主体通过制度规范（政府购买、民主协商机制等）统合不同治理主体的目标，建立治理主体之间的信任与规范，二者在双向互动中实现资源互补、知识互补，同时以居民需求为衔接和切入点促进政企联合行动，实现供需对接。比如"阜四小院"协同治理模式通过建立联动机制，实现结构耦合，促进社会自治。首先是政府购买机制，街道通过公开招投标，委托睿翔社工事务所对阜四小院进行运营维护。街道每年支付90万元左右来购买服务，这笔费用主要涵盖事务所人员工资，以及在阜四社区、阜一空间和田村驿站三个社区公益活动的组织运营。其次是社会组织培育机制。街道孵化并培育睿翔社工事务所来承接服务。除了支付每年的经费，街道还协助其申请社会办、民政局、市总工会和妇联等部门的其他项目经费以及企业的捐赠。此外，街道各科室在社区里举办活动，也会支付活动经费，并鼓励事务所提高自身"造血功能"，扩展服务资源。最后是居民需求对接机制。一方面，建立智能化平台对接机制。街道聘请专业信息技术公司，开发了田村路街道智慧社区手机App系统，通过采用"互联网+物联网

+电子政务+O2O 服务"的新型信息化运营模式，居民可以及时反映自身需求，同时参与文化服务的策划、互动和评价。另一方面，睿翔社工事务所通过居民意见调查来确定最受群众欢迎又最需要的文化项目，文化活动的开展需经过评估，反响最好的活动将被确定并延续下来。

最后是功能耦合，功能是指系统要素之间的联结和关系中所表现出来的特性和功效，是要素与结构之间相互渗透、交互作用下形成的综合效应。政策引导与社会自治的功能耦合是指政府、企业、民间文艺团体、民族精英、居民等多元治理主体在资源互补的基础上，通过双向互动耦合结构形成协同治理系统，最终实现不同治理主体目标与功能的有机融合。比如"阜四小院"协同治理模式通过发挥联动效能，实现功能耦合。首先，激发社区自治功能。成立院委会，选举出社区里德高望重、有一定管理经验的人作为院长，院委会成员还包括社区骨干和积极分子、物业代表、街道科室的退休人员等。院委会定期开会，共同讨论出台小院管理公约及相关制度。其次，发挥社会组织链接社会资源的功能。睿翔社工事务所每月都要与几十个社会组织或企业接触，洽谈活动形式和内容，吸引永真公益基金会、百特英语、老百姓国学会、中国少儿基金会、首都保健营养美食学会、北京奇石协会等 20 多家合作伙伴入驻小院开展各具特色的社区文化服务活动。依托链接的社会组织资源，小院设有悦读馆、国学馆、棋艺馆、议事馆、康复馆、儿童馆、友邻馆和展览馆等群众性文化活动空间。最后，建立"政府考核+专业督导+群众投票满意度评价"相结合的监督模式。街道与社区居委会共同对社工事务所的日常业务进行指导和监督，同时街道对其进行中期和末期评审，评审主要包括活动开展的数量和质量，同时要接受第三方专业评估、财务审计以及群众满意度评价，最终通过多主体功能耦合，将"阜四小院"打造成为一所集学习阅读、体育健身、休闲娱乐、沟通交流、邻里互助等于一体的综合性、多功能社区公益性文化服务中心。因此，在民族型公共文化空间的治理中，应当充分整合各方资源，构建多元治理主体的耦合关系，发挥政府的政治统合功能、企业的市场运作功能、社会组织的民族文化保护传承功能、民族精英和居民的民间传统自治功能，推动政策引领与社会自治耦合，实现民族型公共文化空间有效治理。

（二）党建引领民族自治机制

民族自治地区地理位置特殊，各民族历史文化、风俗习惯、宗教信仰差异性较大，要坚定不移地加强党在民族文化发展中的意识形态工作领导权，逐步完善党建引领民族自治机制。一是发挥政治引领功能，确保民族型公共文化空间治理方向正确。通过加强民族地区基层党建，在公共文化空间治理过程中注入集中统一领导、共产党人使命担当精神、社会主义核心价值观，保证民族型公共文化空间治理始终坚持中国特色社会主义前进方向。比如上海闵行区将党建精神与社会主义核心价值观注入基层公共文化空间建设，建立了"党建引领、群众主体、政府支持、社会参与"的治理战略。将社会主义核心价值观融入居民的日常文化生活中，使其对居民的影响无时不在、无处不在。二是发挥组织引领功能，凝聚与激活多元治理主体力量，促进民族型公共文化空间自治。一方面，积极发挥党组织与党员在公共文化空间治理中的引领作用。实施驻区单位党组织和党员"双报到、双报告"制度，"双报到"要求驻区单位党组织向社区党组织报到，"双报告"即驻区单位社会责任报告和党员参与社区活动报告。通过该制度推动了辖区单位党组织和党员参与公共文化空间治理。另一方面，提升党组织的组织力、凝聚力，吸纳民族精英和文化人才参与公共文化空间治理。党建引领不是形成绝对权力主体，而是发挥党建的内核作用，实现公共文化空间治理资源的"上聚下放"，即党统领和凝聚各治理主体力量，同时向各治理主体下放公共文化空间治理资源。比如上海等发达地区通过成立的党建基金、社区自治金和红色微基金等方式，吸纳政府、企业、社会各方的人财物治理资源，党组织统领公共文化空间治理资源，再通过项目化方式直接下放给特定的社会组织和居民主体。三是发挥法治引领功能，促进民族型公共文化空间自治、法治和德治融合。我国少数民族地区具有较强的自治传统，尤其是在部分少数民族村寨，传统社会组织、民族习惯法、寨老族长等民族权威人士、宗教信仰等要素构成了民族自治体系。法治引领要求将符合法治要义的少数民族传统文化、风俗习惯与普法行动结合起来，允许把民族习俗运用于纠纷调解中，让当事人在既熟悉又自愿接受的"规矩"中快速化解矛盾纠纷，也能使民族地区居民更易理解和掌握法律，逐步培育法治意识。

(三) 多元治理主体资源联动机制

"政策—自治耦合型"的协同治理模式中,治理主体由政府主导、民间力量分散演变为政策引导下的政府、研究型社会组织、特色型社会组织、企业、民族精英等多元主体耦合,协同参与民族型公共文化空间的治理。充分发挥民间主体自主性,激活民族地区文化资源,满足公众差异化需求,促进供需匹配。一方面是政府内部跨部门资源联动机制。文旅行政部门应与宣传、广电体育、发展改革、民政、财政等行政部门在规划编制、政策衔接、标准制定和实施等方面加强合作,形成推动公共文化服务高质量发展的工作合力。同时,推动公共图书馆、文化馆、博物馆、美术馆、非遗馆等建立联动机制,加强资源整合、功能融合,提高综合效益。另一方面是政府与企业、社会组织的资源联动机制。一是加强政府与企业、社会组织在人、财、物资源方面的联动。在人力资源方面,整合企业、研究型社会组织、特色型社会组织、文联下各文艺协会、民间文艺自组织的文化人才,激励其参与民族特色文化品牌打造,创作民族文艺产品,参与供给民族特色文化活动。在资金方面,发挥政府财政资金引导作用,建立多元化融资体系。比如在英国的"共同投入制"中,政府机构提倡企业和社会各界通过捐赠和资助的形式来加大对文化艺术活动的支持。在资助的资金比例方面,政府与社会各承担一半,即"共同投资制",参与投资的企业可享受相应的免税优惠。在场所设备方面,政府整合利用闲置公共空间,为社会组织、民间文艺团体提供活动场所和设施设备。同时整合企业可以利用的场所设施,通过政企合作拓展公共文化空间。二是发挥企业和社会组织的专业性提高公共文化空间的治理效能。具体包括引入第三方管理公司或其他旅游服务行业进驻民族型公共文化空间,依托企业和社会组织专业的营销、管理和服务知识,不断提升民族型公共文化空间的质量和服务水平。三是依托互联网技术建立信息联动机制。通过政务微博、政务微信平台构建公共文化空间供给侧与需求侧的信息共享与互动。比如深圳市南山区委宣传部(文体局)将"南山文体通"作为主打产品,大力打造"互联网+"公共文体服务集成平台，及时推送公共文化资源信息①。政务微信公众号中"南山文体"板块主页分为"地图""资源""申报""审批事项""书香南山""南山宝藏""群文有约""办事指南"8个模块，分别介绍南山区文体活动阵地的路线、场馆资源、各项活动申报、文体服务审批事项和文体活动办事指南。内容包括图书馆、博物馆、文化馆等场馆资源详细信息和各场馆的活动、画展、讲座、读书会、音乐会等活动信息。平台平均每天更新2—4条活动消息，信息更新及时。居民通过关注"南山文体通"微信公众号，即可了解该地区基本公共文化服务资源，参与本区公共文化服务活动，极大提升了公共文化服务的可及性。

（四）民族特色文化品牌共创共享机制

民族自治城市具有打造民族特色文化品牌的资源优势，通过联合大型文化企业、社会组织、民间力量共同打造民族特色文化品牌，将文化资源优势转化为品牌优势和发展优势。民族特色文化品牌共创共享机制涉及三个层面：首先，在民族特色文化品牌的理念层面，政府应协同社会力量凝练多民族文化内涵。一方面，可以依托研究型社会组织，同时联合高校专家学者通过设立项目专题的形式充分挖掘提炼民族文化内涵，比如临沧市成立打造佤文化品牌研究课题组，组织专业人员，投入专门经费，开展佤族服饰、佤族传统医药、佤族建筑、佤族旅游商品、佤族歌舞等民族文化项目的研究。另一方面，激励民间力量参与凝练民族特色文化品牌的理念。比如向民间组织、文化精英、居民等社会力量广泛征集民族特色文化品牌理念的意见和建议，既能够集思广益，又能够提高居民对民族文化内涵的认同感。其次，在民族特色文化品牌的感官层面，一是引入大型文化企业和演艺集团，精心打造一批具有民族文化特色的精品剧目。比如云南省政府积极引入并扶持大型民族原生态歌舞《云南映象》等民族文艺作品，以项目管理的方式资助并培育大量民族艺术作品的创作、演出，帮助其宣传推广，推动其市场化运作，通过政企合作，既提高了文艺作品的商业价值，又增强了民族特色文化品牌的影

---

① 陈世香、唐玉珍：《政务微信提升公共文化服务效能的模式分析——深圳"南山文体通"的个案研究》，《图书情报工作》2020年第17期。

响力。二是打造民族特色文化景观项目，提高文化品牌知名度。比如西安打造唐文化景观项目来创建城市文化品牌，以文化遗址为依托，打造了大唐芙蓉园、大雁塔广场、大明宫国家遗址公园等唐文化景观项目，通过建立"体验式"文化项目，满足人的视觉、听觉、嗅觉、味觉、触觉体验，还原唐朝盛世文化景观。同时加强配套基础设施建设，构建完善的交通系统、景观系统、服务系统等。三是将濒临失传的民族文化符号融入民间工艺品，实现民族文化在创新中保护与传承。比如云南丽江因口传心授而日渐濒危的"东巴经文"通过点缀在工艺品与饰品上而受到关注。最后，在民族特色文化品牌的传播层面，一方面，充分发挥传统媒体与新媒体的宣传推广功能，构建全方位、立体化的推介宣传网络。比如上海市文旅局通过创立"文化上海"的微信公众号和官方微博的方式，第一时间提供上海的各类文化资讯，让市民以及游客即时感受上海文化。政府要加大民族特色文化品牌推介宣传的力度、密度和广度，不断提升文化品牌感知度、美誉度。另一方面，发挥名人效应，提升文化品牌影响力。比如湘西凤凰古城借名人提高知名度，举办沈从文国际文化节，向游客宣传凤凰文化，提高文化影响力。

(五) 公共性与市场性的平衡机制

政企合作、政府购买、服务外包等模式能够克服政府供给公共文化空间单一化、标准化的弊端，满足民族自治地区居民多样化的文化需求。民族型公共文化空间治理中公共性与市场性的结合成为大势所趋。公共文化空间治理中的公益导向与市场导向并不矛盾，但是需要建立公共性与市场性的平衡机制，以实现民族文化资源的高度整合与最优配置。一是合理划分政府主导与市场主导的界限。对于城市三馆等纯公共文化产品，因其投资大、收益有限应该由政府主导供给，除此之外，应当引入市场力量和社会组织，依靠市场机制、社会机制来实现公共文化空间的生产与供给，加强政府政策引导与市场监管。二是促进公共文化空间与文化产业、旅游产业的有机融合。一方面，可以在民族特色景区组织公共文化活动，既能借助文旅企业打造的民族特色文化场景为居民供给特色文化活动，也能为景区带来更多的游客量，促进景区周边的文化消费。比如凯里市文旅局联合汉服协会在具有民族特色的下司古镇举办上元佳节元宵灯会，吸引了大量居民来参与，既满足了居民的公共文化需求，也带动了景区人流量，促进了景区文化消费。另一方面，依托"研学游"项目，开展旅游＋博物馆、旅游＋图书馆等文化活动。通过"研学游"项目让游客走进和利用公共文化服务设施与资源，既体现了公共文化空间的价值，又为文旅产业创造了市场机会。三是公共文化空间与文旅产业的结合，应当坚持一个基本立场，即保证公共文化空间的公平性与公益性。虽然引入市场力量能够丰富公共文化空间供给的内容和形式，提高供给效率，但是企业以营利为主要目标，因此在政企合作过程中需要协调好公益性与营利性的矛盾。一方面，政府要创造良好的制度环境，完善监管制度。建立公益性项目建设补偿机制，比如设立公益性项目补贴或贴息，弥补投资公益性文化项目给企业盈利造成的亏损，同时加强市场监管，严格控制公益性项目与营利性项目的配比，以政府财政兜底的方式保证公共文化产品或服务以无偿或公益价格提供给居民[①]。另一方面，引导企业做好成本把控与风险控制，鼓励企业发挥投融资平台作用，以市场化运作的方式来拉动投资和基础建设，培育自身盈利能力，健全完善偿债机制，实现经济效益和社会效益的双赢。

（六）居民自治的赋能机制

在民族型公共文化空间治理中，政府治理能力有限，除了联合民间文艺团体与市场主体参与治理，也应充分发挥民间自治的传统优势，完善居民自治的赋能机制。首先，发挥民族精英在民族型公共文化空间治理中的作用。民族自治地区节日民俗众多，传统民俗文化活动多由民间权威组织。凯里市部分村寨，"苗王""款首"等传统民族部落首领依然在民俗传统文化活动中发挥重要的组织领导作用，但各村寨民族精英分散，政府应加强政策引导，重点培育、支持民族精英组织开展符合社会主义核心价值观的民俗传统文化活动。其次，发挥社区文艺骨干在社区公共文化空间治理中的作用。可以参考深圳月亮湾的做法，深圳"月亮湾联络站"是地方政府与维权精英在博弈中从对抗走向合作的产物，联络站由纯民间性质的草根组织发展为具有官民合作色彩的机构，

[①] 蒋芬：《公共文化服务供给要兼顾公益导向与市场导向》，《人民论坛》2017年第31期。

成为人大代表收集社情民意、有效履行职责、接受群众监督的重要平台。其具体做法体现为：一是吸纳社区精英引导居民有序参与。月亮湾联络站的核心运作力量是热心片区公益事业的各业主委员会主任、社会贤达、退休老干部、老党员等积极分子。他们的主要工作包括：第一，受人大代表委托收集社情民意，开展专题调研，形成代表建议、批评和意见或议案提交给人大会议；第二，定期安排人大代表与居民面对面交心座谈；第三，参与片区公共事务管理，协助街道和社区解决居民反映的热点、难点和焦点问题。二是政府给予联络站行政合法性资源。街道给联络站挂牌，标志着政府与联络站的合作逐步制度化。同时联络站与街道、片区人大代表建立了稳定的联系，为居民权益性参与提供了制度化渠道。三是发挥联络站连接政府与社会的中介沟通机制。联络站在居民、企业、政府、代表之间搭建了一座信息沟通、对话协商的桥梁，通过"民众意见—联络站—人大—政府部门"渠道来实现信息的交换和日常公共民生事务共商联办、居民的权益性参与和企业的环保自律，以及政府的社区治理融合到一起。同样，民族自治城市的社区亦可建立"文化联络站"，将社区文化精英、文艺自组织发展成为文化联络员，发挥他们在需求收集、居民动员以及公共文化事务参与等方面的作用。最后，大力培育和发展文化志愿者。通过招募培育一批具有文艺特长、热心公益事业的文化志愿者，为周边地区提供文化宣传、艺术培训辅导。在志愿者的培育和发展方面，美国的经验可供借鉴：美国将志愿服务与升学、就业挂钩，促使居民积极参与志愿服务，每年博物馆、图书馆的志愿者人数可以达到正式员工的 4 倍以上。同时，各公共文化机构强化对志愿者培训，如美国国会图书馆对志愿者的培训时间为 5 周，旧金山亚洲艺术博物馆的培训更是长达 3 年，提升了志愿者参与服务的技能与水平。

第六章

西部城市公共文化空间协同治理的实践路径

在坚持党的领导、坚持以人民为中心的基本原则基础上，西部城市公共文化空间协同治理模式的实践路径可从方向指导、执行策略、主体关系维系、主体协同途径等内容思考，体现为统筹规划实现战略性发展、"横纵联动"推进府际协同、强化多元主体的信任关系、搭建多元主体互通桥梁四大方面，由于传统型、过渡型、现代型以及民族型公共文化空间协同治理中的各主体成熟度有别，主体与主体间互动机制相异，所依托的外部资源特征不同，因此，在实践推进过程中需要注重普遍性与特殊性的有效结合。

第一节 统筹规划实现战略性发展

由于战略统筹意识的相对欠缺，西部城市公共文化空间治理普遍存在同质化高、内涵缺乏、质量不高、核心竞争力低等问题，因此，必须加强统筹规划才能实现真正意义上的战略性协同发展。地方文化旅游部门应该针对城市公共文化空间制定战略性的发展目标和规划，加强统筹规划可从加强政府主导和社会参与、推进西部公共文化空间高质量发展这两个维度展开实践。

一 坚持政府主导和社会多元参与

无论是传统型、过渡型、现代型还是民族型，公共文化空间都无法脱离公共性这一属性，表明文化空间治理需要形成"服务导向型"治理模式，以保证人民共享文化服务与文化成果。西部城市公共文化空间协同治理模式的实践路径应借鉴上海市罗山市民会馆、深圳市月亮湾、法国、英国等地的成功经验，坚持政府主导和社会多元参与，实现善治。

从政府主导角色看，政府应发挥权威统领优势，保留一定的主导权与话语权，实现文化治理宏观调控作用，避免治理冲突与混乱。主导行为主要体现在两个方面：一是建立事业单位的管理机制。政府通过高度组织化的方式建立了文化事业单位体制，文化机构和人员成为国家文化统制纲目中的单元网格，加强了对社会文化资源的支配能力。[①] 例如将公共图书馆、博物馆、城市文化公园等纳入国家文化事业单位，从人事编制、人事任免、薪酬分配等方面到战略布局与管理制定等，由文化和旅游部办公厅主管，实现跨部门协作。通过中央向地方派遣专业技术人员，为地方公共文化空间治理输送人才，同时政府主管部门统筹规划文化事业发展目标及策略，与政府相关部门如教育部、研究部、外交部等共同扶持地方文化事业发展，既有利于保证治理效率，也有利于完善文化事业体制，强化文化治理队伍规范；二是实行行政供给分配机制。资源分配涉及中央政府与各部委之间、中央与地方之间，以及跨区域间的协调。政府实行自上而下的文化生产配给模式，实现意识形态与文化领导权的集中统一。强有力的资源调配力能够减少各主体之间的利益冲突与矛盾，也有利于各地方共享发展资源，减少发展差距，但同时也要谨防出现格式化行政与垄断，削减各主体的自主性与积极性，打破单一行政机制壁垒，实现资源循环。

政府发挥引导作用，因地制宜妥善治理公共文化空间。一是通过中央文件与政策下发方式，赋予地方管理与支配的权能，如民族型公共文化空间具有浓厚的民族特色，存在民族风俗与现代社会融合的需求。政府应发挥政治引领作用，给予民族自治的权利，保留民族文化特色，避免民族冲突，促进文化多样性与民族融合。二是中央主管部门下设专项

---

① 孟耕合：《共同体视阈下新时代公共文化治理的转向》，《中共天津市委党校学报》2021年第5期。

发展资金，实现财政向下转移，保证地方财政供给。同时设立专项财政审计部门与监督部门，监管财务使用去向，落实专项资金的使用价值。如传统型文化空间经济、文化、社会等方面发展缓慢，囿于观念封闭性与资源短缺。政府发挥政策主导作用，给予全方位的政策与经济双层扶持，加速文化空间治理发展。三是地方政府发挥制度统领和方向引领作用。过渡性文化空间存在非完全的传统与非典型的现代交叉特征，具有治理复杂性与资源失衡性。政府应主动发挥制度统领作用，统合传统与现代治理鸿沟，均衡空间内资源，实现文化空间过渡型向现代型转变。现代型文化空间资源相对丰富，但是规模小，主体间利益诉求冲突显著。政府应发挥方向引领作用，强化文化治理队伍规范，调和各主体之间的利益，提供治理的发展方向，引领各主体积极共治共享，扩大现代型文化空间的规模与提升文化服务质量。此外，公共文化空间治理的关键在于领导思维与治理模式。联合中央与地方人社局与劳动局保证地方人才供给，通过行政手段实现人才分配与调度，确保德才配位，同时提供晋升与考核标准，由所在单位人事部门落实执行，保证人员管理与工作热情。

在社会多元参与层面，社会力量参与能丰富治理主体类型，实现"政府+市场+社会组织+社区+居民"五驱并行，分化治理责任与压力，实现政府职能转移的同时也增强了公共文化空间发展的动力。在日本，企业和非政府组织是公共文化空间治理市场主体的主力军和重要社会力量。企业通过主动捐献和成立基金会等方式，间接将市场资源转入公共文化空间建设，或是为居民社区提供基础设施生产与更新服务，直接参与到公共文化空间改造之中。非政府组织通过政府购买或组织公益服务，开展公共文化教育、培训与宣传活动，达成社政合作促进文化空间高效运转。故而，在西部城市公共文化空间的治理中，一是重新定位政府角色。治理模式转变的重点在于政府、企业与社会团体的多元参与[①]。在公共文化治理领域，这不代表政府文化职能弱化，而是职能转型

---

① 邵光学、刘娟：《从"社会管理"到"社会治理"——浅谈中国共产党执政理念的新变化》，《学术论坛》2014 年第 2 期。

与升级，政府的角色不再是办文化管文化，而是向提供文化服务转型。政府依然拥有权威领导地位，在设施建设、法定条件与人员经费方面具有绝对的调控权，但资源供给与服务落实需要同社会主体合作，减轻供给压力。二是发挥市场主体的灵活性优势。政府需要进一步深化"放管服"改革，通过简政放权，不断简化项目行政审批流程，发挥私营部门在文化培训、文化活动策划、文化类产品营销、产品研发等方面的优势，同时引导、鼓励文化类非政府组织参与西部公共文化空间治理，发挥非政府组织在专业文化人才、组织网络体系、公共文化资源筹集能力等方面的优势，指导基层社区开展社区文化活动、定期管理维护公共文化设施等。通过行政力量、资本力量与社会力量的有效整合，为居民提供多样化、特色化、个性化的公共文化产品和服务，增强城市公共文化空间发展活力。三是发掘社区居民潜能。文化服务"落地"的重点在于服务亲民、服务于民。街道党委引领，社区居委协助，积极培育社区精英，组建居民自组织，举办社区文化周，定期开展文化知识宣传、培训、文化表演等活动，打造社区文化活动室、文化书房等，保证公共文化空间的公共性与可及性，丰富居民文化生活。

简言之，结合西部各类文化空间的特征，政府有的放矢地发挥主导作用，统筹规划各城市公共文化空间设施布局、服务提供、队伍建设、资金投入，优化公共文化资源配置。加强政社合作，保障居民的基本文化权益，满足其基本的公共文化需求。

二 坚持高质量发展之路

西部公共文化空间需要坚持可持续发展的原则，充分发挥文化资源与科学技术的力量，不断提升公共文化空间的品质与内涵，推进公共文化空间高质量发展。

一是打造文化品牌。城市公共文化空间是城市的名片，是城市形象的代表，政府需要结合本地城市的文化特色，进一步明确城市公共文化空间的风格与定位，通过有效盘活现有文化资源，推进城市文化与农村文化、现代文化与传统文化、外来文化与本土文化融合创新发展，打造内涵丰富、独具特色的文化品牌。借助短视频与自媒体等热门方式开设官方平台，宣传和推广地域文化品牌，同时设置运营岗位进行内容管理与维护，日常整理有用的信息与评论，及时更新宣传内容与文化内涵，保持文化品牌活力。

二是提升文化核心竞争力。应对传统公共文化空间的技术革新问题与资源同质性问题，需支持公共文化机构、科研院所、高科技企业合作开展各类关键技术研究，加强科技成果转化应用，以城市公共文化空间为依托，促进文化与科技的融合，实现城市公共文化空间的价值创造，提升城市公共文化空间核心竞争力。故而，西部公共文化空间治理中，可以与地方高校、技术企业合作，提升文化空间质量。如政府可以购买当地高校图书馆服务，对社会开放图书资源，弥补城市文化空间不足；也可以聘请高校教师开设专题讲座，实现高校文化资源社会化，促进资源循环与流通。与科技企业合作，更新文化空间设备，实现现代化与智能化服务。积极建立科技馆与青少年文化宫，免费开放科学文化资源，开展夏令营与读书会等活动，培养大众科学文化意识，增强文化素养，提高文化服务的品质。

三是注重文化内涵。为了应对资本力量强力介入现代型、民族型公共文化空间而催生的过度商业化的问题，政府应着力丰富公共文化空间内涵，提升公共文化空间的品质，通过盘活各种文化资源，继承和弘扬优秀民族文化，促进民族与现代的有机结合，增强公共文化空间的文化性。利用行政和政策等工具加强监管，抑制公共文化空间过度商业化的倾向。针对过渡型公共文化空间发展的模糊性与滞后性，通过积极引入利用互联网、物联网、大数据、5G等信息技术实现虚实结合公共文化空间开发，加强核心价值观输入与文化思维引导，促进公共文化空间高质量发展。多维度吸纳社会力量，利用社会组织嵌入助推公共文化空间质量提升。

第二节 "横纵联动"推进府际协同

公共文化空间治理模式的有效运行要求政府在实践中以开放的思维为前提，以解决问题为导向，以内部横纵协同为基础，同外部系统实现有效资源互动、信息互通与合作竞争。在四种公共文化空间类型中，传统型、过渡型以及民族型所处地区信息化水平相对较低，政府部门与部门间、各政府之间信息壁垒仍未打破，因此，需要借鉴法国在行政协调、人事管理、经费投入、法律保障及绩效评估等协同机制构建的成功经验，在公共文化空间的治理中需要更加重视政府内部的横纵协同。

一 "上下联动"实现纵向协同

权力摩擦、各自为政、权责不清、信息壁垒以及财政纠纷等都是纵向政府关系失范的主要表现。而协同治理本质上是一个求同存异、博弈共赢的实现过程，在治理运行的实现中需要立足大文化治理的系统展开实践。

首先，政策制度上下一致，明晰各自权责。西部城市公共文化空间治理运行由中央政府完成政策制定与项目发包，并通过委托建设、采购服务、政策引导等方式组织地方政府及社会方配合项目的完成，规范相应的验收标准，包括过程、效果与流程标准，以监督下级部门的完成情况。同时，项目承接的主体拥有相应的自主权，在运行过程中总结经验，通过项目汇报、意见反馈等方式上报基层情况，让中央能够及时掌握地方动态，调整公共文化空间治理的政策，实现有效治理。

其次，信息资源纵向联动，摒除信息孤岛的局限。西部公共文化空间中，信息技术资源仍然短缺，需要得到政府技术部门支持，完善电子政务平台，打破空间隔阂，建立信息获取与意见反馈窗口。有效运用互联网信息技术，收集、分析、整合、共享纵向管理部门关于公共文化空间治理的信息资源，构建纵向公共文化信息共享平台，通过上下级传递和反馈，优化部门办事流程，实现公共文化空间资源的有效流通。

最后，建立上下级长效互动机制，减少矛盾纠纷。强化纵向各层级政府间的信任关系，着力减少合作中的管理投机行为和短期行为。在长效的上下级互动机制中，上级政府通过宏观领导与部署，协同各方利益冲突，对下级政府公共文化空间治理偏差进行有效识别与干预，发挥纵向权威化解治理中决策与执行偏差的矛盾；下级政府积极行使行动自主权和行政资源，自下而上地妥善解决基层政府间的协同问题，实现上下共建的公共文化空间协同治理。

二 "左右协商"实现横向联动

在文化管理历史进程中,政府部门呈现出分分合合的动态,作为公共文化空间重要的治理主体之一,政府部门经历了从原有的"分而治之"到文化体制改革、简政放权再到"文化大部制"格局。政府部门间的横向协同互动要求各地方要以实现公共文化利益为总的目标,以大文化、大机制、大格局的管理布局,贯彻"一个标准、一个系统"的理念,建立省级大文化行政运行系统。

具体而言,一是促进横向部门信息互动、资源互通。政府部门需要整合分业管理的碎片化格局,有效整合全省文化系统内的业务信息、政务职能、管理资源等,打造省级层面的信息资源数据中心,将横向部门的相关制度、机构、办事规程等信息通过互联网实现横向资源共享、业务互动的数据协同。二是提高政府部门在业务管理方面横向联动的效率。建立并完善公共文化空间治理协调机制。由文化和旅游部牵头,财务部、教育部、住建部城乡规划司、民政部等协助,成立公共文化空间治理协调小组,统筹规划和协调推进横向部门间的项目协作、职能衔接、标准制定等,促进人财物力以及信息资源流通,充分发挥各部门的职能和资源优势。注重公共文化空间治理战略的执行。实施更具民族化、地方特色的公共文化空间治理举措,特别是加大对非物质文化遗产、历史遗迹、民俗等形式的文化保护。三是西部各省市政府加强沟通与合作,打造西部地域文化市场与文化品牌。借鉴长三角合作模式①,西部各城市可以发展形成以西南五省(四川、云南、贵州、西藏和重庆)、西北五省(陕西、甘肃、青海、新疆和宁夏)与边际两省(内蒙古和广西)三个中心的产销研一体化,凝练打造西部地区文化品牌与文化市场,借助"一带一路"政策开通西部地区文化世贸区,发展西部特色文化产业链,向国际输出产品,提高文化影响力,加速西部公共文化空间治理升级。

---

① 郭新茹、陈天宇:《长三角文化市场区域合作与一体化路径研究》,《江苏社会科学》2020年第2期。

第三节　强化多元主体的信任关系

协同治理倡导多元主体在开放而复杂的共治系统中，以实现公共利益为目标，通过对话、妥协、合作以及集体行动等机制有效协同。多元主体间的信任关系是公共文化服务协同治理的催化剂，不仅能够培养各个子系统间协作的意识，也能够吸引更多社会主体自觉地参与到公共文化服务建设过程中，起到一种隐性的激励作用，还能够保障公共文化服务协同治理的高效运转，更好地实现公共文化空间资源供给与需求平衡。西部城市公共文化空间现有治理模式虽然也涉及多主体，但因协同理念的缺失，社会信任不足，呈有形而无神之态，且该问题在"强政府，弱协同"的过渡型、传统型公共文化空间治理中尤为突出。因此，强化多元主体的互信关系，发扬多元供给主体协同精神，积极培育社会资本的举动刻不容缓。就四种模式具体而言，可以从增强利益同构性、加强制度规范建设以及增强协同伦理自觉与道德自律性三个方面展开实践。

一　增强利益同构性

党的十九大报告明确要求完善党委领导、政府负责、社会协同、公众参与、法治保障的社会治理体制。增强各主体之间利益同构性，是实现协同治理的基本保证。

例如，在美国，对公共文化事业发展进行捐款的企业或者个人可获得相应税收减免，政府以低税率与减税政策方式激励企业和个人参与公共文化事业发展，使社会资本大量注入，减少政府财政压力，同时企业也获得良好的社会效益，进而增加企业利润，形成了良好的公共文化空间治理的利益共同体。因此，在西部公共文化空间建设中，要形成企业、个人与政府利益关联，才能构建信任网络关系，有效进行协同治理。

一方面兼顾利益立场，增加经济利益同构性。利益共同体的发展实质上就是行动者在制度规范约束下通过博弈实现利益均衡的过程①。因此，公共文化空间治理要实现社会治理目标，同时也要考虑到各主体的利益不被损害。政府利用对营利性单位征税的方式扩充国家财政收入，进行社会服务，政府也可以通过税收减免以及财政扶持，为公共文化空间发展做出贡献的企业和社会组织增加经济收益。同时，政府可以利用企业捐赠资金设置激励机制，为表现良好的社会组织和个人提供金钱奖励，增进社会效益，促进双方利益共赢。另一方面促进价值共识，增加价值利益同构性。社会价值观念统一是建立长效信任关系与利益共同体的关键。通过党政引导，借助电视台、广播电台、自媒体与群团组织等宣传弘扬社会主义核心价值观，增加企业与社会组织的社会责任意识。政府部门成立社会接待中心，处理企业与社会组织的诉求与争议，增加价值引导，强化各主体的协同治理意愿，产生协同的目标与行为，加速公共文化空间治理的进程。

二 加强制度规范建设

通过加强制度建设，构建可持续的信任关系。制度是社会关系和社会行为的规则预设，其隐含着道德的合理性与强制性，制度建设让各主体明确自身在公共文化空间协同治理中的权利与义务，为建立互信关系提供保障。法国政府的法律保障机制的建构和运行的成功经验对此提供了参考。法国政府通过建立行政协调、人事管理、经费投入、法律保障及绩效评估等协同机制，确保企业、组织与政府三方协同治理。法国中央政府通过制定主要文化政策、配置重要文化资源等方式可以嵌入并掌控整个公共文化领域，地方政府与社会力量参与以更好地发挥中央政府公共文化职能为前提。因此，在西部公共文化空间治理中，发挥政府主导作用、强化制度规范能有效促进多元主体的信任与合作。

首先，建立和完善行政协调机制。明确政府的主导地位，由中央策

---

① 刘华：《利益共同体意识下知识产权文化治理结构的统合与优化》，《华中师范大学学报》（人文社会科学版）2021年第6期。

划与调配资源，地方承接与执行任务，引入社会力量参与，并将其纳入行政管理体系之中，共同完成治理目标。当出现主体间利益冲突时，需以公共利益为主，以中央政府为调节人，最大程度保持公平公正。其次，明确人事管理制度。政府对体制内的文化项目负责人员进行任免、考核与激励。企业和社会组织依据各自的人事管理规定规范相关负责人行为，如设置岗位津贴、学历津贴、绩效考核等，同时要遵循政府与合作方的合同约定，保证人事规范管理。再次，完善经费投入使用制度。由中央财政负责严格规划经费的使用标准，如薪资分配、物资采购、人事培训等，细化比例，专款专用。规范经费报销流程，如提供翔实的报销凭证等以备查验。地方财政按标准执行监督，合作主体按标准使用与上报。复次，健全法律保障制度。与司法部门、执法部门、多元主体主管部门共商法律条约，依法维护各方利益，处理矛盾争端，做到公共文化空间治理法治化。最后，完善绩效评估制度。设置"金字塔"形评价体系，按照任务大中小划分级别，分别对于体制内人员及项目成效进行考核，按照项目下发速度与承接速度，评估办事效率；按照监督与审计内容，评估流程规范性；按照项目成效与多元主体的反馈，评估办事质量。对体制外的社会力量进行考核，依照项目完成的时间与项目成本，评估办事效率；依照约定标准，检验流程规范性；依照项目成效、监察结果与社会居民反馈，评估办事质量等。赋予多元主体双重身份，即监督与被监督者，考核与被考核者。

三　增强协同伦理自觉与道德自律性

强治理虽然可以避免行政过程的拖延，但不能实现长效治理目标，软硬兼施是达成治理目标的根本之策。注重发挥柔性作用，激发内在活力，有助于形成文化治理新局面。因此，仅靠制度的外部作用无法完全消除信任危机，只有通过强化各个主体内心的伦理自觉和道德自律性才能达到持久而稳定的信任关系。与欧美国家国情不同，我国坚持共产党领导的多党合作和政治协商制度，具有明确的领导核心与价值观引领，在借鉴他国成功经验的同时，也要发挥特有优势，树立道德与伦理标准。

一方面，在西部公共文化空间协同治理中，政府可以借助教育资源如学校、科研机构等，开设公益讲座、竞赛、培训等方式，加强对公众的价值观引导和素质提升。另外，利用互联网平台，如短视频APP、微博、微信、官方网站，开设官方宣传栏，以民众喜闻乐见的方式传达伦理道德观，使各个主体产生一种价值观的认同，让价值观内化成为行为规范和行为准则。另一方面，在公共文化空间治理过程中，积极发挥党和政府自身在道德自觉和道德实践中的先导作用，政府内各级领导干部要带头加强道德修养，如组织开展主题日学习活动、周期工作总结等，履行职业规范，践行社会公德，增强政治信用，积极发挥道德自我修养和道德自觉遵守的表率作用，在协同网络中营造伦理自觉、道德自律的集体氛围。

第四节　搭建多元主体互通桥梁

一　推进"放管服"改革打破市场参与壁垒

（一）转变政府职能

在西部公共文化空间的治理实践中，尤其是非现代型文化空间仍然存在政府垄断倾向，市场参与不足。政府的资源有限，专业化水平不高，垄断公共文化空间治理虽然一定程度上可以规避市场失灵的问题，但是会出现更多新的问题，比如效率低下、同质化高、特色不足、巨大财政负担、居民满意度低等。为弥补这一系列问题，英国政府采取分权方式，转变政府职能，丰富治理主体，将行政体制内主管部门划分为两类相互协作。一类负责政策制定，由文化新闻与体育部完成，另一类负责方案执行，由国家艺术理事会主管。将下级政府及非政府组织纳入服务供给主体行列，共同完成公共文化服务。同时通过政府购买与政策扶持，吸纳社会组织与企业参与进来，扩充融资渠道，分解政府供给压力。

因此，在西部政府介入公共文化空间治理中，政府明确自身定位，改变对公共文化空间治理的垄断格局。应发挥"掌舵者"与"合作者"的作用，对公共文化空间发展进行有效规划与布局，与市场主体协同治理，既要保证居民的基本公共文化需求，也要充分利用市场机制提高资源配置效率，同时还要扮演好监督者、服务者的角色，保障人民群众的公共文化权益不受损害。在物理空间建设方面，以政策引导和项目制的方式鼓励市场主体建设民办图书馆（室）、博物馆、美术馆、文化活动室、展览馆等，以提供免费开放或低价售票的方式开展文化服务与文化活动；或者通过扶持文化企业发展，提供更多文化产品，促进地域文化品牌输出。在交往空间方面，政府部门提供场地及经费支持，鼓励社会组织举办辖区内的公益性文化活动，如知识讲座、文化义演等；通过减免税收与社会声誉嘉奖等方式，鼓励企业为社区文化活动提供设备支持与技术指导，丰富居民文化活动内容。在象征空间方面，通过打造透明开放、适度竞争的公共文化项目承接环境，鼓励和引导有条件、有意愿的企业以各种形式注册兴办文化实体，如书店、文创中心等，鼓励个人和单位结合地域文化积极举办或承接摄影展、美术展、图书签售会、文化作品发布会等活动，打造特色文化品牌，丰富城市文化符号。

（二）加大简政放权力度

西部公共文化空间在协同治理中，政府的力量更强，市场与资本力量介入不足，公共文化空间资源供给的效率相对较低、同质化较强，难以满足公民多样化、个性化的需求偏好。由此，政府需要加大简政放权改革力度，为公共文化空间协同治理释放出活力与动力，通过简政放权鼓励非公有制文化企业发展，降低社会资本准入门槛。具体可从三个方面展开实践：一是对文化类行政审批事项进行梳理。保留涉及国家安全和重大公共利益等的公共文化项目，对于一些市场机制能高效调节的文化活动，政府不再保留审批和许可，将其由事前审批改为事后监管。政府相关部门要尽快对以备案、登记、行政确认、征求意见等为名的变相审批和许可事项进行删减。线上搭建电子政务服务平台，实现许可业务网络申请、全网办理、邮寄送达，不断优化流程，实现企业办事"不见面、不跑腿"，线下大力推进"一窗办理，服务集成"，提高办事效率。二是大幅精简审批流程和申报材料，进一步提高审批效率。搭建数字化平台，进行材料自主填报与核查，按流程审批、反馈与存档，缩减空间与时间跨度，降低申报成本，提高申报速率。优化部门职责，初审部门负责材料格式与内容核查、信息收集与存档等，对于不符合的内容明确指出，连同材料退返申请；中期审核部门负责材料内容深度核查，提供决策意见，通过则进入下一阶段，否则进行退审；终期审核部门负责最终审核决定，提供监督与咨询服务等。将审批信息在部门间共享共通，减少重复信息采集，深化"证照分离"制度，鼓励企业及社会团体积极注册，实现"组织身份证""一卡通"，简化审批中介服务。三是完善市场准入与退出机制。为增加社会主体参与积极性，政府对企业以及社会组织进行信誉考评，信誉好的单位可以获得优先进入权，享受政策福利。在服务中，对于能力不足的企业或社会组织提供指导与支持，提升服务水平，增加准入机会。对信誉差、责任意识不强的企业和组织实行强制退出，避免资源浪费与流失。

（三）创新文化市场监管

随着治理理念更新，在治理过程中，政府不再是单一中心，非政府主体与政府互动实现多中心治理模式，打通市场参与渠道，增加文化服务类型。在西部公共文化空间治理中，政府要着力扮演好"元治理"的角色，创新文化市场监管方式方法，激发市场活力，维护公共文化空间治理中的公平和秩序。

具体实践可以从三个方面展开：第一，完善文化市场监管体系。西部文化市场监管局可围绕年轻干部"选育管用储"全链条机制，积极探索"有标准、有机遇、有考核、有奖惩"的"四有"模式，促进人员文化与年龄结构均衡，实现老中青梯次配备，努力打造高素质专业化市场监管干部队伍。与工商、税务、物价等部门形成工作联动机制，着力健全纵向到底、横向到边的文化市场监管网络。加强西部地区文化管理部门的合作与交流，借鉴周边发达省市经验，革新监管制度，如建立局党组会议事规则、办公会议事规则、人事管理制度、财务管理内控制度等，确保机构改革平稳、队伍人员稳定。利用效能评比、内外监督、培训指导，进行荣誉嘉奖如省市文明标兵单位等，鼓励市场主体积极贡献文化服务力量。

第二，创新文化市场监督方式。引进智能化与信息化办公设备，落实分类监管、靶向监管、行业监管，提高监督的力度与效率。例如，AI

技术通过语音、图像和视频的智能识别实现精准治理,通过机器学习和智能算法对文化内容制作、内容审核、内容分发和运营实现实时监控。在文化产业链不同阶段进行 AI 智能监控,如研发创意环节、运营和传播环节、消费终端环节,提高制度创新精度。建立文化市场电子信用档案,健全完善文化市场数据库,建成覆盖省市、联通全国、数据共享的一体化网络监管与服务平台。完善守信激励与失信惩戒机制,建立"黑名单"制度,在市场监管领域进一步强化信用监管,给失信者上枷锁,给诚信者增支持。第三,打造一个联系群众、文化空间、行业协会和政府部门的治理生态圈。利用"互联网+"优化公共文化空间治理,通过官网、微信、微博等自媒体平台,不断统筹推进文化厅系统数据库建设,在文化系统文化产业重点、特色产业项目库和特色文化企业库建设以及公共文化服务、艺术剧目和非遗保护传承、对外文化交流等方面实现一体化、一站式服务展示,为群众提供便捷高效服务,并启用广泛覆盖的满意度测评系统,整合公民利益偏好,以政府优化资源配置为指南,增强政府回应性。

二 以增能赋权增加社会组织的参与活力

不同层面的城市公共文化空间都有适合社会组织参与的内容。比如图书馆、博物馆等物质公共文化空间,可以由社会工作者协会、科技工作者协会、教授协会、非遗协会等社会组织提供义务的讲解和学术知识讲座。居民的交往空间建设过程中,社会组织如书法协会、象棋协会等可以参与其中,组织丰富多彩的文化活动。社会组织也能参与象征空间建设,比如艺术表演协会精彩的文化表演活动,唤醒人们内心的集体记忆,引发人们的认同感。在西部城市公共文化空间治理中,特别是针对社会组织力量较为薄弱的传统型、过渡型、民族型公共文化空间的治理,政府应该充分意识到文化类社会组织的重要性,要以增能赋权的方式促进社会组织参与城市公共文化空间治理。

(一) 积极赋权

武汉南湖社区通过党工委赋权社区文联,调动社区力量如老年大学、南湖街艺术团等,由老年大学校长担任文联主席,杜绝过度行政化,提高了社会力量参与公共文化空间治理的积极性。因此，在西部公共文化空间治理中，应该承认社会组织的价值，积极赋权壮大社会组织规模与数量，丰富治理主体。

首先，政府需要优选赋权的对象。为保证组织力量的充分发挥，赋予组织内部事务管理的自主性。可以调用第三方专业人士作为联结政府与社会组织的媒介，如西部城市中的高校教师、业界权威人士、非政府组织任职人员等负责组织管理与培育，减少行政干预与掣肘。其次，政府要优化改进赋权的方式。一是对政府购买社会组织服务进行进一步规范，提高政府购买社会组织服务的制度化水平，拓宽政府向社会组织赋权的范围。对于在西部公共文化空间治理中有巨大发展潜力、服务内容符合居民的文化需求，又有一定的资源支持的社会组织，政府应该加大政策支持。对于渴望得到发展但资源匮乏的社会组织，如新生组织、小型草根组织等，政府应该给予资源支持，增加其发展的动力。二是准确识别社会组织能力，控制好赋权的程度，从执行权到组织权再到决策权，赋权的内容根据社会组织自身发展阶段和需求来分配，并给予其制度层面的保障，防止出现权能不匹配的问题。如社区文化团体、社会组织应该有自我管理与自我发展权，拟定组织宗旨与活动内容的权力、资源使用与分配权等。行政体制提供支持作用，而非限制作用。

（二）持续增能

一是完善校社合作机制，加强人才培养，提升社会组织的专业性。一方面，高校向社会组织输送人才。开设专业课程，如社会工作专业、管理专业等，举办知识讲座、教育培训等，为社会组织培养专业人才。与社会组织、机构等签订人才培养协议，定向输送，减少人才流失，提高社会组织人才队伍专业素养。动员组织专家学者、艺术家等社会知名人士参与相应的非营利组织，提升社会组织的专业水准与社会影响力。另一方面，社会组织融入教育体系。鼓励社会组织走进课堂，对中小学进行组织活动宣传，培养青少年参与社会组织的兴趣。带案例走进高校，以实际行动号召高知分子加入社会组织，壮大人才队伍。与高校合作，开设实习岗位，为专业学生提供实习机会，增加人才入驻率。

二是提高自身独立性。建立多渠道的经费筹集机制是提高自身独立性的关键,借鉴英国公共文化事业融资机制,西部公共文化空间治理中,充分发挥企业及个人的力量扶持社会组织发展,减少对政府财政依赖。一方面,保证组织经济独立。建立专项募捐账户,用以培育与发展社会组织。通过减免税收、优先享受福利待遇等方式,鼓励企业及社会人士对社会非营利组织自觉自愿资助,拓宽融资渠道。增加政府购买服务项目,减免组织行政税收,激发组织运转活力。另一方面,还应保证组织管理独立。政府可以采用法律、政策及制度工具,进一步扩大社会组织发展空间,给予资源支持的同时,抑制自身管理惯性。政府可以对在城市公共文化空间治理中作出突出贡献的社会组织给予及时的精神和物质奖励,并对其进行积极宣传,激励其他社会组织主动参与公共文化空间协同治理实践,但不直接参与社会组织管理与运作,组织拥有内部事务的决策权。最后,建立第三方能力评估体系。转变政府作为社会组织能力评估唯一主体的传统评估模式,将公众纳入社会组织评价体系,评价指标体系应该包括社会组织内部治理及运行状况、参与公共文化空间治理情况、组织信誉等多维度,并对评估结果及时公示和反馈。

(三) 规范管理

首先,建立多层次的综合监管体系。坚持积极引导和依法监管的原则,完善以民政部门统一登记,各业务主管单位协调配合,各司其职、依法监管的社会组织管理体制。对社会组织的名称、宗旨、业务范围、发起人和责任人等重要信息进行严格把关,依法管理。其次,完善日常管理制度。以增强社会组织自我管理能力为目的,引导社会组织完善自身内部的治理体系,以社会组织章程为核心,建立起责权明确、协调运转、有效制衡的社会组织管理制度。不断强化规范运转、公平竞争、信息公开、重大活动报告、财务收支等一系列制度建设。再次,加强社会监督。大力支持新闻媒体以及社会公众对社会组织进行监督,加强社会组织信息的公开透明,并对公开的内容、机制和方式作出制度性的规定,对社会组织的违法违规行为进行依法处理。最后,加强社会主义核心价值观教育。文化类社会组织承担着丰富人民群众精神生活、增强文化自觉与文化自信的重任,通过组织社会组织内部的领导班子和党员干部关于社会主义核心价值观的学习和培训，坚定理想信念，增强社会责任感，从而激发社会组织活力，发挥社会组织的作用。

三 德法并行落实公民实质性参与需求

公民参与阶梯理论认为公民参与的形式与能力的发展是一个呈阶梯上升的过程，可将其分为三个阶段：第一个阶段是由政府操纵和教育动员参与，属于非实质性参与；第二个阶段是给予公民信息、政策咨询和安抚，属于象征层面的参与；第三个阶段是通过建立合作伙伴关系，向下授权，公民自主参与，属于完全性参与。因此，西部城市公共文化空间治理转型需要重新定位政府管制与公众参与的关系，正视公众参与需求，创新公众参与途径，以合作、规范、平等的方式引导公众参与，激发公众参与意识，提升公众参与能力。具体从培育公共精神、提高居民自组织能力、完善参与立法以及创新参与途径等方面实现公民实质性的参与。

（一）培育公共精神

公共精神指公民具有的超越个人功利目的，关怀公共事务和公共利益的思想境界和行为态度。在公共文化空间治理中，公民的公共精神体现为尊重并遵守国家法律政策，积极参与公共文化空间建设。

首先，发挥党建引领的作用，培育公共精神意识。社区党组织发挥党员的先锋作用，密切党群联系，增强居民之间的沟通；由党组织牵头搭建居民、社区物业与社会组织的合作平台，开展多样社区活动，打造温馨社区环境；社区党支部建立居民利益联结机制，破除社区"原子化"生活方式，打造社区居民利益共同体，增强居民社区归属感，撬动居民的公共精神。其次，发挥制度服务的保障性，促进居民公共参与行为。基层政府完善激励制度，如评比社区先进家庭、社区文明标兵等，鼓励居民积极参与公共文化事务管理；政府角色由"管理型"转变为"服务型"，赋予居民公共文化事务的管理与协商权，增强"主人翁"意识，践行公共文化空间治理的使命。科学利用公益创投、信托基金等现代社区治理新模式，在现代契约模式中培育社区公共精神。最后，发挥社区文化凝聚力，汲取公共精神养分。盘活社区资源，打造社区特色文化活动与文化品牌，加强社区文化空间建设。如成都市望丛社区以蜀绣为载体，挖掘当地特色的望丛祠、蜀绣等历史文化资源，形成独具特色的文化品牌，提升居民对社区文化的认同感与荣誉意识。

（二）提高居民自组织能力

深圳月亮湾社区管理模式之所以成功，不仅因为领导策略适用，还因为社区居民的广泛参与，通过社区代表联络站为基点，地方人大为中介的意见表达机制，实现政府政策与人民意志匹配，真正实现了治理权能"三下"，即权力下放、服务下沉、职能下移，增加民众的参与意识和参与责任。因此，西部公共文化空间治理过程中，不仅要把控领导方向，发挥社会力量，也要借用本地居民优势，鼓励组建居民自组织，提高文化服务能力。

首先，营造居民参与的体制环境，保证组织管理能力。建立社区代表联络站、街道服务接待中心、地方人大代表轮班制等，切实处理与反馈居民的需求。同时将城市基层政府及其派出机构与社区的关系理顺，切实转变政府职能，推进政府有序淡化对社区日常生活领域的干预，使社区由国家治理单元朝社会生活共同体回归。下放组织自我管理的权力，保证组织独立性与活力，与此同时，做好社区居民的自我管理与国家的依法行政管理的有机统一。其次，不断健全和培育社会组织，提高组织的参与能力。政府需要积极培育、扶持和激励居民自组织，鼓励社区成立多样的文化团体，如歌唱团、广场舞队、书法协会、绘画摄影协会等文创团体。在居民参与城市公共文化空间治理过程中，政府需要以必要的引导和规范整合居民分散的利益，提高组织化程度，将自发无序的个体行为转换为理性有序的自组织行为，强化参与效果。最后，发挥骨干和领袖的牵引作用，保证组织的发展能力。通过对居民公共服务动机进行测评和调研，精准甄选社区居民中公共服务动机较强的文化活动爱好者，并对其进行有效动员和鼓励，促使其成为文化活动的宣传者、组织者以及志愿者。适时开展培训与内外交流活动，提升他们的领导思维与组织能力。在参与公共文化空间治理的过程中，逐步成为社区文化活动的骨干和领袖，通过利用他们的社会网络和个体资源，带动其他居民参与社区文化活动，从而将原子化的个人转变为组织化的能力，提高居民参与公共文化活动的整体水平，实现居民和社会组织共同参与。

（三）完善参与机制和渠道

为避免居民参与无门，打通官民围墙应着力构建和完善参与路径，落实居民参与权与表达权。一方面加强正式参与渠道的制度化建设，结合实际问题与需求，转变管理方式，创新参与方式，通过弥补正式制度的缺陷来有效保障居民参与的权利。例如武汉市中央花园社区在凝聚共识、扩大居民参与方面，建立了具有特色的"四民"民主参与机制，即"民事民提、民事民议、民事民决、民事民评"。成立议事会与协调会，进行民主监督、民主决策，打破官本位局面。同样，在西部公共文化空间治理中，打造"1+7+N"的公共文化空间治理模式，即1个社区党组织领导，社区居委会、社区监督委员会成员、专业社工（社会组织）成员、居民代表、两代表一委员、辖区单位代表、专业人士等7个参与主体，N个利益相关方，共同建立全民参与、共治共享的文化空间治理格局。居民参与到文化治理策划、管理、服务与享受各个环节中，听取民声，发挥民智，落实居民参与权，使其了解治理目的、治理过程与治理成效，激发居民参与热情。另一方面，拓宽非正式的参与渠道。首先，调动居民参与积极性适当支持社区非正式组织的发展，打破居民内心"官民二重性"的隔阂，促进正式与非正式组织协作发展，搭建居民参与社区文化活动平台，发挥以工、青、妇、科协、计生协、社区文联等群团组织为基础，以社区老年学校、青少年学校、市民学校等为参与平台，以社会组织、居民团体为主体，真正调动居民融入公共文化空间治理的积极性，拓展居民参与的广度与深度。通过完善相关规章制度，规范非正式组织的活动与行为，畅通居民参与公共文化空间治理的渠道。其次，丰富居民参与方式。在互联网时代，政府可以引导社区探索和创新途径，有效利用"互联网+"，打造"E参与"模式。北京市海淀区田村街道利用网络信息技术进行公共文化空间管理，与信息技术公司合作推出智能社区APP，实现居民"一键式"服务，足不出户了解社区新闻动态，联合社会组织与专家提供专业社区服务，提高治理效率。通过政府购买方式，加强西部公共文化空间各城市社区与社会力量合作，结合城市教育资源，开发集政治性与社会性、教育性与娱乐性于一体的社区特色 APP 或小程序，实现手机与电脑终端共联，定期制作并推送文化活动内容，开发居民自创作品分享与展示窗口，调动居民线上参与活力。

结论与展望

本书对西部城市不同特征的公共文化空间的协同治理模式展开研究。西部城市公共文化空间由于存在或开放或封闭、或规范或人情化等多样复杂特性,其治理模式需采取多元协同的方式方可有效。公共文化空间治理之目的是满足人民之需求,文化要素的发展程度不同必然产生不同的需求,不同的治理模式又必然产生不同的供需匹配关系。如何兼顾个性与共性,从现象中探索内在机理,从而形成可供借鉴的治理结构,是本书的重点,也是难点。

本书紧扣文化资源禀赋和文化要素,以分类的思想,通过公共文化空间资源供需匹配状况的分析,深入挖掘其背后的治理机理,归纳治理特点,进而探索构建了适合于不同特征的协同治理模式。本书作为对西部城市公共文化空间治理研究的初步尝试,厘清了西部城市公共文化空间的类型、居民需求以及不同类型公共文化空间供需匹配、治理模式特点与机理等基本问题,并在此基础上提出了协同治理模式的优化与重构路径,对西部城市公共文化空间治理整体特点有了一个系统性梳理和总结,对完善西部城市公共文化空间协同治理提供了有益探索,具有较强的理论和现实意义。

主要研究结论如下:

(1)进行了大量的文献梳理和理论学习,明晰了公共文化空间的内涵与类型。尤其借鉴文化理论,通过文化三要素(物质、制度、精神)和西部城市少数民族自治城市较多的典型特征,对西部城市公共文化空间进行了类型划分,为后续案例选取和研究设计打下了基础。后续在具体调研中，亦证明西部城市公共文化空间存在着由欠发达—发达、非正式制度—正式制度、封闭—开放以及少数民族自治等典型特征的四种类型城市公共文化空间，即传统型、现代型、过渡型和民族型公共文化空间。

（2）结合问卷设计与田野调查，分别从物理、交往、象征空间对不同类型的公共文化空间的资源供需现状、治理现状进行调研分析。研究发现：各类型的公共文化空间都存在不同方面、不同程度的公共文化资源供需不匹配的情况；西部城市公共文化空间资源供给与居民需求在很大程度上影响着公共文化空间治理模式；同时，治理模式的各要素也影响着供需匹配的最终状况。治理主体和治理方式不同，对需求满意度影响较大，尤其对交往空间和象征空间影响显著。社会组织参与度越高，满意度相对越高；市场化与公共空间结合越紧密，多主体参与越积极，内容也越丰富。

（3）对西部城市公共文化空间治理模式机理的剖析研究。在供需状况下，根据治理资源、主体力量以及合作机制的特点，梳理归纳当前西部城市公共文化空间治理模式及其运行机制，探究当前治理模式在哪些方面能够实现供需匹配，哪些方面无法达到公共文化空间供给要求及实现居民需求。研究发现：不同类型的公共文化空间的治理模式明显不同，表现为传统型公共文化空间是政府单一主体为主的项目推动式治理，现代型是资源互用的政社联动式治理，过渡型是政府与社会简单叠加的复合型治理，而民族型则表现出典型的协商自治；不同治理模式在供给资源、居民需求满足方面情况不一；虽然这四种治理模式一定程度上与当前公共文化空间治理资源、主体力量以及合作机制相适应，但难以推动高质量公共文化空间供给，亦无法满足居民日益增长的公共文化需求；当前西部城市四种类型公共文化空间治理模式已具备协同要素，都体现出一定程度的协同，但在主体协同、资源协同等方面均不够充分。

（4）对西部城市公共文化空间协同治理模式进行优化与重构的研究。在对供需现状及当前治理模式特点及不足进行梳理的基础上，以居民需求为导向，针对各个类型空间治理资源、主体力量、合作机制的不同，进行治理模式的优化与重构。针对传统型公共文化空间之中，人文习俗丰富、"半熟人"的社会关系、居民的文化认同感相对更强的特征，构建激活内生治理资源的政府主导内生型协同治理模式；针对现代型公共文化空间之中，居民需求多元、社会力量发展较好、数字化程度较高的特征，构建了各治理主体知识互补、资源互用、信息共享的多中心协同型治理模式；针对过渡型公共文化空间具有城与乡、本地与外地的文化交融性特征，构建兼顾差异性与公平性、实现主体身份和自身价值的包容型协同治理模式；针对民族型公共文化空间之中，民族文化资源丰富、社会力量类型较多的特点，构建政府与社会资源互补、双向互动，社会化与专业化凸显的政策—自治耦合型协同治理模式。

（5）针对西部城市公共文化空间治理模式，提出实践路径，以达到公共文化供给要求，实现居民需求。将西部城市公共文化空间协同治理模式的实践路径概括为统筹规划实现战略性发展、"横纵联动"推进府际协同、强化多元主体的信任关系和搭建多元主体互通桥梁四大方面。不同类型公共文化空间协同治理中主体成熟度、互动机制以及外部资源具有差异性，在实践推进过程中需要注重普遍性与特殊性的有效结合。

本书研究的创新之处在于：一是将公共文化空间划分为物理、交往、象征三个层次，并分别展开研究，归纳出西部城市不同类型公共文化空间在三种具体空间下的特点与供需关系的规律，有助于拓展现有研究视野。二是将居民需求这一变量引入协同治理模式研究之中，在供需匹配度的调研分析基础上，从案例分析出发，依据协同治理理论、资源依赖理论等相关理论，对西部城市公共文化空间治理模式机理进行了深入分析，并将其归纳概括为项目推动型、政社联动型、复合型和协商自治型四种类型，在此基础之上，依据现实情况及相关理论对现有治理模式进行了优化与重构，针对西部城市公共文化空间的不同类型以及不同类型的治理资源与主体关系，构建出政府主导内生型、多中心协同型、包容型、政策—自治耦合型四种类型的协同治理模式，丰富了协同治理理论，补充并拓展了公共文化空间治理理论体系。

囿于认知水平和能力限制，以及西部复杂的城市特点，本书可能还存在以下几个方面的不足：一是本书侧重于静态研究，截取了西部城市近年来的建设发展和治理情况，较少关注西部城市公共文化空间历时性动态变化情况，因而可能存在重存量而轻增量、重横向而轻纵向比较的情况。二是在把握西部城市不同公共文化空间特点时，很难做到完全精准的概括、提炼和总结，可能对部分城市类型公共文化空间的特点总结还有待商榷。三是在案例选取上，基于可获得性和可行性等限制，案例数量和调研范围还无法做到西部城市全覆盖，并因此可能无法完全兼顾西部所有城市个性化特征。

  本书从宏观和中观层面研究了西部城市公共文化空间的协同治理，随着大数据、智慧治理的深入和发展，智慧治理成为公共文化空间新的面向，未来研究可从智慧治理角度探索技术逻辑下的公共文化空间治理逻辑，挖掘构建公共文化空间治理共同体有效逻辑，满足城市居民的多元化、个性化需求，推进公共文化服务的高质量供给。此外，传统型、现代型、过渡型以及民族型公共文化空间基础不同、特征各异，本书做了一个概括性研究，未来可对细分公共文化空间场域进行拓展，挖掘不同场域下的公共文化空间功能发挥、影响因素等。

  最后，本书得以完成要特别感谢在四川省、重庆市、陕西省、贵州省调研时，政府部门工作人员、文化类组织负责人、文化站工作人员、图书馆管理人员、社区管理人员、社会工作者、居民的大力支持与配合。特别感谢专家、同行给予的宝贵的指导意见！

附　　录

附录1　调查问卷

调研地点：

西部城市居民对公共文化空间的需求及满意度调查问卷（非民族型）

亲爱的居民，您好！我们是重庆大学公共管理学院《西部城市公共文化空间协同治理模式及实践路径研究》项目组的成员，此次调研的目的是了解城市居民对公共文化空间的需求及满意度状况。本调查以不记名方式进行，根据国家的统计法，项目组承诺将对统计资料保密，不会泄露您的任何个人信息，对您的积极参与和支持表示衷心的感谢！

重庆大学公共文化空间研究课题组

（一）基本信息（请在相应的选项打"√"或填写相应的内容）

1. 您的性别：

A. 男　　　　　　　　　　　B. 女

2. 您的年龄：

A. 18 岁及以下　　　　　　　B. 19—35 岁

C. 35—59 岁　　　　　　　　D. 60 岁及以上

3. 您受教育的程度？

A. 小学及以下　　　　　　　B. 初中

C. 高中　　　　　　　　　　D. 大学及以上

4. 您的职业类型：

A. 政府部门、事业单位工作人员　　B. 企业人员

C. 个体经营者　　　　　　　D. 自由职业者

E. 学生　　　　　　　　　　F. 无业者　进城务工人员

G. 其他

（二）社区及周边公共文化场所现状（请在相应的选项打"√"或填写相应的内容）

5. 在您生活的社区及周边有哪些公共文化活动场所？（多选）

A. 公共休闲类：公园、广场等

B. 文化知识类：图书馆、博物馆、公共文化活动中心等

C. 体育健身类：健身场所、体育馆等

D. 艺术展览类：剧院、艺术馆、展览馆等

E. 其他

6. 您去上述这些文化场所的频率如何？（请在相应的选项打"√"）

频率＼类型	公共休闲类	文化知识类	体育健身类	艺术展览类
每月去 10 次以上				
每月去 5—10 次				
每月去 1—4 次				
基本不去				

7. 您对社区及周边的文化场所的满意程度如何？（请在相应的选项打"√"）

满意度 基础设施	很满意 （5）	满意 （4）	一般 （3）	不太满意 （2）	不满意 （1）
设施的数量					
设施的种类					
开放的时间					
设施的维护情况					
距离的远近程度					

（三）社区及周边公共文化活动和社会交往现状（请在相应的选项打"√"或填写相应的内容）

8. 据您了解社区每月大概举办几次公共文化活动？
   A. 每月举办 4 次以上　　　　B. 每月举办 3—4 次
   C. 每月少于 1—2 次　　　　　D. 不举办（请跳至 14 题）

9. 据您了解社区举办的公共文化活动涉及哪些类型？（多选）
   A. 体育健身类　　　　　　　B. 技能培训类
   C. 知识讲座类　　　　　　　D. 文艺活动类
   E. 政策宣讲类　　　　　　　F. 棋牌娱乐类
   G. 其他

10. 您对所在社区举办过的公共文化活动的满意度如何？

满意度 公共文化活动评价	很满意 （5）	满意 （4）	一般 （3）	不太满意 （2）	不满意 （1）
公共文化活动的数量					
公共文化活动的类型					
公共文化活动的主题					
文化节目中表演者的水平					
公共文化活动场地的选择					
公共文化活动举办的时间安排					

11. 您每月参与社区公共文化活动的频次如何？

A. 参与 4 次以上　　　　　　B. 参与 3—4 次

C. 参与 1—2 次　　　　　　　D. 不参与（请跳至 13 题）

12、您是通过什么方式了解到所参加的公共文化活动？（多选题）

A. 亲朋好友介绍　　　　　　B. 社交媒体（QQ、微信）

C. 社区通知　　　　　　　　D. 报纸杂志

E. 广播电台　　　　　　　　F. 其他 _____

13. 您不参加社区公共文化活动的原因是什么？（多选）

A. 时间冲突　　　　　　　　B. 对活动内容不感兴趣

C. 不知道活动信息　　　　　D. 其他原因

14. 您平常主要交往的人群有哪些？（多选）

A. 亲属　　　　　　　　　　B. 同事

C. 好友（共同兴趣爱好）　　D. 邻居

E. 其他

（四）社区及周边文化氛围的现状（请在相应的选项打"√"或填写相应的内容）

15. 您认为现在居住的社区文化氛围融洽程度如何？

A. 很融洽　　　　　　　　　B. 融洽

C. 一般　　　　　　　　　　D. 不融洽

E. 很不融洽

16. 您觉得比较理想的社区文化氛围应该是什么样的？

A. 陌生社会型（居民互不打扰）

B. 文明友善型（相处融洽，但较少来往）

C. 温情活力型（通过文化活动增加互动）

D. 熟人社会型（居民经常串门互动）

E. 其他

17. 您了解社区内居民公约或居民行为规范吗？

A. 非常熟悉　　　　　　　　B. 基本了解

C. 知道但不熟悉　　　　　　D. 不清楚

18. 您对社区公约或居民行为规范的认可度如何？

A. 很赞同 B. 赞同

C. 一般 D. 不赞同

E. 很不赞同

19. 您认为现在社区文化场所、文化设施和文化氛围建设中存在哪些问题？您有什么意见或建议吗？

我们的调查到此结束，再次感谢您的支持和帮助！祝您万事如意，阖家欢乐！

西部城市居民对公共文化空间的需求及满意度调查问卷（民族型）

亲爱的居民，您好！我们是重庆大学公共管理学院《西部城市公共文化空间协同治理模式及实践路径研究》项目组的成员，此次调查的目的是了解西部城市居民对少数民族型公共文化空间的需求及满意度状况。

本问卷填写不需署名，请您根据您的实际情况或判断认真作答，在选项序号上打"√"即可（除注明外均为单选），调查所涉及的个人信息部分，我们将依法予以保护。感谢您的支持与合作！

重庆大学公共文化服务课题组

（一）基本信息调查（请在相应的选项打"√"或填写相应的内容）

1. 您的民族：

A. 汉族 B. 壮族

C. 回族 D. 满族

E. 维吾尔族 F. 苗族

G. 侗族 H. 仡佬族

I. 畲族　　　　　　　　　　G. 布依族

K. 白族　　　　　　　　　　N. 其他民族_____

2. 您的性别：

A. 男　　　　　　　　　　　B. 女

3. 您的年龄：

A. 18 岁及以下　　　　　　 B. 19—34 岁

C. 35—59 岁　　　　　　　 D. 60 岁及以上

4. 您受教育的程度：

A. 小学及以下　　　　　　　B. 初中

C. 高中（包括中专及职校）　D. 大学（大专）

E. 研究生及以上

5. 您的职业类型：

A. 党政机关工作人员　　　　B. 个体户

C. 企业员工　　　　　　　　D. 学生

E. 农民　　　　　　　　　　F. 离退休人员

G. 军人　　　　　　　　　　H. 自由职业者

I. 无固定职业待业　　　　　J. 其他_____

（二）公共文化空间现状调查（请在相应的选项打"√"或填写相应的内容）

1. 您去这些文化场所的频率如何？

频率＼类型	公共休闲类（广场、公园等）	文化知识类（图书馆、博物馆等）	体育健身类（体育馆等）	艺术展览类（剧院等）	民族文化类（风雨桥等）
每月去 10 次以上					
每月去 5—10 次					
每月去 1—4 次					
基本不去					

2. 目前您所在的市、县、街道举办过以下哪些文化活动？（多选）

A. 文体竞赛活动（如各种球类比赛等）

B. 群众文艺表演活动（如唱歌表演等）

C. 科普、文化宣传活动（如各种科普讲座等）

D. 知识宣传讲座（如养生讲座等）

E. 专业技能培训（如计算机技能培训等）

F. 艺术鉴赏培训（如书法绘画等）

G. 民俗文化节（如少数民族的节庆日活动）

H. 其他_____

3. 据您了解社区每月大概举办几次公共文化活动？

A. 每月举办 4 次以上　　　B. 每月举办 3—4 次

C. 每月少于 1—2 次　　　　D. 不举办

4. 您是通过什么方式了解到所参加的社区公共文化活动？（多选）

A. 亲朋好友介绍　　　　　B. 社交媒体（QQ、微信）

C. 社区公告栏　　　　　　D. 主动询问

E. 报纸、电视新闻媒体　　F. 其他_____

5. 您主要参加过哪些文化活动？（多选）

A. 文体竞赛活动（如各种球类比赛等）

B. 群众文艺表演活动（如唱歌表演等）

C. 科普、文化宣传活动（如各种科普讲座等）

D. 知识宣传讲座（如养生讲座等）

E. 专业技能培训（如计算机技能培训等）

F. 艺术鉴赏培训（如书法绘画等）

G. 民俗文化节（如少数民族的节庆日活动）

H. 其他_____

6. 您每月参与社区公共文化活动的频次如何？

A. 参与 4 次以上（跳到 8 题）　　B. 参与 3—4 次（跳到 8 题）

C. 参与 1—2 次（跳到 8 题）　　　D. 不参与

7. 您不参加社区公共文化活动的原因是什么？（多选）

A. 活动费用高

B. 平时劳作或工作比较忙，没有时间参加

C. 没有相应的文化设施或场所

D. 不了解有什么活动可以参加

E. 自己对文化活动不感兴趣，不想参加

F. 没有熟人一起参与

G. 其他_____

8. 您平常主要交往的人群有哪些？（多选）

A. 本民族的人　　　　　　　　B. 非本民族的人

C. 都有

9. 您平常在公共文化空间（公园、广场等）进行哪些交往？（多选）

A. 锻炼　　　　　　　　　　　B. 共同娱乐消遣

C. 参加公共事务　　　　　　　D. 参加民族活动

10. 您平常与他人交往方式有？（多选）

A. 面对面交往　　　　　　　　B. 手机通信

C. 互联网即时通信（QQ、微信）　D. Email

E. 传真

11. 您觉得本民族的民俗文化活动保留情况如何？

A. 完全保留　　　　　　　　　B. 大部分保留

C. 少部分保留　　　　　　　　D. 未保留

12. 您认为民居、街巷、桥梁等建筑空间，保留民族文化特色的情况？

A. 完全保留　　　　　　　　　B. 大部分保留

C. 少部分保留　　　　　　　　D. 未保留

13. 您对本民族的文化图腾了解程度是？

A. 完全了解　　　　　　　　　B. 比较了解

C. 大概了解　　　　　　　　　D. 不了解

（三）公共文化服务满意度调查

1. 请您根据自身的实际满意度情况，对下列选项的满意程度进行评价。1 表示"非常不满意"，2 表示"不满意"，3 表示"满意"，4 表示"比较满意"，5 表示"非常满意"。（请在相应的选项打"√"）

	5	4	3	2	1
场所的面积					
公共文化活动场馆和设施的数量					
公共文化活动场馆和设施的开放时间					
文化活动的数量					
文化活动的类型					
文化活动举办的时间安排					
当地特色民族文化的宣传和保护效果					
公共文化服务场所的环境（功能布局、卫生状况）					
公共文化服务的数字化、科技化程度					
民族文化符号（图腾，语言）的传承和发展					
公共文化服务设施的日常维护					
公共文化服务人员的办事效率					
公共文化服务人员的服务态度					
公共文化服务的便捷性（距离、时间、渠道）					
公共文化管理部门的组织工作					
您对当地公共文化服务的整体满意度					

2. 就如何提升公共文化服务质量，您的建议是？

（四）公共文化空间需求调查

1. 您认为还需要增加哪些公共文化空间？（多选）

A. 公共休闲类（广场、公园等）

B. 文化知识类（图书馆、博物馆等）

C. 体育健身类（体育馆、游泳馆类）

D. 艺术展览类（剧院等）

E. 民族文化类（风雨桥等）

F. 不需要

2. 您认为现在的公共文化空间中需要智能化的升级吗？

A. 非常不需要　　　　　　　B. 不需要

C. 一般　　　　　　　　　　D. 需要

E. 非常需要

3. 您认为现在的公共文化空间中需要提升民族特色吗？

A. 非常不需要　　　　　　　B. 不需要

C. 一般　　　　　　　　　　D. 需要

E. 非常需要

4. 您在公共文化空间（公园、广场等）希望与哪些人进行交往？

A. 本民族　　　　　　　　　B. 非本民族

C. 都有

5. 您希望在公共文化空间（公园、广场等）进行哪些交往？（多选）

A. 锻炼　　　　　　　　　　B. 共同娱乐消遣

C. 参加公共事务　　　　　　D. 参加民族活动

6. 您希望与他人以何种方式交往式有？（多选）

A. 面对面交往　　　　　　　B. 手机通信

C. 互联网即时通信（QQ、微信）　D. Email

E. 传真

7. 您认为还有需要增加哪些公共文化活动？（多选）

A. 文体竞赛活动（如各种球类比赛等）

B. 群众文艺表演活动（如唱歌表演等）

C. 科普、文化宣传活动（如各种科普讲座等）

D. 知识宣传讲座（如养生讲座等）

E. 专业技能培训（如计算机技能培训等）

F. 艺术鉴赏培训（如书法绘画等）

G. 民俗文化节（如少数民族的节庆日活动）

H. 其他_____

8. 您认为还需要增加公共文化活动的举办频次吗？

   A. 非常不需要　　　　　　　　B. 不需要

   C. 一般　　　　　　　　　　　D. 需要

   E. 非常需要

9. 您希望本民族的文化符号（图腾、语言文字等）在公共文化空间内呈现吗？

   A. 非常不需要　　　　　　　　B. 不需要

   C. 一般　　　　　　　　　　　D. 需要

   E. 非常需要

10. 您觉得是否需要传承本民族的文化符号（图腾、语言文字等）？

    A. 非常不需要　　　　　　　　B. 不需要

    C. 一般　　　　　　　　　　　D. 需要

    E. 非常需要

11. 在新时代中，您是否需要民族文化符号（图腾、语言文字）创新发展出新的意义？

    A. 非常不需要　　　　　　　　B. 不需要

    C. 一般　　　　　　　　　　　D. 需要

    E. 非常需要

12. 您是否希望本民族文化符号（图腾、语言文字）与其他民族文化符号的融合发展？

    A. 非常不需要　　　　　　　　B. 不需要

    C. 一般　　　　　　　　　　　D. 需要

    E. 非常需要

问卷结束，再次感谢您的支持，祝您生活愉快，工作顺利！

附件 2 访谈提纲

1. 非民族型访谈提纲

政府各部门访谈提纲

调研人姓名：

调研时间：　　年　　月　　日；调研地点：

访谈对象：姓名＿＿＿＿；年龄＿＿＿；性别＿＿＿；身份＿＿＿＿

居住地：＿＿＿＿省；＿＿＿＿市；具体地址：＿＿＿＿＿＿＿＿

联系方式：电话（或网上其他联系方式）：＿＿＿＿＿＿＿＿＿＿

一　公共文化服务供给内容及标准

1. 政府提供了哪些公共文化资源（文化活动、文化场所、文化基础设施等内容）？类型有哪些？每个区如何配置公共文化资源？供给的标准是什么？

2. 各个文化场所有无代表性文化活动或文化符号（举例）？这些代表性文化活动是如何形成的？

二　公共文化服务资金、人员、组织情况

1. 有哪些部门、哪些人员参与公共文化服务的提供？是否能够满足工作需求？不够时如何解决？

2. 政府具体哪些部门提供服务？主要内容有哪些？采取的方式是？

3. 政府各级组织在公共文化服务中的职责分别是什么？

4. 结合公共文化服务的发展规划，公共文化服务资金是否充足？有没有不够的情况？如何解决的？

5. 公共文化服务提供过程中是否有足够的物质资源的保障？不够时如何解决（上级申请、跟企业购买）？

三　公共文化服务供给合作

1. 公共文化服务的供给主体有哪些（政府、社会组织、企业等）？

是政府要求跟他们合作还是其他组织自发申请合作？整个流程是什么样的？

2. 有没有与企业和社会组织合作提供服务的案例？若有，请举例。合作时，具体的职责分工是什么？政府负责什么？社会组织负责什么？企业负责什么？

3. 政府的出资情况（政府直接购买、企业出资等）？

4. 政府和企业合作的基础是什么（信任、契约）？政府和社会组织合作的基础是什么？

5. 与其他供给主体合作提供公共文化服务中存在什么问题？如何解决的？

6. 政府与其他主体合作提供公共文化服务的效果怎么样？举例说明。（如一次活动的参与情况，居民反馈情况等）

7. 以前公共文化服务提供是什么方式？合作提供有什么优势和不足？

8. 合作提供公共文化服务中，如何保证合作的有效性？

四　公共文化服务考核评价

1. 针对公共文化服务如何考核（考核主体＋考核内容）？谁来考核？考核需要达到什么指标？提交什么材料？

2. 有无居民考核评价的环节？居民考核是针对政府还是针对服务提供者（文艺团体等）？

五　公共文化服务管理（治理）情况

1. 公共文化服务提供过程中，有无向社会、公众征求意见的环节？针对哪些方面征求意见？（提供何种文化服务、如何考核等方面）公众提了哪些意见？

2. 目前公共文化服务建设的决策还是以上级政府一层层任务为主？依据上级政府的文件，政府做了哪些因地制宜的工作？

3. 管理过程中，企业和社会自组织有无参与？企业和自组织参与了哪些方面，授予他们哪些权力？

六　公共文化服务居民需求、满意度

1. 是否会提前调查公众的需求？如何调查？调研公众哪些方面的需求？公众对已建成的场所和供给的文化活动的满意度如何？如何了解？

2. 公众的参与度如何？原因？如何动员公众参与活动？

七 其他

公共文化服务还存在哪些不足及完善建议？

三馆访谈提纲

调研人姓名：

调研时间：　　年　　月　　日；调研地点：

访谈对象：姓名＿＿＿＿＿；年龄＿＿＿岁；性别＿＿＿；身份＿＿＿＿＿

居住地：＿＿＿＿省；＿＿＿＿＿市；具体地址：＿＿＿＿＿＿＿

联系方式：电话（或网上其他联系方式）：＿＿＿＿＿＿＿＿＿＿＿

一 公共文化服务内容

1. 主要提供哪些公共文化服务？提供的公共文化服务的特色是什么？每年开展哪些公共文化活动？影响力最大的活动是？

2. 居民参与情况如何？主要参与群体是哪些？参与频率？社会效果如何？

3. 提供哪些公共数字文化服务？

4. 通过什么渠道发布公共文化服务信息？（微信公众号、短信、官网）

二 资金、人员、组织、机制情况

1. 人员组织结构能否满足公共文化服务供给？是否与其他主体（其他政府部门、企业、社会组织）合作供给？在组织一次大型文化活动中各主体的职责分工分别是什么？活动开展流程是？

2. 总分馆制中总馆与分馆的职责划分是什么？总馆如何有效管理各分馆？分馆选址主要考虑的因素有哪些？

3. 文化信息资源共享工程中如何对各网点进行有效的管理？对管理人员的素质有何要求？

4. 文化信息资源共享工程的主要资金来源是什么（政府的专项资金或是政府财政拨款的一部分）？是否有其他资金（社会支持）来源？

5. 文化信息资源共享工程的建设重点是什么？在建设过程中是否与其他主体进行合作？以何种方式进行合作？

三 公共文化服务考核评价

1. 考核主体有哪些？考核指标是？考核频率是？

2. 是否有项目考核，如何考核？

3. 有无居民考核评价的环节？居民评分所占比例？

四 公共文化服务居民需求、满意度

提供公共文化服务是否会提前调查公众的需求？如何调查？调研公众哪些方面的需求？公众对公共文化场所、文化活动的满意度如何？如何了解？

五 其他

1. 在公共文化服务供给中主要有哪些困难？是怎样解决的？

2. 未来的发展规划是什么？

街道访谈提纲

调研人姓名：

调研时间： 年 月 日；调研地点：

访谈对象：姓名_____；年龄_____岁；性别_____；身份_____

居住地：_____省；_____市；具体地址：_____

联系方式：电话（或网上其他联系方式）：_____

一 供给内容及标准

街道供给了哪些公共文化服务？供给的标准是什么？

二 公共文化服务资金、人员、组织情况

街道有哪些资源做这些事情？资金从哪里来？上面给了多少？人员有哪些？是否充足？不足时如何解决的？

三 公共文化服务供给合作

1. 街道和上级是怎么合作的？街道具体负责什么事情？

2. 街道和社区是如何合作的？街道具体负责什么事情？社区负责什

么事情？

3. 街道为社区公共文化服务的供给提供了哪些资源支持？（人力、财力、服务等）

4. 街道有没有自组织文化团队一起提供公共文化服务？有没有和企业、社会组织合作提供公共文化服务？

四 公共文化服务考核评价

1. 街道公共文化服务由谁来考核？考核了哪些方面？标准是什么？

2. 街道对社区公共文化服务有无考核、评价？如何考核评价？

3. 街道公共文化服务有无居民评价反馈环节？居民评价反馈情况如何？

五 其他

街道公共文化服务建设过程中最大的困难是什么？你认为应该如何解决？

六 所需资料

1. 所辖街道情况、公共文化服务建设情况（总结报告、规划）？

2. 上级对街道办事处文化建设考核指标？

社区访谈提纲

调研人姓名：

调研时间：　　年　　月　　日；调研地点：

访谈对象：姓名_____；年龄_____岁；性别_____；身份_____

居住地：_____省；_____市；具体地址：_____

联系方式：电话（或网上其他联系方式）：_____

一 社区的基本情况

1. 社区的基本情况（人口结构，居委会工作板块）

2. 公共文化设施（数量、利用率等）和文化活动的基本情况（数量、种类、组织、居民的参与情况等）

3. 在提供公共文化服务方面的人员、资金、组织情况？存在哪些困难？如何解决？

二 与其他主体的交往、互动情况

1. 在文化活动开展中，街道、社区居委会、文艺骨干、志愿者、社工各负责哪一块工作？相互之间如何协调？

2. 社区与其他社会组织和企业合作提供公共文化服务的基本情况？

三 解决、满足居民矛盾与需求情况

1. 居民之间的交往方式及主要矛盾？如何使他们和谐相处？

2. 如何针对居民的多样化需求提供公共文化服务？

四 社区举办活动的基本情况

社区举办活动的基本情况（组织、人员、资金、居民的参与度），还需要改进的地方？如何改进？

五 考核评价情况

公共文化服务这方面的工作是否有考核？如何考核？

六 其他

社区公共文化服务的主要困难？您认为该如何解决？

社会组织调研访谈提纲

调研人姓名：

调研时间：　　年　　月　　日；调研地点：

访谈对象：姓名＿＿＿＿；年龄＿＿岁；性别＿＿；身份＿＿＿＿

居住地：＿＿＿＿省；＿＿＿＿市；具体地址：＿＿＿＿＿

联系方式：电话（或网上其他联系方式）：＿＿＿＿＿＿

一 社工组织基本情况

1. 社工组织的服务类型、组织架构、人员数量等基本信息。

2. 社工项目的委托方是谁？委托方式？入驻方式？入驻时间？

二 社工开展的活动

社工在社区主要承担哪些活动？社工开展活动的类型、数量？活动目的？哪些是独立开展，哪些是与社区合作开展的？

三　社工开展活动的资金、人员、组织保障

社工开展活动的资金来源？经费和人员是否充足？不足时怎么办？

四　活动中的合作

1. 社工和社区如何合作开展活动？二者的职责分别是什么？社区提供哪些支持和帮助？

2. 社工开展活动是否和社区的志愿者、自组织合作？没有，为什么？有，如何合作？如何调动他们？

3. 居民是否配合社工？为什么？如何取得居民的信任与配合？

五　活动考核评价

1. 社工开展的活动由谁考核？考核主要内容是什么？是否能够顺利完成考核？考核不通过有什么后果？

2. 社工活动是否有居民的考核评价？居民满意度如何？提过哪些意见？如何征求居民的评价？

六　其他

社工在社区发展是否存在困难？比如社区不配合、居民不信任等问题？如何解决的？

社区居民访谈提纲

调研人姓名：

调研时间：　　年　　月　　日；调研地点：

访谈对象：姓名＿＿＿＿；年龄＿＿＿＿岁；性别＿＿＿＿；身份＿＿＿＿

居住地：＿＿＿＿省；＿＿＿＿市；具体地址：＿＿＿＿

联系方式：电话（或网上其他联系方式）：＿＿＿＿

一　参与情况

1. 您了解社区现有的公共文化场所和设施吗？您使用这些设施的频率？场所与设施是否充足？您更喜欢哪种类型的文化场所？

2. 社区举办过哪些文化活动？你参与过哪些？参与频次？如何参与的？感受如何？您更喜欢哪种类型的文化活动？

3. 您是否会参与到所在的社区的文化管理活动？如何参与？

4. 您是否参与社区的文化自组织？参与内容和方式？原因？

5. 是否参加社区志愿者活动？参与活动的内容与方式？为什么参与？

6. 您对生活的社区的认可度如何？对社区管理者的信任度如何？（验证性问题）

二 与其他主体的交往、互动情况

1. 您所在的社区文化活动是政府主导还是社会组织或者志愿者（你们自己）在做？

2. 社区举办文化活动时是如何通知居民的？是否召集您参与相关的会议？如果是叫您去参加文化活动相关会议，您会愿意去吗？为何？

3. 和社区邻居邻里关系如何？一般和什么人交往比较多？是否在活动参与中结交朋友，与他们联系和沟通多不多？联系的方式是什么？

4. 您平常参与活动时和管理工作人员互动多吗？都和哪些工作人员进行交流？交流哪些内容？

5. 您的社区文艺团队和志愿者、社工有互动吗？如何进行交往？

6. 社区采取过哪些方式来动员大家参与文化活动？您的配合程度如何？（验证性问题）

三 需求及满意度（居住情况满意度、公共服务满意度、管理方式满意度）

1. 目前的公共文化场所和设施能满足您的需求吗？原因？文化活动的数量和质量是否满足您的需求？原因？如果没有满足，是否向相关人员反映过？您觉得哪些地方需要改进？

2. 对于社区举办过的文化活动，您更喜欢以下哪种类型的？实用型、技能型（插花、编织等）、学习型（读书看报）或者表演型的？（验证性问题）

3. 您对现在居委会的管理满意吗？是否存在冲突？在哪些方面容易出现冲突？如何解决的？您觉得公共文化方面社区还应该提供哪些服务？

4. 您觉得社区文化资源供给是否公平？有没有不公平的现象？原因？

5. 您对社区提供的服务是否满意？原因？

四　建议

1. 您希望社区还为你提供哪些方面的公共文化服务，哪种服务方式比较好？

2. 您认为目前公共文化服务（活动、场所基础设施等）存在哪些问题？您认为应该如何解决？

文艺骨干访谈提纲

调研人姓名：

调研时间：　　年　　月　　日；调研地点：

访谈对象：姓名_____；年龄_____岁；性别_____；身份_____

居住地：_____省；_____市；具体地址：_____

联系方式：电话（或网上其他联系方式）：_____

一　文艺骨干及其组织的基本信息

1. 文艺骨干基本情况？（年龄、学历、职业、参与方式、职责等）

2. 您什么时候成为文艺骨干？目的是？家人是否支持？

3. 您如何组建的文艺自组织？组织成员情况（年龄、学历、职业等）、平常如何组织团体活动？

4. 您组织的文化活动类型是？有何特色？

二　文艺骨干及其组织的培育情况

1. 文艺自组织日常活动、表演节目时的活动经费、服装道具来源？文化馆、街道或社区给文艺自组织提供哪些支持（资金、场地、服装、培训）？如何培训？培训的次数？

2. 您希望政府/社区对文化骨干和文艺自组织提供哪些方面的支持？进行哪些方面的培训？

三　公共文化事务参与情况

1. 您参与过政府或社区组织的文化活动吗？主要职责任务是？参与方式是？参与次数？

2. 您带领的文艺自组织是否会主动在社区开展文化活动？频率是？

3. 您是否会给社区居委会/政府提一些意见或建议？一般是哪些方面的？提意见或建议的方式？

4. 是否使用公共文化交流网络平台组织团队活动（文化论坛、贴吧、微博、微信群、QQ 群）？为什么？

四 与其他主体之间的互动

1. 您和其他文艺骨干之间联系如何？自组织之间是否有互动？是否有矛盾冲突？

2. 您和其他居民的关系如何？如何动员居民参与您组织的活动？

3. 与政府/社区工作人员关系如何？什么情况下会主动联系他们？

4. 在参与政府/社区举办的文化活动过程中，您与其他主体（志愿者、其他组织人员等）如何配合？

5. 您带领的自组织是否有商业演出？商演信息来源？商演与公益演出冲突时如何解决？

五 存在的问题

1. 您带领的文艺组织目前存在什么困难？打算如何解决？

2. 文艺骨干的培育存在什么样困境和问题？应该如何解决？

六 需要的文档资料

1. 文艺骨干的基本情况（身份背景、年龄和职业等）；

2. 文艺组织的基本情况（组织的类型、成员构成等）；

3. 文艺组织开展活动的类型和数量、特色文化活动。

志愿者访谈提纲

调研人姓名：

调研时间：　　年　　月　　日；调研地点：

访谈对象：姓名＿＿＿＿；年龄＿＿岁；性别＿＿＿；身份＿＿＿＿＿

居住地：＿＿＿＿省；＿＿＿＿市；具体地址：＿＿＿＿＿

联系方式：电话（或网上其他联系方式）：＿＿＿＿＿＿＿＿

一 基本信息

1. 志愿者队伍的基本情况？（人数、年龄、职业、参与方式、职责等）

2. 您什么时候成为志愿者？初衷是？家人是否支持？

3. 政府/社区是否有专门工作人员和志愿者团体进行工作的对接？具体如何对接？

二 公共文化服务参与情况

1. 志愿者参与哪些类型的公共文化服务？参与方式（社区通知还是自己报名）？参与频次？在公共文化活动中主要职责任务是？

2. 政府/社区是如何动员大家参与的？政府/社区是否为志愿者提供支持？提供哪些支持？参与志愿活动是否有资金补助？如有，资金来源于哪里？

3. 是否参与公共文化事务管理，向政府/社区提出相关的建议？

4. 是否使用过公共文化交流网络平台参与活动（文化论坛、贴吧、微博、微信群、QQ群）？为什么？

三 与其他主体互动情况

1. 居民对所组织的公共文化活动的参与度如何？如何动员公众参与活动？

2. 和其他志愿者、文艺自组织之间联系如何？互动内容、方式？

3. 您是否和社区工作人员或政府工作人员互动频繁？互动内容、方式？

四 存在的问题

目前志愿者队伍发展存在什么样困境？应该如何解决？

五 需要的文档资料

1. 志愿者的基本情况（人员数量、身份背景、年龄和职业等）；

2. 志愿者参与公共文化服务的类型和数量等。

2. 民族型公共文化空间访谈提纲

凯里市文体广电旅游局访谈提纲

调研人姓名：

调研时间：　　年　　月　　日；调研地点：

访谈对象：姓名＿＿＿＿；年龄＿＿＿岁；性别＿＿＿；身份＿＿＿

居住地：＿＿＿＿省；＿＿＿＿市；具体地址：＿＿＿＿＿

联系方式：电话（或网上其他联系方式）：＿＿＿＿＿＿＿

一　公共文化服务的供给状况

供给的内容和分布

1. 凯里市公共文化服务重点有哪些内容？公共文化服务应达到什么标准？

2. 凯里市公共文化空间是如何分布的？为什么这样分布？

供给的开展方式

1. 当前的经费、人员能否满足凯里市公共文化服务的供给？不能的情况下如何解决？

2. 是否与其他政府部门合作供给？如何合作？

3. 民族政策是否会影响公共文化服务的供给，具体有什么影响？

4. 您认为民族特色文化有哪些创新？在传承与创新之间如何保持合理的度？

供给合作（多主体之间的关系）

1. 是否与企业、社会组织合作提供公共文化服务？请举例。合作时，各主体的职责分工是什么？合作提供公共文化服务的效果怎样？（如一次活动的参与情况，居民反馈情况等）

2. 与企业、社会组织合作提供公共服务过程中存在什么样的问题？如何保证合作的有效性？

3. 有哪些公共文化服务项目，是如何开展的？黔东南州"千村百节"荣获国家公共文化服务体系示范项目，是如何申请并实施的？

二 公共文化服务的特色

1. 有哪些具有民族特色的公共文化场所？是如何打造的？

2. 有哪些民族特色的公共文化活动？是如何开展的？参与群体有哪些？活动效果怎样？比如"百节之乡"是如何形成的？

3. 凯里市少数民族的文化图腾有哪些？精神内涵是什么？居民对少数民族的文化图腾了解情况如何？对其文化内涵的认知有多深？

4. 凯里市最能体现民族特色的事物是什么，比如服饰、饮食（百桌宴）、节庆、习俗（喝酒）等？是如何传承和开发这些民族特色事物的？

三 公共文化服务的需求状况

1. 公共文化场所建设、公共文化服务供给是否会提前调查居民的需求？如何调查？调研居民哪些方面的需求？除提前调查外，居民是否还有其他表达需求的途径？

2. 居民对公共文化服务的需求类型是怎样的，比如对科技、文化的需求如何？

3. 不同群体（不同年龄、职业等）对公共文化服务有哪些不同的需求？不同民族之间的需求有哪些差异？民族空间与非民族空间之间的差异如何？

4. 居民对已建成的场所和供给的文化活动的满意度如何？如何了解？

5. 公共文化事务、公共文化活动中公众的参与度如何？如何动员公众参与？

四 供给与需求匹配情况

公共文化服务的供给与需求（数量、质量）是否匹配，原因是什么？

五 其他

1. 如何考核下级单位？考核指标？有无居民考核评价的环节？居民评分所占比例？

2. 公共文化服务建设过程中的困境是什么？存在什么不足及完善建议？

3. 凯里市公共文化服务在民族特色建设方面的未来规划是？

六 需要的文档资料

1. 凯里市公共文化设施、经费、活动的相关情况的数据资料；
2. 关于公共文化方面的规划、实施方案、总结等资料；
3. 图书馆、文化馆、博物馆人均面积、人均占有量等数据。

凯里市民宗局访谈提纲

调研人姓名：

调研时间：　　年　　月　　日；调研地点：

访谈对象：姓名_____；年龄_____；性别_____；身份_____

居住地：_____省；_____市；具体地址：_____

联系方式：电话（或网上其他联系方式）：_____

一 供给内容

1. 凯里市少数民族基本情况介绍。民族特色公共文化空间的分布情况？民族文化政策有哪些？
2. 民族特色的文化活动主要有哪些？活动目的主要是什么，参与主体有哪些，社会效果如何？
3. 民宗局如何打造民族特色的公共文化空间及公共文化活动？在打造万博民族团结广场、建设民族文化博物馆、建设杭州路社区民族文化广场中发挥什么作用？
4. 如何建设多民族聚居的移民社区，如何指导这类移民社区开展公共文化活动？
5. 社区民族特色文化有哪些创新？在传承与创新之间如何保持合理的度？如何促进民族政策在公共文化服务领域的实施、衔接？

二 象征性公共文化建设情况

1. 凯里市自身有无代表性文化活动或文化品牌（举例）？最能体现民族特色的事物是什么？这些代表性文化活动是如何形成的？
2. 地方性的特色文化（如：苗族文化）的建设与宣传情况如何？市民对于民族文化符号了解程度如何？民族文化与现代文化空间建设如何

融合？

3. 市民对政府打造的民族特色公共文化空间，以及地方性特色文化的认同度如何？

三　主体关系

1. 如何对政府系统民族工作进行业务指导？

2. 是否配合文体广电旅游局等其他部门开展民族文化活动？如何配合？如何配合指导街道民族工作？

3. 民宗局承担的文化活动哪些是独立开展的，哪些是与其他组织合作开展的，具体如何进行合作，职能分工如何，有没有遇到什么困难？

4. 如何推动文体广电旅游局等有关部门履行民族工作相关职责？

5. 开展民族工作是否会收集少数民族居民的意见？如何收集？他们都有哪些意见和建议？

四　其他

民宗局在开展民族文化工作中有什么困难？未来的规划是什么？

五　需要的文档资料

1. 民族动态信息汇总、分析文本材料；

2. 民宗局发展规划、部门年度工作计划和总结等资料；

3. 对政府其他部门或街道的指导要求文件；

4. 民族工作统计监测信息；

5. 民族团结进步、民族文化保护传承等领域信息；

6. 人大建议和政协提案答复。

凯里市三馆访谈提纲

调研人姓名：

调研时间：　　年　　月　　日；调研地点：

访谈对象：姓名_____；年龄_____岁；性别_____；身份_____

居住地：_____省；_____市；具体地址：_____

联系方式：电话（或网上其他联系方式）：_____

一 公共文化服务内容

1. 主要提供哪些公共文化服务？有哪些民族特色的公共文化场所与公共文化活动？每年开展公共文化活动数量及主题？影响力最大的活动是？

2. 居民参与情况如何？主要参与群体是哪些？参与频率？社会效果如何？

3. 提供哪些公共数字文化服务？

4. 通过什么渠道发布公共文化服务信息？（微信公众号、短信、官网）

二 资金、人员、组织、机制情况

1. 人员组织结构能否满足公共文化服务供给？是否与其他主体（其他政府部门、企业、社会组织、民族精英）合作供给？在组织一次大型文化活动中各主体的职责分工分别是什么？活动开展流程是？

2. 总分馆制中总馆与分馆的职责划分是什么？总馆如何有效管理各分馆？分馆选址主要考虑的因素有哪些？

3. 是否与苗学会、苗歌协会、文联下属各协会等社会组织以及非遗传承人合作供给公共文化服务？如何合作？效果怎样？

4. 文化信息资源共享工程的建设重点是什么？在建设过程中是否与其他主体进行合作？以何种方式进行合作？

三 公共文化服务考核评价

1. 考核主体有哪些？考核指标是？考核频率是？

2. 是否有项目考核，如何考核？

3. 有无居民考核评价的环节？居民评分所占比例？

四 公共文化服务居民需求、满意度

提供公共文化服务是否会提前调查公众的需求？如何调查？调研公众哪些方面的需求？居民对公共文化场所和文化活动的满意度如何？如何了解？

五 其他

1. 在公共文化服务供给中主要有哪些困难？是怎样解决的？

2. 未来的发展规划是什么？

街道访谈提纲

调研人姓名：

调研时间：　　　年　　　月　　　日；调研地点：

访谈对象：姓名＿＿＿＿；年龄＿＿＿岁；性别＿＿＿；身份＿＿＿＿

居住地：＿＿＿＿省；＿＿＿＿市；具体地址：＿＿＿＿＿＿

联系方式：电话（或网上其他联系方式）：＿＿＿＿＿＿＿＿

一　基本情况

街道辖区内基本情况（社区构成、人员组成、社区居委会构成等）。

二　公共文化服务的供给状况

供给的内容

1. 街道辖区内公共文化空间及民族特色的公共文化空间的分布情况，民族特色的公共文化活动有哪些？频次？居民参与情况？

2. 每个街区如何配置公共文化资源？供给的标准是什么？

3. 街道公共文化服务人、财、物是否能够满足工作需求，不能时如何解决？

4. 民族政策对公共文化服务供给有什么影响？

5. 科技的发展对社区公共文化服务供给有什么影响？

6. 您认为民族特色文化有哪些创新？在传承与创新之间如何保持合理的度？

供给合作（多主体之间的关系）

1. 纵向：提供公共文化服务时，上级主管部门有哪些？具体的职责分工是什么？合作提供中存在什么问题？如何解决？给予社区哪方面的支持？如何指导社区完成工作？是否考核社区？如何考核？是否会对社区文化骨干进行培训？如何对社区文艺骨干、文艺自组织进行培育？

2. 横向：与社会组织、社工组织、企业等合作时，各主体具体的职责分工是什么？是否向社会组织购买公共文化服务，是如何购买的（举例说明）？与市三馆合作时各主体的职责分工是什么？合作中存在什么问题？如何解决？

3. 街道与其他主体合作提供公共文化服务的效果如何？举例说明（如一次活动的参与情况，居民反馈情况等）。合作提供公共文化服务中，如何保证合作的有效性？

三 公共文化服务的特色

1. 如何打造民族特色的公共文化服务？与其他类型的文化如何融合？
2. 有哪些具有少数民族特色的文化图腾？精神内涵是什么？居民是否了解这些文化图腾？对其背后的文化内涵认识有多深？
3. 最能体现民族特色的事物是什么，比如服饰、饮食（百桌宴）、节庆、习俗（喝酒）等？是如何传承和开发这些民族特色事物的？

四 公共文化服务的需求状况

1. 街道通过何种渠道了解居民需求？公众主要有哪些意见和需求？居民的需求类型是怎样的，比如对科技、文化的需求如何？不同群体（不同年龄、职业的居民）对公共文化服务的需求状况如何？
2. 公众对公共文化服务的场所、活动满意度如何？如何了解？
3. 管理过程中，居民的参与度如何？如何动员社区居委会、居民参与公共文化活动？

五 供给与需求匹配情况

公共文化服务的供给与需求（数量、质量）是否匹配，原因是什么？

六 需要的文档资料

1. 街道辖区内基本情况（下辖社区、人员构成、公共文化设施等）；
2. 街道公共文化服务方面的年度工作规划和总结资料；
3. 街道开展公共文化活动的实施方案、简报等；
4. 上级政府下达的任务文件，对社区的指导要求、考核资料。

社区访谈提纲

调研人姓名：

调研时间：　　　年　　　月　　　日；调研地点：

访谈对象：姓名_____；年龄____岁；性别____；身份_____

居住地：_____省；_____市；具体地址：_____

联系方式：电话（或网上其他联系方式）：_____

一　基本情况

社区的基本情况（人口结构，居委会工作板块）。

二　公共文化服务供给情况

1. 公共文化设施（数量、利用率等）和文化活动的基本情况（数量、种类、组织、居民的参与情况等）；

2. 社区过去和现在有哪些比较鲜明的民族特色（服饰、装饰、语言等）？在举办社区文化活动时这些民族特色是如何融入其中的（如特有的语言唱歌、穿特有服饰等）？

3. 社区现有多少非物质文化遗产？有哪些民族特色文化活动？请举例说明。

4. 社区民族特色文化对开展社区文化活动有哪些主要的影响？如何挖掘并发扬社区民族特色文化？如何保持特色文化的鲜活度？

5. 您认为社区民族特色文化有哪些创新？在传承与创新之间如何保持合理的度？

6. 在提供公共文化服务方面的人员、资金、组织情况？存在哪些困难？如何解决？

7. 民族政策对社区开展公共文化服务有什么影响？

8. 科技的发展对社区公共文化服务供给有什么影响？

9. 社区公共文化服务人、财、物是否能够满足工作需求？不够时如何解决？

三　公共文化服务的供给合作

纵向：

1. 公共文化服务中，街道或其他政府部门会提供哪些资源和帮助？街道对社区有什么要求？

2. 社区有几支文艺队伍？组成成员（包括文艺骨干）基本情况（年龄、职务等）？参与社区文化服务供给的方式？效果？社区是如何培育社区自组织及文艺骨干？社区文化专干与文艺骨干双方如何配合？

3. 社区是否有社工机构入驻？有几个机构入驻？多少人？社工服务类型（如养老、心理等）？开展文化活动时社区和社工如何分工合作，分别职责？

4. 社区志愿者基本情况（数量、身份、职业等）。开展文化活动时志愿者主要职责是什么？社区如何调动志愿者？

横向：

1. 社区是否与其他政府部门合作提供公共文化服务？哪些部门？合作方式是？效果如何？

2. 社区是否与社会组织或企业合作提供公共文化服务？哪些组织？合作方式是？效果如何？

四 居民的需求、参与情况与满意度

1. 社区居民的主要构成？交往方式是什么？主要矛盾？如何使他们和谐相处？

2. 居民主要参与社区开展的哪些文化活动？如何通知居民参与文化活动？一般是哪些居民参与？参与情况（频率、方式、程度）怎样？参与度高低的原因（学历背景）？

3. 居民的文化需求主要是什么状况？不同民族的居民文化需求有何不同？针对居民不同需求，如何开展文化活动？

4. 在居民不同的文化需求中，对特色文化（如希望在文化活动中能穿特有服饰、采取独有方式举办活动等）的需求如何？社区如何看待并协调这种需求？

5. 在举办活动前是否征集过居民意见？如何征集居民意见？

6. 是否了解过居民对文化场所和活动的满意度？如何了解的？满意度如何？

五　存在的问题

1. 目前社区公共文化服务工作的开展主要存在哪些问题？应该如何解决？

2. 社区对于特有文化、习俗、标志、礼仪等的保留和发展方面存在什么问题？应该如何解决？

六　需要收集的文本资料

1. 举办过的社区文化活动表及相关资料（图片、视频、文本等）；

2. 社区对社区文化未来的发展规划情况（文本、会议记录等）；

3. 社区民族特色文本资料（特色文化的起源、主要内容、举办形式等）；

4. 开展社区活动的依据分析（会议纪要、文本资料等）；

5. 社区少数民族占比和民族特色文化活动占比情况；

6. 社区公共文化服务相关展板（如，文化活动长廊、特色文化专栏等）；

7. 社区公共文化服务板块开支占社区总开支的比重。

社会组织访谈提纲

调研人姓名：

调研时间：　　年　　月　　日；调研地点：

访谈对象：姓名_____；年龄____岁；性别____；身份_____

居住地：_____省；_____市；具体地址：_____

联系方式：电话（或网上其他联系方式）：_____

一　供给内容

1. 您所在的组织举办过哪些文化活动？包含哪些类型？组织频次？活动针对哪些群体？

2. 您所在组织在公共文化服务中还做了哪些事情？比如：传承民族特色文化，为公共文化服务发展提供为社区居民提供民族特色文化活动表演等。

3. 您所在组织提供文化活动在数量与质量上有没有要求？还是按组织自愿？

二 文化活动资金、人员、组织情况

1. 您所在的组织举办活动的资金支持来源是？如何进行分配和管理？资金是否充足？不足时如何解决？

2. 您所在组织的人员构成是？主要群体是哪些人？能否满足组织活动的需要？若不足，是否有动员过其他人员？动员过程中有什么困难？

3. 您所在的组织是否与其他自组织合作过？如何进行合作？自组织参与活动的积极性如何？与其他自组织有什么矛盾与冲突？主要集中在哪些方面？是如何解决的？

4. 文化活动的举办是自发组织的还是应政府/社区要求组织的？自发组织的活动获取到政府/社区的支持没有？哪些支持？政府/社区要求的活动给您哪些任务和支持？

三 合作方式、有效性

1. 公共文化服务提供中和政府/居委会如何合作？合作中有什么主要困难？与企业（开发商/物业公司）、自组织是如何合作的（政府出资购买服务或政府直接分任务给你们）？

2. 公共文化服务提供的有效性如何？如何保证有效提供服务？提供服务前你们都会做哪些准备？

四 居民需求情况和反馈情况

1. 组织活动前是否会了解居民需求？如何了解？居民有哪些需求？

2. 居民对所组织的活动的参与度如何？如何动员公众参与活动？

3. 您了解到的居民对文化服务的反馈如何？针对反馈，有什么措施没有？

五 考核方式

1. 您所在组织开展的活动有没有考核？民政局考核？考核内容？考核标准？有没有公众意见评价？

2. 如果没有外部考核，有没有本组织对活动的考核标准或者反思？

3. 达不到考核标准怎么办？有什么措施解决？

六　存在的问题

组织在开展公共文化服务过程中有哪些困难？（如，与政府合作中，与居民的沟通交流中，资金、人员等方面）如何解决的？如何保证社会组织长期有效地发展？

七　需要的文档资料

1. 社会组织基本情况（人员、组织架构等）；
2. 已开展活动的清单、简报；
3. 民政局或其他政府部门的考核指标；
4. 社会组织发展年度计划、总结、会议纪要。

文艺骨干访谈提纲

一　人员、资金、组织情况

1. 文艺骨干基本情况？（年龄、学历、职业、参与方式、职责等）
2. 您什么时候成为文艺骨干？初衷是？家人是否支持？
3. 您如何组建的文艺自组织？组织成员情况（年龄、学历、职业等）、平常如何组织团体活动？
4. 文化馆、街道或社区会给文艺组织提供哪些支持（场地、服装、培训）？您以及文艺自组织参与社区活动是否会得到资金的补助？如有，资金来自哪里？您是如配置的？社区是否会对文艺自组织进行培训？如何培训？
5. 您在组织社区文化活动中遇到过什么困难？如何解决？
6. 您认为应该开展什么样的文化活动？为什么？
7. 您如何看待社区资源、民族政策、科技等要素对文化活动的影响？
8. 您觉得如果组织一场社区内民族特色文化活动（如苗族山歌节），应该让非少数民族人士参与吗？如果参与，在文化活动中承担什么角色最好？为什么？

二　参与情况

1. 您参与过政府或社区组织的文艺活动吗？主要职责任务是？参与

内容和方式是什么？参与频率如何？您带领的文艺自组织是否会主动在社区举办活动？频率和次数是多少？民族特色的文化活动频次？效果如何？

2. 您带领的文艺组织在社区常规的文化活动举办中扮演什么角色和职责？为政府文化发展规划提供意见、为政府执行文化规划提供具体的文化服务，为社区居民提供文化活动表演等。

3. 您觉得什么样的文化活动最能代表社区特点？为什么？

4. 您是否会给居委会、街道提一些意见或建议？一般是哪些方面的？提意见或建议的方式？

5. 是否参与过文化馆或街道文化中心组织的培训活动？培训频率是？效果怎么样？您希望政府对文化骨干和文艺自组织进行哪些方面的培训？

6. 是否使用公共文化交流网络平台组织团队活动（文化论坛、贴吧、微博、微信群、QQ群）？为什么？

7. 为了扩大对特色文化的宣传，您认为除线下举办社区特色文化活动外，有必要采取线上或者线上线下相结合的方式举办社区特色文化活动吗？为什么？

8. 是什么支持您在文化服务领域继续工作？您如何看待自己的工作？

9. 社区民族特色文化的主要内涵？如何挖掘并发扬社区民族特色文化？如何保持特色文化的鲜活度？

10. 除本社区外，您是否经常参与其他各个社区的文化活动？如有，您经常在哪些地方参与社区活动、以什么形式参与？最大的收获和感悟是什么？

三 与其他主体之间的互动

1. 作为文艺骨干，和其他文艺骨干之间联系如何？互动内容、互动方式？有什么矛盾与冲突？主要集中在哪些方面？是如何解决的？

2. 您和其他居民之间的交往是否密切？通过哪些途径拉近彼此间关系（如喝酒、对歌等）？效果如何？

3. 日常生活中以及社区活动中，您是否和社区工作人员或街道工作人员互动？互动的主要内容？

4. 您少数民族与非少数民族在交往、生活、饮食、习俗等方面存在什么样的差异？请举例说明。

5. 在参与社区举办的活动过程中，您与社区志愿者、社工的交流、配合程度如何？

6. 您在组织活动过程中是否和企业等社会组织进行合作？合作方式和内容如何？如何评价各合作方式？

7. 社区文化服务需要哪些支持（资金、人员、场地等）？您觉得应该怎样获得支持？

8. 您曾经举办或者参与过公办文化活动、民办文化活动吗？如果有，这两者之间有何区别和联系？

9. 您觉得可以通过哪些带动特色文化的宣传和发展？为什么？

10. 从第一次参与文化服务至今，您认为变化最大的是什么（文化数量、质量、合作方、民众认可度等）？为什么会有这样的变化？如何评价这种变化？

11. 社区特色文化传承需要哪些组织参与？最主要的参与者是？为什么？

12. 作为文艺骨干最主要的职责和任务是什么（组织文化活动、挖掘特色文化、宣传社区文化、培养新的文艺骨干等）？为什么？

四 存在的问题

1. 您带领的文艺组织还存在什么困难？打算如何解决？

2. 您认为社区在公共文化服务开展上存在哪些不足？应该如何改善？

五 需要收集的文本资料

1. 文艺骨干的基本情况（人员数量、身份背景、年龄和职业等）；

2. 文艺组织的基本情况（组织的类型和数量、人数、成员等情况）、开展活动的类型和数量、特色文化活动品牌。

社区居民访谈提纲

一 参与情况

1. 您了解社区现有的公共文化场所和设施吗？您使用这些设施的频率？

场所与设施是否充足？社区有民族特色的公共文化场所吗？去的频率是？

2. 社区举办过哪些文化活动？有民族特色的公共文化活动吗？你参与过哪些？是否参与本民族的文化活动？是否参与其他民族的文化活动？参与频次？如何参与的？感受如何？

3. 您认为最能体现民族特色的事物是什么？服饰、仪式（苗族成人礼）、节庆、饮食（长桌宴）、建筑等，您知道这些事物背后的精神内涵吗？

4. 您是否会参与到所在的社区的文化管理中？如何参与？

5. 您是否参与社区的文艺自组织？参与内容和方式？原因？社区有哪些民族特色的文艺自组织？您愿意参与吗？为什么？

6. 是否参加社区志愿者活动？参与活动的内容与方式？为什么参与？

7. 您对生活的社区的认可度如何？对社区管理者的信任度如何？（验证性问题）

二　与其他主体的交往、互动情况

1. 和社区邻居邻里关系如何？一般和什么人交往比较多？与不同民族的居民交往多不多？是否在活动参与中结交朋友，与他们联系和沟通多不多？联系的方式是什么？

2. 社区举办文化活动时是如何通知居民？是否召集您参与相关的会议？如果是叫您去参加文化活动相关会议，您会愿意去吗？为何？您平常参与活动时和社区工作人员互动多吗？都和哪些工作人员进行交流？交流哪些内容？

3. 您和社区文艺团队、志愿者、社工有互动吗？如何进行交往？

4. 社区采取过哪些方式来动员大家参与文化活动？您如何配合？（验证性问题）

三　需求及满意度（公共服务满意度、管理方式满意度）

1. 目前的公共文化场所和设施能满足您的需求吗？原因？文化活动的数量和质量是否满足您的需求？原因？社区提供的民族特色的文化场所和文化活动是否满足您的需求？原因？如果没有满足，是否向相关人员反映过？您觉得哪些地方需要改进？

2. 您认为社区对不同群体、不同民族居民提供的公共文化服务是均等的吗？为什么？

3. 您对现在居委会的管理满意吗？是否存在冲突？在哪些方面容易出现冲突？如何解决的？您觉得公共文化方面社区还应该提供哪些服务？

4. 您对社区提供的服务是否满意？原因？

四 建议

1. 您希望社区还为您提供哪些方面的公共文化服务、哪种服务方式比较好？

2. 您认为目前公共文化服务（活动、场所基础设施等）存在哪些问题？您认为应该如何解决？

参考文献

一 中文参考文献

（一）著作

［英］R. A. W. 罗兹：《理解治理：政策网络、治理、反思与问责》，丁煌、丁方达译，中国人民大学出版社2020年版。

［美］爱德华·W. 苏贾：《后现代地理学：重申批判社会理论中的空间》，王文斌译，商务印书馆2004年版。

［美］艾丽斯·M. 杨：《包容与民主》，彭斌、刘明译，江苏人民出版社2013年版。

［印度］阿马蒂亚·森：《以自由看待发展》，任赜、于真译，中国人民大学出版社2002年版。

［德］盖奥尔格·西美尔：《社会学——关于社会化形式的研究》，林荣远译，华夏出版社2002年版。

［德］哈贝马斯：《公共领域的结构转型》，曹卫东等译，学林出版社1999年版。

［美］杰弗里·菲佛、杰勒尔德·R. 萨兰基克：《组织的外部控制：对组织资源依赖的分析》，闫蕊译，东方出版社2006年版。

［法］米歇尔·克罗齐耶：《法令不能改变社会》，张月译，格致出版社、上海人民出版社2008年版。

［丹麦］杨·盖尔：《交往与空间》，何人可译，中国建筑工业出版社1992年版。

［美］约翰·费斯克等编撰：《关键概念：传播与文化研究辞典》（第二版），李彬译注，新华出版社2004年版。

（二）论文

陈波、林馨雨：《中国城市文化场景的模式与特征分析——基于31个城市文化舒适物的实证研究》，《中国软科学》2020年第11期。

陈波、徐若蓝：《传统村落文化空间生产与价值生成——以二官寨为例》，《中国软科学》2022年第12期。

陈斌：《组织嵌入视角下新乡贤有效参与村庄治理的机理探究——基于S村的个案研究》，《中国行政管理》2022年第4期。

陈纪、赵萍：《多元精英参与地方民族事务治理：基于乡村旅游治理实践形态的个案考察》，《西北民族研究》2019年第4期。

陈立豪、陈波：《乡村文化场景的时空演化机制研究：基于Z村的考察》，《中国软科学》2023年第11期。

陈水生：《中国城市公共空间治理模式创新研究》，《江苏行政学院学报》2018年第5期。

陈水生、屈梦蝶：《公民参与城市公共空间治理的价值及其实现路径——来自日本的经验与启示》，《中国行政管理》2020年第1期。

陈荣卓、车一頔：《利益聚合与行动协同：新时代乡村治理共同体何以建构？——来自武汉市星光村的经验观察》，《中国行政管理》2022年第10期。

崔晶：《基层治理中的政策"适应性执行"——基于y区和h镇的案例分析》，《公共管理学报》2022年第19卷第1期。

丁煌、黄立敏：《从社会资本视角看"村改居"社区治理》，《特区实践与理论》2010年第3期。

方坤：《重塑文化空间：公共文化服务建设的空间转向》，《云南行政学院学报》2015年第6期。

高春凤：《叙事性表达视角下乡村公共文化空间的构建路径》，《学习论坛》2019年第2期。

高永久、杨龙文：《论民族互嵌与中华民族共同体建设的逻辑关联》，《西北民族研究》2022年第5期。

黄晓春、嵇欣：《非协同性治理与策略性应对——社会组织自主性研究的一个理论框架》，《社会学研究》2014年第6期。

何艳玲、王铮：《统合治理：党建引领社会治理及其对网络治理的再定义》，《管理世界》2022 年第 38 卷第 5 期。

蒋芬：《公共文化服务供给要兼顾公益导向与市场导向》，《人民论坛》2017 年第 31 期。

金太军、刘培功：《包容性治理：边缘社区的治理创新》，《理论探讨》2017 年第 2 期。

孔繁斌：《现代化与公共服务协同演进：一个公共管理学的研究议题》，《中国行政管理》2023 年第 39 卷第 10 期。

吕芳：《资源约束、角色分化与地方政府的政策执行——基于公共文化服务示范区建设的案例研究》，《管理世界》2023 年第 39 卷第 2 期。

李建伟、王伟进：《社会治理的演变规律与我国社会治理现代化》，《管理世界》2022 年第 38 卷第 9 期。

李山：《文化空间治理：作为文化政治的行动策略》，《学习与实践》2014 年第 12 期。

李政蓉、郭喜：《公共服务协同供给机制动态化：一个分析框架》，《中国行政管理》2021 年第 3 期。

梁丽芝、赵智能：《乡村治理中的农民主体性困境：样态、缘起与突破》，《中国行政管理》2022 年第 6 期。

刘云虹：《在建构公共空间中寻求政治认同——鲍曼公共空间理论的视角》，《学海》2013 年第 000 卷第 005 期。

陆扬：《社会空间的生产——析列斐伏尔〈空间的生产〉》，《甘肃社会科学》2008 年第 5 期。

罗大蒙、吴理财：《文化为魂：乡村文旅融合中的空间重构》，《南京社会科学》2023 年第 3 期。

孟耕合：《共同体视阈下新时代公共文化治理的转向》，《中共天津市委党校学报》2021 年第 5 期。

齐骥、亓冉：《时空转化中城市虚拟文化空间的再构逻辑和文化走向》，《南京社会科学》2021 年第 8 期。

邵光学、刘娟：《从"社会管理"到"社会治理"——浅谈中国共产党执政理念的新变化》，《学术论坛》2014 年第 2 期。

史普原、李晨行：《从单位制到项目制：中国国家治理机制沿革》，《公共管理学报》2023年第20卷第1期。

宋敏：《哈贝马斯社会交往理论合理性与公共领域的建构》，《求索》2015年第1期。

王东、王勇、李广斌：《功能与形式视角下的乡村公共空间演变及其特征研究》，《国际城市规划》2013年第2期。

王子琪、付昭伟：《弹性、活性、黏性：再论城市文化空间的治理》，《中国行政管理》2020年第8期。

文军、黄锐：《"空间"的思想谱系与理想图景：一种开放性实践空间的建构》，《社会学研究》2012年第2期。

吴佳、朱正威：《空间治理：一个公共管理的叙事范式》，《中国行政管理》2023年第39卷第12期。

吴正泓、陈通、侯光辉：《公共文化服务"项目制"合作治理主体决策及逻辑冲突》，《管理评论》2021年第33卷第1期。

徐斌、陈思：《论制度的功能及实践机制》，《江海学刊》2016年第5期。

向云发：《出场境遇与伦理追问：乡土文化资本化的辩证批判》，《中央民族大学学报（哲学社会科学版）》2023年第50卷第1期。

杨柯、张长东：《自主与嵌入：社会组织参与基层协商治理的逻辑与模式》，《北京行政学院学报》2021年第5期。

张来明：《以国家治理体系和治理能力现代化保证和推进中国社会主义现代化》，《管理世界》2022年第38卷第5期。

张来明、刘理晖：《新中国社会治理的理论与实践》，《管理世界》2022年第38卷第1期。

张树华、王阳亮：《制度、体制与机制：对国家治理体系的系统分析》，《管理世界》2022年第38卷第1期。

曾莉、周慧慧、龚政：《情感治理视角下的城市社区公共文化空间再造——基于上海市天平社区的实地调查》，《中国行政管理》2020年第1期。

二 外文参考文献

Chitrakar R. M., Baker D. C., Guaralda M., "Emerging challenges in the management of contemporary public spaces in urban neighbourhoods", *International Journal of Architectural Research*, Vol. 11, No. 1, 2017.

Hanna A. Ruszczyk, Martin Price, "Aspirations in grey space: Neighbourhood governance in Nepal and Jordan", *Area*, Vol. 52, No. 1, 2020.

Hillman A. J., Withers M. C. and Collins B. J., "Resource dependence theory: A review", *Journal of Management*, Vol. 35, No. 6, 2009.

Ioana Boghian, "Distinction: A Social Critique of the Judgement of Taste", *The European Legacy*, Vol. 18, No. 3, 2013.

Kumar N., Scheer L. K. and Steenkamp J. B. E. M., "The effects of perceived interdependence on dealer attitudes", *Journal of Marketing Research*, Vol. 328, No. 3, 1995.

Luca Sára Bródy, Mandy de Wild, "Cultivating food or cultivating citizens? On the governance and potential of community gardens in Amsterdam", *Local Environment*, Vol. 25, No. 3, 2020.

Magalhaes C. D., Carmona M., "Dimensions and models of contemporary public space management in England." *Journal of Environmental Planning and Management*, Vol. 52, No. 1, 2009.

Marcuse P., "From critical urban to theory to the right to the city". *City*, 2009.

Melik R. V., Krabben E. V. D., "Co-production of public space: policy translations from New York City to the Netherlands". *Town Planning Review*, Vol. 87, No. 2, 201.

Room G. J., "Social exclusion, solidarity and the challenge of globalization". *International Journal of Social Welfare*, Vol. 8, No. 3, 1999.

后　记

本书受中央高校基本科研业务费专项（2023CDJSKJJ11）资助，得以顺利完成。对研究成果进一步修改完善，并得以出版。在此，感谢基金的资助。

研究工作是一项复杂系统的工程，从查找文献资料、发现研究问题、厘清研究思路、拟定调研工具、到开展实地调研、整理调研资料，最后形成初稿，并经过反复讨论、修正，课题组历经了整整4年时间。课题组成员既需要各司其职，各负其责，又需要团结协作，统筹安排。非常感谢以博士、硕士为主体的课题组成员，大家勤于钻研，精诚合作。无数个日夜，为了一个难解的问题苦思冥想，废寝忘食，查阅大量资料，开展头脑风暴，灵感在不同观点的碰撞中产生。

公共文化空间是一个比较抽象的概念，根据学术界的权威界定，经过数次讨论，最终将其界定为：以公共利益为目标，具有公益性、公平性及广泛参与性的文化场所以及在这个场所之中的交往互动及其传达出来的意义符号、精神内涵，具体包括物理空间、交往空间与象征空间。于是，将西部城市内的图书馆、博物馆、文化馆、公园、文化广场、社区文化活动中心等作为公共文化空间的物质载体，将其中具有一定开放性的人际交往互动，例如文化活动、邻里日常交往等作为交往空间；由意义符号、价值载体共同构成象征空间。以此为依据，进行了公共文化空间类型的划分，并选取了西部典型城市文化空间进行研究。2017年、2018年对四川巴中市公共文化空间（传统型）进行了调研，2018年、2019年对重庆市渝中区公共文化空间（现代型）和公租房社区公共文化空间（过渡型）、西南少数民族公共文化空间（民族型）进行了调研，并在此基础上形成研究报告的初稿。2021年根据专家意见进行了初稿修订，并进一步赴西安、贵州开展公共文化空间的调研工作。调研工作主要利用寒暑假开展，冒着严寒酷暑，在抽样城市公共文化空间发放问卷并进行访谈，最终回收1500份问卷，对政府、文化事业单位、社区工作人员，社会组织、社区自组织骨干以及居民共369人进行访谈，形成8万余字访谈记录、1500多张图片、近3万字文件档案资料、2万多字观察日志，为研究提供了有力的数据资料的支撑。特别感谢重庆市渝中区文旅委、文化馆及图书馆、华福巷社区、重庆市公租局、重庆市香炉山街道及康居西城社区居委会、重庆市康美街道及康庄美地社区居委会、重庆市天文街道及城南家园水云路社区居委会；四川巴中市委宣传部、巴中市文广新局、文化馆、图书馆、博物馆、自然资源和规划局、贵州省凯里市文旅局、文化馆、博物馆、民宗局、西安市文旅委、民政局、临潼斜口街道及骊山新家园社区及芷阳社区居委会、和平社区居委会等单位给予我们调研的大力支持与帮助。

感谢研究团队陈彪博士、闫博文博士、简娟凤博士、李娜博士、邱兴颖硕士、方丽婷硕士，他们在本书初稿形成过程中承担了部分章节的撰写。硕士邹芳、游松梅、刘群伟、杨童节、李明洋、赖莉等参与了资料的收集与整理。

同时感谢推动此书出版的中国社会科学出版社，感谢责任编辑孔继萍老师，这已经是第二次与她合作了，她一如既往的认真负责、严谨细致，不厌其烦地指出格式上的错误，提高了书稿的质量。

本书虽经反复修改，但水平所限，谬误在所难免，恳请专家同行、广大读者海涵并指正。